浙江省哲学社会科学规划课题"法律地理学基本范畴体系建构研究"
（项目编号：21NDJC029YB）

U0744162

# 法律地理学

## 基本范畴体系建构研究

*The Basic Categories System of*
*Legal Geography*

谢 遥◎著

浙江工商大学出版社 | 杭州

**图书在版编目(CIP)数据**

法律地理学基本范畴体系建构研究 / 谢遥著. — 杭
州：浙江工商大学出版社，2022.10
  ISBN 978-7-5178-5109-7

  Ⅰ. ①法… Ⅱ. ①谢… Ⅲ. ①法学－地理学－研究
Ⅳ. ①D90－059

中国版本图书馆 CIP 数据核字(2022)第 159206 号

## 法律地理学基本范畴体系建构研究
FALYU DILIXUE JIBEN FANCHOU TIXI JIANGOU YANJIU
谢　遥　著

| | |
|---|---|
| 责任编辑 | 吴岳婷 |
| 责任校对 | 夏湘娣 |
| 封面设计 | 浙信文化 |
| 责任印制 | 包建辉 |
| 出版发行 | 浙江工商大学出版社 |
| | (杭州市教工路 198 号　邮政编码 310012) |
| | (E-mail:zjgsupress@163.com) |
| | (网址:http://www.zjgsupress.com) |
| | 电话:0571-88904980,88831806(传真) |
| 排　　版 | 杭州朝曦图文设计有限公司 |
| 印　　刷 | 杭州高腾印务有限公司 |
| 开　　本 | 710mm×1000mm　1/16 |
| 印　　张 | 16 |
| 字　　数 | 192 千 |
| 版 印 次 | 2022 年 10 月第 1 版　2022 年 10 月第 1 次印刷 |
| 书　　号 | ISBN 978-7-5178-5109-7 |
| 定　　价 | 58.00 元 |

# 前言:为什么是法律地理学?

毋庸讳言,时间与空间不仅是观察和反思世界两重最为基本的维度,更是人们定位行为在何时、在何地发生的基础坐标。在法学的发展史中,西方国家早期通过阐释和运用法律的核心价值、基本原则等,就足以建构出一套指导国家日用常行的规则,而无须在"事实与价值""应然与实然"等问题上再诉诸对法律的时间与空间问题的思考。但是,随着世界现代化进程加快,西方国家内部不仅试图缓解新兴社会关系对法律普遍性、确定性、可预期性的影响,而且人们期望对社会行为进行更为紧密的控制以适配由现代化不断释放出的新知识,例如在时间维度下刑期和诉讼时效等时间性规定能够更为确定、法律如何在"前""后"时段中维持一致性以保障人们的预期,又如在空间维度下一个国家内部是否能够实现对地方差异化的分权、"家"作为法律中的特殊空间其具体边界何在。而且在马克思主义的视角下,垄断资本主义发展得越深入,就越难有方法掩盖国家内部的阶级分裂,这样一来,在法律普遍性的应然要求下,不同空间中不同阶级的群体在同一权利框架内有着截然不同的实然境遇,例如富人身处于现代城市文明的中心,穷人则被排除在现代城市文明之外。这在 2020 年世界范围内的新冠肺炎疫情中表现得更为明显。一边是感染新冠后凭借特效药一周之内

1

就能痊愈的特朗普，一边是高居不下的感染率与死亡率，美国还是那个技术发达的美国，但是社会却在空间中表现得尤为撕裂。而我国在这场"大考"中交出了一份傲人的答卷，其中"分级响应""精准防控"等具体举措就是空间控制能力的体现。将这些空间实践进一步抽象出具体规则来，无疑有助于我国应急法体系的完善。

但时空之于法学的意蕴还不止于此。以更为宏观的视角来看我国现代以来的法治建设，如何完整建构并阐释具有中国特色的社会主义法律体系是基础性问题，但我国在这一方面起步晚、经验少。然而，在时间维度上，"当历史上的法不再具有合法性，探究历史上的法的历史方法便不再正当"①。"从价值到规则，中国现代法律总体上似乎都是舶来品。"②这样一种自我中心意识的觉醒在过去法律传统撕裂的状态下表现得尤为深刻，并且在当前世界范围内的法治建设中，许多国家和地区又在有意识地复兴自身的法律传统，并结合自身实践以对抗西方中心主义、法律移植主义等理念的影响。只不过这样一种"对抗"本身所面对的不是简单地排除西方法律理论中一些关于法律、社会规律的影响，而是要在世界文明范围内重新建构出一种属于自我的"空间感"，即在适合自我实践的基础上建构出具有阐释力的法律话语体系，并在以国家作为空间载体的自身法律发展以及法律时间性的变奏中找到一种适合同世界范围内其他国家、法治理论进行有机联结、互动的方式。于是，在21世纪初期，不仅梁治平等人指出学者们的兴趣从实体规范转向程序和过程，从法典转向审判，从表达转向实践，从大传统

---

① 李富鹏：《全球法律史的中国写作——"复规范性"与法律史学的空间感》，载《清华大学学报（哲学社会科学版）》2019年第6期。
② 王志强：《我们为什么研习法律史？——从法学视角的探讨》，载《清华法学》2015年第6期。

转向小传统,从意识形态转向日常生活,从国家转向社会,而且有邓正来等一批学者不断追问"中国法学向何处去"。①

对于中国学者而言,此种追问的解答方向就必然要求学者的话语模式、阐释角度不再局限于在法律内部进行概念的推理与对现实生活的规范化想象,而是要更加深层次地观察我们所站立的中国大地,逐步从法律文本过渡到法律实践,从建构社会过渡到理解社会。于是,关于"自生自发秩序""地方性知识"等的一系列理论入法学研究中,推动了社科法学、法经济学等细分范式的出现,学界期望能够通过释明法律同国内具体现象之间的关系来发现中国人生活中的法律表现为何、为何有此表现,并进一步追问在现有的权力结构下,法律同其他规范之间的关系为何、具体规范为何应当如此等。在这样一种寻找"法治本土资源"的学术自觉中,许多学者提出了我国法律与我国地理空间之间的关联性、层次性。例如喻中教授就认为我国法治实践完全立基于"乡土中国"这一根本的空间性上,由此可以将法律区分出四个层次,即沿社区、地区、国家、世界依次递进,并对应到习惯法、地方立法、国家法与世界法,不同层次的法律就是不同地理空间的产物。② 可以说,挖掘法律空间性的过程就是在寻找中国法律"自我"的过程。恰如马克思指出的:"任何历史记载都应当从这些自然基础以及它们在历史进程中由于人们的活动而发生的变更出发。"③

历史的事件也因此被发掘出了新的意义。例如大禹将九州铸于鼎上、荆轲刺秦前需献上督亢的地图,对物理空间边界的描绘在

---

① 梁治平:《法律史的视界:方法、旨趣与范式》,载《中国文化》2002年第19期。

② 参见喻中:《乡土中国的司法图景》,中国法制出版社2007年版,序。

③ 《马克思恩格斯文集》第1卷,人民出版社2009年版,第519页。

古代就是一种表达所有权的方式,而所有权就随着记载着边界的载体的转移而转移。更为重要的是,对法律空间维度的探索使得时间维度上"否定之否定"的轨迹变得清晰。我国是一个大国,幅员辽阔、民族众多是我国最基本的地理空间特征,自古以来,我国就是一个统一的多民族国家。《礼记》有云:"中国、蛮、夷、戎、狄,皆有安居、和味、宜服、利用、备器。五方之民,语言不通,嗜俗不同。达其志,通其欲:东方曰寄,南方曰象,西方曰狄鞮,北方曰译。"如此条件下,即便是"书同文,车同轨",也依旧会因为无法跨越的物理空间而造成中央对地方的代理难题,简单的"征服"无法保证中央权力顺利贯彻到地方。于是,历朝历代都设置了羁縻政策来确立少数民族区域自治权,进而实现对民族边疆地方的管理,例如汉代的和亲、唐代的都护府、元明清时代的土司制、明清的改土归流等。① 通过"怀之以恩信,惊之以威武",因俗而治,"以夷制夷",不改变周边少数民族原发性的权力结构,采用和亲、盟誓等方式来不断增强与少数民族地区之间的联系,进而对其实现有效管理。行至现代,以反帝反封建为目标的辛亥革命之纲领立基于孙中山先生的"三民主义",其中"民族主义"虽然强调各民族平等,但是无法有效应对推翻清朝满族政权所可能带来的内在民族撕裂。而共产党在立党之初也吸纳了列宁关于"民族自决"的观点,主张建立联邦制国家。中共七大的党章中提出:"为建立独立、自由、民主、统一与富强的各革命阶级联盟与各民族自由联合的新民主主义联邦共和国而奋斗。"②但是与"三民主义"不同的是,马克思主义

① 张文香、刘雄涛:《羁縻政策与民族区域自治制度——从中央与地方关系的视角》,载《中央民族大学学报(哲学社会科学版)》2010 年第 3 期。

② 中共中央统战部:《民族问题文献汇编(1921 年 7 月—1949 年 9 月)》,中共中央党校出版社 1991 年版,第 748 页。

以社会关系为基础,区分出从封建主义到资本主义再到共产主义的历史脉络,并将阶级作为区分主体的核心概念,而这样一来,以民族差异来区分主体身份的标准就被淡化了。同时,《共同纲领》颁布之前,李维汉对在保证民族自决的前提下应当采用联邦制还是单一制进行了研究,在《长期被压迫与长期奋斗的回回民族》等文章中,李维汉认为与同属于社会主义阵营,却采用了联邦制的苏联不同,我国地理空间上的少数民族数量众多、分布较散、文化习俗迥异,但占总人口的比重较少,并且我国具有单一制传统,1945年开始的内蒙古民主区域自治亦取得良好效果,所以依旧应当采用单一制的政权结构。① 该观点也被《共同纲领》采纳,并成为我国的基本民族政策。此外,例如五服制、刺史制等都反映出了古代中国在权力制度上的空间智慧,在地理空间状态未发生根本性改变的情况下,"巡回法庭""巡视"制度等依旧会在当前出现。所以,梁治平明确指出:"法律是被创造出来的,而且,它是在不同的时间、地点和场合,由不同的人群根据不同的想法创造出来的。"② 当前我们所研习的各种法律理论与分析方法都是一把"刻刀",要雕琢出精美的工艺品,就必然需要尊重对象最基本的空间特质,它是承载我国法治图景内涵最为重要的"容器"。

在中国大地上有效进行法治建设的前提就是要充分认识我们身处的空间。这也无怪乎苏力教授在《大国宪制》中发问:"为什么

---

① 宋月红:《毛泽东关于新中国实行民族区域自治的决策研究》,载《中国藏学》2008 年第 3 期。

② 梁治平:《法律的文化解释》,生活·读书·新知三联书店 1998 年版,第 54 页。

地缘政治考量和实践在当代中国宪法学术话语中缺失了?"①缺失的后果便是一味追求在央地分权等领域中的精确性、规范性,而忘记了最基本的地方需要、地方特质等空间要素,但这恰恰是不同权力在跨越不同空间时所必须面对的现实问题。张五常先生在《中国的经济制度》一书中写道:"中国一定是做了非常对的事才产生了我们见到的经济奇迹。那是什么呢?这才是真正的问题。"②随后,其剖析了20世纪80年代以来中国从按权力身份的等级划分合约转移到以资产界定权力的合约的整体过程,并得出"有地理界限划分的地区是今天中国的经济制度的重心所在","县际竞争"是理解中国经济奇迹的钥匙。同样,我国法治建设的成功经验之一便是赋权予地方,充分发挥地方积极性,通过以点带面、先行先试的形式不断为国家法治建设供给地方经验。在中华人民共和国成立初期,虽然1954年《宪法》中按"中央—地方"的架构赋予了地方部分权限,但事实上,计划经济体制的运转完全排除了地方能动性,中央以指标、目标为核心方式进行整体性控制。其中存在理性的计划与非理性的目标之间的冲突,以致规范层面上明晰的财权、事权都要让位于灵活的理性控制,并且央地之间的信息不对称导致纵向机构之间的契约执行困难、代理成本增加、成员机会主义行为以及个人损益同社会损益不一致等不良情境出现。在此背景下,《论十大关系》等经典文献重新定位央地关系,保障了在稳定与增长这两大核心下实现社会主义建设各阶段的平稳过渡。其中"过渡"即意味着从计划经济向市场经济、从卡里斯玛型向法治型的转

---

① 参见苏力:《大国宪制:历史中国的制度构成》,北京大学出版社2018年版,第266页。

② 张五常:《中国的经济制度》,中信出版社2009年版,第140页。

轨，存在时间性、阶段性的变化，是动态的制度创新与社会需要调试的过程。从新制度经济学的视角来看，改革的成本来自两个方面：一是改革的"实施成本"，即搜寻、学习新制度安排的成本，重新签约的成本与制度运行成本等；二是改革的"摩擦成本"，即社会成员间的利益矛盾带来的成本，其本质来源于社会成员的利益冲突。而为了降低这两类成本，便需要将计划下的"整齐划一"调整为"先行先试""局部递进"的"渐进式改革"。如此一来，从收益角度来看，过渡时期所实现的收益是"非帕累托改进"的，只能尽量顾及多数人的利益，表现为一种向上的增量改革。在央地之间，就具体表现为以下四层意义上的"渐进"：第一，给定以往体制不变，在此基础上继续生发出一种新体制，以"新"对"旧"进行方向与机制上的改进；第二，在以往体制内，通过改变原有央地之间契约的方式来打破现状，允许地方作为相对独立的主体进行"老人老办法，新人新办法"式的试验；第三，试点改革，即中央允许某些试点、地方、部门或企业试验一些新制度，通过对试验结果进行总结，形成一个可以普遍推行的改革方案；第四，计划权力的逐步赎买，即承认现有权力格局的合法性，允许自愿赎买，以"买入型交易"对官僚阶层手中的权力进行收回，将以往的特权寻租模式渐渐消融，这种路径的好处在于能够充分利用已有的组织资源，保证制度在创新与变迁过程中的相对稳定和有效衔接，并将改革成本分散化和延长化，允许社会成员边改革边学习边选择，以最小的成本寻找改革的突破口，及时修正改革路径。最大的收益依旧是保证了中央的绝对权威性，即中央在保证政策供给方身份的前提之下有序指导下一级工作的逐步开展，并通过政策激励来激发下级的创新动力。正是如此，地方政府才逐渐扩展了自身财权与事权，有了进行地方制度建设的可能。

　　这种推进路径充分反映出我国在实践层面上对权力的空间配置能力,并且央地关系以及更为具体的基层空间建设得好不好、对制度理解得深不深直接反映出了我国治理体系现代化水平与治理能力的高低。遗憾的是,以地方法治的研究为例,当前在思考如何进行法治建设这一问题之时,往往仅将法治作为一种目标来对待,而未曾反思过法治本身即是一种人的造物。① 这种缺失的后果使得思考方式表现为:"在现有法治理论与法治实践中选择一个良好的法治图景"→"当前中国与图景之间的差距何在"→"在图景的指引下修正中国法治建设"。2009 年之前的地方法治研究也正是遵循此种路径,即在接受由地方政府给出的法治建设目标后,对其内在合理性与构成进行确证。之后,学者虽然发现了地方所具有的特殊性与具体性,弥补了前一阶段的缺失,将地方政府的法治建设目标与人的需要结合起来确证地方法治的合理性,但本质上还是将其作为一种关于法治的图景来对待,整体研究路径表现为:"地方法治是可行的"→"地方具有特殊性与具体性"→"地方法治能够成为国家法治的有益补充"。于是,时下地方法治的研究重心都在于注解法治、提升法治建设效果,而忽略了主体性研究,忽视了对需要"法治化"的对象的剖析,"即运用一种薄计性质的方法","并借助于概念或伪概念来完成任务,这些概念(地方法治)未能被当作有推演性质的概念,而是用它对事物进行分类、计算,并形成心

─────────────

　　① 多数经典作家以论法律为基础,较少直接大篇幅谈论法治构成。当前国内理论研究先将法治解读为法律之治,而后将前述法律观直接转接到治理层面。这种转接,一方面本就是存在疑问的;另一方面,法治的本质问题是为何选择用法律来治理以及法律治理的标准与追求为何,这些实际上缺少广泛的讨论。这两方面导致对当前法治进行阐释时过于宽泛,多流于大和空,与实践联系较浅。

灵意义上的象牙塔之中的事物"①。而这就不仅造成了在概念使用上的混乱局面,也使得地方法治难以相对民间法、地方立法、地方自治等研究领域独立。如果认为法治一词本身就包含了对主体的研究,地方作为"前缀"表征着法治建设的具体范围,则地方法治是指"在与国家相对小范围的特定地域上进行法治建设",而不是"地方的法治化"。然而对于此,当前研究也没能够回答在多大范围的地域中能够体现出相对国家法治而言的特殊性、何种地方特殊性真正能够具有全局化的意蕴,更没能言明地方法治的内在任务是什么、地方法治的目标是什么等关键性问题。对地方进行研究的要旨不在于从权力或是规则的角度中得出央地两方谁成为赢家、谁受谁支配等问题的答案,而在于通过何种理论能够在整体上帮助我们准确地理解地方构成与实践,进而将之与法治勾连起来。我们已然形成了关于法治由限权控权、人权保障等方面组成的构成性知识,但是我们缺少的是一种填补认识论领域与实践领域之间、精神领域与社会领域之间、理论家的法治与人们处理具体事务的法治活动之间隔阂的具有识别性与建设性的知识。无疑,国外研究以地方作为起点的做法能够减少理论与实践中的隔阂,但更为深层的是要通过一种哲学上的突破,从整体上独立地把握地方空间,并进一步拉近理论与实践之间的距离。而这正是问题的根本所在!因为缺少一种语境化的代入,无论是国外的地方主义还是国内的地方法治研究都沉浸在一种对权力分配与互动关系的纯

---

① 本处改用了列斐伏尔对政治经济学路径的评判。因为现有地方法治研究所遵循的路径与列斐伏尔所言的政治经济学一样,是从预设的前提出发,挑选地方实践中的种种现象或事物来确证前提的,而这样所形成的概念就没有进一步论述的价值。参见 Henri Lefebvre. *The Production of Space*. Blackwell Publishing Ltd,1991,p. 81.

粹抽象分析里,就容易导致研究与地方空间脱轨。有学者结合我国从国家到地方的法治建设实践概括出了两种法治建设路径,分别是强调由上至下建构的"政府推进型",和由下至上演进的"社会演进型"。换个角度来看,既然法治是人的造物,那么如果能从讨论法治理论构成转向思考人为何需要法治,也就能够发现法治建设的前进方向。

综合而言,回到祖国的大地上去,回到人们的日常生活中去,深刻理解不同的空间对于法律的意义,建构出不同法律对空间的塑造功能,通过法律地理学来激活"空间"这一基本维度并连接法的意义与阐释、法的理论与实践是一条可行的路径。恰如公丕祥教授的号召:"建构一个引入空间变量关系的区域法治发展理论系统,这是当代中国法学界拟应努力以赴的一项重要的学术任务。"[①]对此,有学者尝试通过引入法律地理学来填补相关理论的缺失。但现有研究成果只是简单列举了一些国外法律地理学者的观点,而法与地理及法学与地理学的关系、法律地理学完整的理论"肖像"等关键问题均未被释明。例如在介绍国外法律地理学的发展脉络时,有的学者将孟德斯鸠关于法与地理要素之间的关系讨论作为起点,经过近 300 年的发展,20 世纪末的西方就突然兴起以布隆里等人的学说为代表的法律地理学。[②] 如此叙事的问题在于,不仅搁置了这 300 年间涂尔干、马克思、齐美尔等人对空间的讨论,而且淡化了以下问题:为什么需要空间哲学转向? 在没有转向的时期,是什么遮蔽了法学对空间的认知? 一直存在的环境法学、比

---

① 公丕祥:《还是区域法治概念好些——也与张彪博士、周叶中教授讨论》,载《南京师大学报(社会科学版)》2016 年第 1 期。

② 参见谭俊:《法学研究的空间转向》,载《法制与社会发展》2017 年第 2 期。

较法学等与空间相关的研究,为什么不能够被称为法律地理学?当代法律地理学到底从空间哲学中吸收了多少?法律地理学同"地方性知识"命题之间有什么关联?① 在这种缺乏背景层次、逻辑连贯、范畴勾勒的叙事体例下,法律地理学带着许多新词一齐涌来,却只呈现出一条单薄的时间线,与现有研究格格不入。"当前时代或许是空间的纪元"依旧只是法学界朦胧的期待。

事实上,地理学成为独立学科的时间较晚,19 世纪后才从纯粹描述学的定位中脱身,法律地理学在西方出现更是近年之事,不过,与之相关的许多理论命题已被我国学者察觉,这体现在部分区域法治、城市法治、法社会学研究上,只是"名"不同罢了。法律地理学根本不是一种玄之又玄的理论,不应将之作为一个陡然出世的完全成熟的理论断层,而应用之融贯既有的理论与实践,揭开其面纱,进而认识到当下是开展法律地理学研究最好的时代。但也恰如地理学家布里格姆所言:"除政治以外,没有一个论题像气候(地理)那样,人们说得很多,而知道得很少。"② 所以,本书期望从法学与地理学之间的关系出发,分析法律地理学的历史脉络、核心范畴及范畴之间的基本关系,明确其依靠什么、发展什么、关联什么,进而提供一个完整的讨论前提,使其同既有理论与实践一道,共同为我国法治研究的繁荣助力。更具体而言,笔者认为,不断深化拓展法律地理学研究,在以下三个方面有着重要意义:

第一,建构中国自己的法治地图。无论 20 世纪中叶的人文地

---

① 参见朱垭梁:《法律地理学:渊源、现状与展望》,载《学术论坛》2017 年第 2 期;韩宝:《理解法律地理学——关于法律的一种空间思考》,载《交大法学》2019 年第 1 期。

② 参见[美]普雷斯顿·詹姆斯、[美]杰弗雷·马丁:《地理学思想史》,李旭旦译,商务印书馆 1989 年版,第 20 页。

理学多么想要排除哈特向的地理学特质主义，但是地理学本身最为基础的功能之一还是在于测绘，进行社科分析也要建立在空间形态描绘这一基本的前提之上。1854 年英国伦敦的"霍乱水井"事件建构起了地理信息系统的基本模型，首次运用地图分析来解决实际问题，这一事件也触动了福柯，使其认识到空间、医学、权力等元素之间的关联。当前，国内也在进行犯罪地图建设、智慧城市建设，各个地方开始以大数据为依托来得出具体的治理重点，进而达到精准施策、精准治理的效果。而建设法治地图，一方面，编绘地图本身是一种树立"自我"意识的过程，各种要素经选择后呈现的结果既要比法治评估所形成的简单数据分布更有可视性，同时也能跳出一种"好与不好"的简单评价，是建立在认识到国家独特性与地方需求差异性的基础上的；另一方面，我国以政府推进为法治建设主要动力，而不同政府部门对整个国家空间有着不同的理解，如有耕地红线、经济区（带）、环境保护区等，将这些不同的制度功能需要汇聚在一张图上，有助于统筹推进、协同发展，而了解各地不同的权利需要、冲突点等，有助于更好地进行央地分权、精准施策、找准先行先试的创新点。以地图形式体现法治在空间中的分布，或许会是实现法律地理学整体推进的第一步，它虽是静态的呈现，但却是之后可供进行动态分析展开的部分。

第二，加强和改善地方法治研究。其实，国内法学界几乎是与国外"地方主义—法律地理学"的转向时间同步，于 21 世纪初期提出了"地方法治"这一研究领域。二者虽然在"名"上不同，但却在"实"上共享了相同的内容，即法治建设视角从国家转向地方、从宏观与微观转向中观，通过赋予"地方"这一空间在法治建设中独特的视角意蕴来提升法治建设效能。但是从国内既有研究来看，由于固守在"国家—市民社会（地方）"的类型化思维下，地方法治要么是基于自下而上地"生长"出的地方经验,要么是基于自上而下的整体计划性,但实际上,每一个地方的规则都呈现出一种非常矛盾、复杂的状态,它充满了辩证乃至冲突,地方特色要素与中央的整体安排、试点建设,乃至各部门执行的具体事项,如环保、扶贫等之间都会形成"上"与"下"之间的对抗。简单的两条线性生产轨迹,无法透视地方法治实践的本质,也无法去评估某一具体地方制度所造成的不平等。

对此,笔者认为,地方法治陷入研究瓶颈的核心原因在于方法论的缺失,当前无法以一种总体性视角阐释地方、分析地方。① 因为潜藏在"视角向下"中以及支撑央地分权的主要原因就在于一个基本的生活体验:地方存在特殊性。公丕祥教授指出:"研究区域法治现象,至关重要的就是注意分析一定空间地域条件下的区域法治现象之生成、演化、变动、成长的空间轨迹,把区域法治的运动过程放置到特定的空间或地点、场所中去考察。"②不同层级、地区的地方政府在应对高流动人口治理、城市扩张、公共福利差异化等带有地方特色问题时的"杂乱无章"与地方法治研究的"失语"具有明确关联。

对法律地理学而言,一方面,当代许多学者如哈维、卡斯特尔等通过拆分出影响现代空间发展的地租、消费等各项要素对具体地方以及地方之间的空间关系做出了阐释。其对现代工业化发展中所出现的"成长的烦恼"问题有着天然的亲和性,形成了相对完善的分析框架,而法律地理学在承接了这部分的基础上,进一步聚

---

① 参见谢遥:《对地方法治研究三十年的整理与反思》,载《河北法学》2018 年第 7 期。

② 公丕祥:《空间关系:区域法治发展的方式变项》,载《法律科学(西北政法大学学报)》2019 年第 2 期。

焦法律对空间塑造的影响。另一方面,苏贾指出:"在人类社会中,各区域的形成、区域性的不平衡发展以及区域主义的型式化和区域理论的详细阐发均直接根植于空间化的一种具有包容性的过程,即植根于空间的社会生产。"①在法律地理学的视角里,当前地方政府面对新兴问题所进行的各类治理实践既是为了提高自身对社会基本秩序的控制能力,也是为了以对具体空间赋能的形式来安排各项活动。许多不同的政治形式,包括地方居民在日常生活中对地方制度的认知,以及对制度的要求和对抗,都会借助空间景观做出具体表达。例如在房地产维权活动中,人们会选择悬挂国旗;流动摊贩为躲避城管,会通过改变街道的绿化布局来达到隐蔽的目的。在这时,权力对空间的掌控、权力在特定空间的实现都能够在法律地理学中被阐释。地方法治本身即是政府、地方、社会等主体基于地方资源配置的多方互动的规模化表达。

所以,将法律地理学引入地方法治研究中,能够对之进行进一步深化,并且形成更为细微、具体的问题域:法如何让人栖居于现代都市? 法应当如何有效地在央地之间分配权力以达到"试验""改革"的效能最大化? 并在此基础上进一步拓展出关于地方法治建设的比较分析,如对同一时间维度下的地方发展共时性特征的比较分析,对具有不同地域、不同文化背景、不同社会背景、不同经济结构等的地方进行深入剖析,以发现共时维度下是何制度在特定地方占主导性作用,进而从中抽离出有益于整体法治建设的地方经验,抑或是在历时性维度下比较分析同一地方不同制度的作用,发现地方制度的变化与提高制度效能的规律。

---

① [美]爱德华·W.苏贾:《后现代地理学——重申批判社会理论中的空间》,王文斌译,商务印书馆 2004 年版,第 248 页。

第三,建构以城市法为核心的法学研究。通观空间哲学大师列斐伏尔的研究历程,其经历了从日常生活批判到空间哲学,而后到现代都市批判的过程,最后又回到了对日常生活的关切上。对列斐伏尔本人而言,空间生产这一命题最直接的功能在于揭示当代全面城市化背景下所造成的"石头"(冰冷的商品住宅)比诗歌更为美好的景象,资本主义通过操控空间来对各类人群进行安排,以致后者处于一种异化状态。在此之中,由于一切都围绕着对空间的争夺,也就提高了城乡规划法等这一类直接安排空间的法律之地位。尤其是对于城市这一类当代发展之中心的特定空间而言,在既有想象中,它本身就是多元、平等的代表,而当下却成为掩盖异化的面纱。因此,在国外的法律地理学研究中,出现了围绕城市法所展开的理论研究与实践。例如在联合国人居署主导下开展的世界城市21世纪论坛等活动,发布了《我们想要的城市手册》《新城市议程》等倡议文书,指导巴西、墨西哥等地相继颁布了《城市宪章》等法案。在马库塞、迈耶等人看来,对城市法的思考就代表了在当代建立"总体人"的思考,民法对特定空间归属的分配以及对资本运转机制的保护、刑法对特定人的控制、治安法对流动人口的规训、环境法对空间需要的压制与满足等规范安排是当代法律治理术在城市法中的集中体现。这也就有了如弗拉格的《作为法律概念的城市》、坎贝尔的《法律之城》等研究。

与国外相同的是,我国也将城市作为现代化的主要空间载体,将城市发展作为主要形式,不同的是,我国采用的是"城镇化"而非"城市化"战略。如习近平总书记所指出的,不处理好城乡关系,最终会走入困境,造成社会动荡,"城乡关系始终是现代化建设进程中必须处理好而又容易出偏差的一个具有全局意义的问题",要坚持"工业反哺农业,城市支持农村"。① 在这一统筹发展、一体发展的理念下,不仅要关注城市治理本身所需要的户籍、社会保障、社区矫正等特定的城市规训制度,还要有一种能够反映中国特色的整体观去塑造城乡空间和谐共生的体系。换言之,我们站在了列斐伏尔城市批判的结论之上,而所要做的是要不断设立、更新出如农村土地"三权分置"等具体制度去促进人的市民化,并采用一种矫正的、避免堕入资本宰制的价值观念去塑造市民在城市与乡村生活的多元状态。尤其是,国家不断提出"到 2025 年,健全国土空间规划法规政策和技术标准体系"等各类法治建设目标,从城市法这一特定切口去思考各目标之间的关联,并协调法治整体建设的有效性,是非常有助于我国法治建设效能提升的。法律地理学在建构以城市法为核心的法学研究中,一方面能提供符合我国需要的价值衡量体系;另一方面,能提供思考城乡关系、建构规范在特定空间中功能形态等方面的方法论。②

---

① 习近平:《干在实处 走在前列——推进浙江新发展的思考与实践》,中共中央党校出版社 2006 年版,第 150—151 页。

② 对于这类问题而言,站在关联性角度,首先意味着对当前国内城市与乡村相关的规范进行梳理。城市代表着多元异质,乡村反映着血缘集聚,并且二者经济条件不同,所面对的具体社会问题也不一样,需要不同的规则。例如当前乡村振兴中要求村民"上楼",但是在建设好现代化小区后,不同村的居民被政策安排在了同一空间,原本的空间聚合形态被打破。这时候,针对"上楼"后的具体空间,原本的村民自治应当怎么完成? 在人走了之后,迁出村与迁入村的部分居民应该怎么参加原本的政治生活,如选举,又如党员的民主生活会? 而站在辩证性角度,由于带有批判性,实际上是针对城市资源分配不平等这些问题来讨论的,如当前规划要求新建小区要配备养老设施等,老小区是否有权要求原本规划空间进行变更? 事实上,城市空间里发生了许多值得当前法律地理学者研究的案例,如爱德华·苏贾研究的轨道交通案件,就是研究在城市规划中如何体现正义等。

# 目　录

/ 第一章 /

# 法律地理学范畴体系的建构基础

空间并非客观实体，它是为了理解
世界和社会空间关系而创造出的
概念。①

——爱因斯坦

## 第一节  法律地理学的历史脉络

学科间的交叉都起始于二者在研究对象上的同一或是认识论
上的黏合。通常观念下的地理学是自然地理学，即直观地对自然
空间进行测绘以描述其组成、区别的学科，研究地球表层的地理现
象或事物的空间分布、时间演变和相互作用规律等。② 虽然亚里士
多德曾对城邦一类的社会空间进行探讨，但只是简单停留在空间
的"大小"维度与良好政体之间的关联上。直至孟德斯鸠的《论法
的精神》一书才系统探讨了法律与"国家的物质条件，气候的寒冷、

① Jammer M. *Concepts of Space：The History of Theories of Space in Physics*. Harvard University Press，1969，p. 15.
② 参见［美］R. 哈特向：《地理学性质的透视》，黎樵译，商务印书馆 2011 年版，第 12—13 页。

1

酷热或温和,土地的质量,地理位置,疆域大小"等因素之间的关联①,可正如其本人也对主观感受同客观世界的关系存在隐虑一般:"如果精神的气质和内心的感情真正因不同的气候而有极端差别的话,法律就应当和这些感情的差别以及这些气质的差别有一定的关系。"②孟德斯鸠假设了意志或情感会决定行为,但是行为同客观环境之间的具体关联,却一直没有被揭示清楚。所以涂尔干将孟德斯鸠的论证归于"推理性"而非"因果性"。"他使用实验来说明推理的结论,而不是使用推理来阐明已被实验证明的东西。一旦推理被实现了,他就假定证明是完满的。"③

康德虽察觉到了这一点,但他仅将空间放在了行为发生之前。康德区分了外部感官与内部感官,前者对应自然,后者对应人,二者共同构成世界知识。人们依据知性及身处的关系来有益地运用知识时必然基于世界知识,它是"我们的熟巧的游戏在其上进行的基底和舞台"。④ 在这种制约关系下,世界知识"没有可能离开地理学知识而以一种知识在某种意义上可观的方式来扩展自己"。⑤ 于是,在康德看来,地理学研究的意义在于为"知识指定其特有的位置",其按照空间的描述"把所有事物、每一个事物都放进其特别应

---

① [法]孟德斯鸠:《论法的精神》,张雁深译,商务印书馆1995年版,第15页。

② [法]孟德斯鸠:《论法的精神》,张雁深译,商务印书馆1995年版,第227页。

③ 参见[法]爱弥尔·涂尔干:《孟德斯鸠与卢梭》,李鲁宁、赵立玮、付德根译,上海人民出版社2006年版,第38页。

④ [德]康德:《康德著作全集》(第9卷),李秋零主编,中国人民大学出版社2013年版,第158页。

⑤ [德]康德:《康德著作全集》(第9卷),李秋零主编,中国人民大学出版社2013年版,第164页。

归入的格子",它展露了"空间中并行发生的事件的一种信息"。[①]
此时,空间在康德的哲学中就表现为一个先验的、非辩证的事物容
器。苏贾将康德的观点称为容纳知识合理性、包裹世界的温暖卵
巢。[②] 因为在此种观念下,对空间本身的讨论局限于边界,是基于
数理层面的讨论,是以距离和形式为显著元素集合的特殊排列形
态。这时,发生作用的就只能是理性主导下的算法提升或是测绘
技术进步,是纯粹物理的、位于社会本性之外的"自然"。虽然康德
在自然地理学下划分出了数量地理学、神学地理学以及分析制度
的政治地理学,但他更多地在表达一种环境决定论,要求根据国土
与居民之性状来安排权力制度架构,以达到国家整体的政治稳定。
同样的,黑格尔没有为生活在"高地、广阔的草原和平原"的民族与
"好客和劫掠"特征之间直接建立因果关系,而是先透视到作为平
原生活基础的农业生产关系,接着,"土地所有权和各种法律关系
便跟着发生了"[③]。

　　马克思用"实践"改变了唯心主义里的空间观念,并通过两个

---

　　① ［德］康德:《康德著作全集》(第9卷),李秋零主编,中国人民大学出
版社2013年版,第163页。

　　② ［美］爱德华·W. 苏贾:《后现代地理学——重申批判社会理论中的
空间》,王文斌译,商务印书馆2004年版,第56页。

　　③ ［德］黑格尔:《历史哲学》,王造时译,上海书店出版社1999年版,
第91—92页。

方面为前述"伏笔"打开了门缝。[①] 一方面,马克思基于最大规模可能的时代阶段变化建构出了历史唯物主义理论,用以阐明社会历史变化的基本动力是生产力与生产方式的矛盾运动,以及经济基础与上层建筑之间的辩证关系。其中的基础理念是人的现实自然界是通过不断进行社会实践生产出来的,任何劳动都要改变劳动对象的空间处所、样态、结构等才能够制成产品。空间作为一种"自然界的社会现实"关联着实践目的与形式。[②] 另一方面,马克思力图建立一种资本主义时代内的经济模式,来详述资本主义的增

---

① 关于人文地理学的兴起,至少可以分为两条脉络。一条是拉采尔的国家有机体说,其基于达尔文学说,认为既然人类生存必然会在环境中找到自己的生态位,那么各国也必须在政治环境中找到自己的位置。而这一"找位置"的过程就是国家结合自身内在需要,不断地发展和巩固自己的"土地",使得整个世界上国家空间格局表现为一种"流动边疆"式的发展,进而塑造出具体的国家地理形态。而后麦金德又在世界陆地、海洋分布及可用的交通技术的基础上,提出了"心脏地带说",用此模型来把握世界政治走向。此一脉又逐渐发展出了豪斯霍费尔的"大帝国主义模型"、瓦肯伯格的"国家循环理论",但都带有明显的自上而下的、父权制式的色彩,直接涉及国家间的军事战略,缺少向内的目光和分析国家内部权力博弈的模型。另一条是马克思主义的脉络,该条脉络的基本走向是"历史唯物主义—经济决定论—日常生活批判",涉及列宁、托洛茨基对第二国际机械决定论的事实反驳,还有卢卡奇、葛兰西、列斐伏尔、马尔库塞等西方马克思主义者对当代资本主义的批判,以及雷蒙德·威廉斯等人的文化唯物主义所涉及的空间分析方法,等等。虽然说第一条脉络主要表现为政治地理学的发展,而政治同法律之间又休戚相关,但是在相关论述中,拉采尔按照位置、空间、界限对国家有机体的论述更多趋向于将空间解释为客体后的测量相关度之结果。尤其是这一脉络发展出的地缘政治学,受"二战"之影响一度"臭名昭著",但其主要涉及对军备力量的分析,同法律的关联度不大。故本书隐去了这条脉络的论述,直接将列斐伏尔作为地理学与法学之间轴承式的人物来进行介绍。

② [美]艾拉·卡茨纳尔逊:《马克思主义与城市》,王爱松译,江苏教育出版社 2013 年版,第 44 页。

长动力、方式、危机趋势及克服方式。① 其中,马克思指出:"资本按其本性来说,力求超越一切空间界限,因此,创造交换的物质条件——交通运输手段——对资本来说是极其必要的:用时间去消灭空间。"即资本通过摧毁一切阻碍交换的空间限制来加速自身在地方之间的流通。② 如此,在马克思的空间观念里,经济基础的作用使得各空间成为作用于经济过程的一种功能性场域,而不是一个实质性场域,它会被资本激活并改造,同时也带有影响经济和社会的力量。但这两个方面让往后的理论家更多地关注到社会阶段的必然转化,将之还原为了历史主义或经济决定论,即空间从绝对客观的"容器"又变成了一种由经济决定的物质,其完全伴随着经济方式的转变而发生阶段性变化,是被操弄的物质。

然而20世纪后,资本主义不仅没有消亡,反而进一步发展,并将世界所有主体都囊括在资本的循环之中。这带来的结果便是急剧的并且常常是灾难性的城市发展及人口激增,千百万人民离开故土,各地的文化生活被重构,各处都因此产生冲突。这迫切需要一种解释。但1927年"测不准原理"的"出世",使客观的、科学的

---

① [美]艾拉·卡茨纳尔逊:《马克思主义与城市》,王爱松译,江苏教育出版社2013年版,第45页。

② 《马克思恩格斯全集》第30卷,人民出版社1995年版,第521页。

知识受到极大冲击,地理学重新退回到了以时间性为主的叙事中。① 期间哈特向在赫特纳的基础上明确提出地理学特例主义,将地理学表面化、描述化,完全定位成一门表达地区差异性的学科,此学说被舍费尔认为是过于固守康德的理论,而让地理学丧失了发展可能。20 世纪中期,美国的常春藤高校联盟里设有独立地理学系的只有达特茅斯,一度强盛的哈佛大学地理系于 1948 年解散,直到 2006 年才重新设立地理分析中心。②

如是,也不难理解为什么苏贾《后现代地理学》中的一大部分都在攻讦历史主义、结构主义,他号召迈向空间哲学,走向后结构主义,否则地理学就只能是所谓的"事实知识的储藏库"——在客观收集中拼凑出世界的表层样貌。当然,在这段时间内,齐美尔同样抛弃了对空间机械性的理解,站在心灵、互动与界限的角度认为,"如果说这种相互划定界线的普遍的概念是取之于空间的界线,那么后者——更为深刻的——只不过是惟一切实的、心灵的划

---

① 叙事是社会科学的"命门"之一,当描述与客观现实无法对应的时候,社会科学的发展也便陷入了僵局。1927 年海森堡提出"测不准原理",又称"不确定性原理",即你不可能知道一个粒子的位置和它的速度;同年诞生的互补原理也认为,不是不干预研究对象就能够进行观测,相反,观测本身就已经对研究对象有所改变。这直接冲击了将数量观测作为客观存在的叙事话语。而后,像曼德尔布罗特在《英国海岸线有多长?》一文中直接指出,英国海岸线的长度是不确定的,比例尺越大,则海岸线越长,与之相应,地理学中相继出现了分形理论等。但这些也恰好落入了列斐伏尔、福柯等人的批判之中,这些学者认为当前我们的世界是被知识话语宰制和生产的,有异化的风险。

② 人文与自然之间明显的分割点在于地理学计量革命的失败,具体发生在 20 世纪 70 年代左右。二者的具体区别如尼古拉斯·恩特尼金所言:"人文主义地理学的理论方法与实证的自然主义方法形成了对照:实证主义的自然主义是自然科学和人文科学之间的方法的统一,它支持对因果关系的解释;而人文主义地理学则是反自然主义的,它寻找的是'知性'而不是对因果关系的解释。"参见[美]理查德·皮特:《现代地理学思想》,周尚意译,商务印书馆 2007 年版,第 76 页。

分界线过程的结晶或空间化"①。在齐美尔看来,空间界线的划定总是主观的,并且空间固化了主体规则,使得主体在互动过程中对界限的打破、遵守等行为反映了社会结构。同样的,芝加哥学派也没有试图去改变空间的本体论,而是直接针对这一时期社会问题的空间化形象来进行分析。如此一来,空间的物理性、社会的空间性与空间的符号性三者之间并没有融合,空间依旧是僵化的。甚至在此时期的分析中,时空这两重维度都没有占据特别重要的位置,它们出现在分析中的意义在于定位研究对象的性质或是运动规律,而专注于解析时空本身的理论未能被完全建构出来。

**(一)法与地理的关联性脉络**

20 世纪初,以帕克、伯吉斯等人为代表的芝加哥城市学派以人类生态学为起点探究人和社会机构的地理分布形成过程及其随时间变化的情况与规律,并尝试思考人群空间分布的社会原因与非社会原因。他们选择以城市为研究对象,通过模型刻画并分析城市规划与地方组织、城市社会次级关系与社会控制等内容,提出了城市空间发展的"同心圆"模型,并明确指出,城市"绝不仅仅是许多单个人的集合体,也不是各种社会设施——诸如街道、电灯的聚合体",而是一种心理状态。② 城市的规划与建设反映出社会关系的变化,城市"是人类的一种通泛表现形式",更直截了当地说,"它就是人性的产物"。③

芝加哥城市学派没有将城市、社区等空间作为一种容纳人们

① 参见郑震:《空间:一个社会学的概念》,载《社会学研究》2010 年第 5 期。
② 〔美〕R. E. 帕克、E. N. 伯吉斯、R. D. 麦肯齐:《城市社会学》,宋俊岭、吴建华、王登斌译,华夏出版社 1987 年版,第 1 页。
③ 〔美〕R. E. 帕克、E. N. 伯吉斯、R. D. 麦肯齐:《城市社会学》,宋俊岭、吴建华、王登斌译,华夏出版社 1987 年版,第 5 页。

行为的"容器",或是作为一种与人类无关的外在物,而是将之和文化一道,共同作为人类的创造物,甚至是情感、欲求等主观因素的客观体现,是人表达的延伸。他们还认为,空间环境与心理之间存在直接的关联性,一处简单的街头涂鸦也是一个反映特定群体空间意识的符号,它是人的主观动因、空间感受在客观空间上的表现。城市空间的格局、形态等的客观演变过程就是城市文化、风俗、地方情感的演变过程,而城市中诸如法院等特定空间的区位反映了其在该空间文化中的地位与功能。与孟德斯鸠相比较,芝加哥城市学派在方法上虽然借助模型对空间进行了描述,并依照样本数据对空间与空间行为进行回归分析,但在本质上依旧没有跳出"推理性"的论证,追求的是一种空间与行为之间的关联性。当这种关联性被经验事实所印证,就能够反映出空间在社会活动中所表现出的规律性。

关于法律,存在着一个典型的空间体验:当某人下午还在英国靠左开车,但第二天来到中国之后就必须靠右开车,其只是经历了一个短暂客观的物理跨越,而与之相关的法律规范内容和法治精神、形态等都发生了极大的变换。"所有的正义或不正义的东西都在随着气候的变化而改变其性质。纬度高三度就颠倒一切法理,一条子午线就决定真理,根本大法用不到几年就改变;权利也有自己的时代,土星进入狮子座就为我们标志一种这样或那样罪行的开始。以一条河流划界是多么滑稽的正义!在比利牛斯山的这一边是真理的,到了那一边就是错误。"①不过,在法律领域中,我们更多的感受来自时间,如生效时间、履约期限等。而空间的存在则主

①　[法]帕斯卡尔:《思想录:论宗教和其他主题的思想》,何兆武译,商务印书馆1985年版,第137页。

要以两个方面来展露:第一,是法的管辖,例如全国人大制定的法律调整全国范围内的相关事项,地方性法规调整地方上的具体事项等;第二,是法对空间的规定,例如"外层空间里的权利分配、义务设定、纠纷解决机制等等之类的问题,都需要法律上的规定,以满足人类对外层空间和谐有序的期待",还有海洋、森林等。① 但在法学理论的发展中,对这两种类型的空间讨论多是在教义学意义上的,即便是如哈特在讨论"教堂脱帽规则"时,也只注重分析其规范特征,而没有注意到"教堂"这一空间对于规则创设、遵守的意义。此时,空间之于法律而言,要么是承载具体行为的"容器",要么是客观存在的物体,而不具有其他更有"生命力"或是动态的含义。如詹明信在"认知绘图"(cognitive mapping)理论中所展现的后现代方法一样,对空间的分析不是一种对事物的再现,而是发现法律职业群体是如何同其所认识的社会联系,从而使得整个法律分析图谱变得更为立体。②

可以说,在关联性脉络里,研究者将人性或行为等因素导入空间中,并将空间作为结果而非前提,一定程度上动摇了空间的先验性。因此,伴随着统计、地理信息系统等技术的发展,形成了犯罪地理学、环境犯罪学等更为细致的分析范式。如单勇教授的研究所展现的,尽管犯罪热点的形成及分布不单由空间引起,但是社会关系中的事件是通过空间形成的,也受空间的"调配",犯罪同空间因素之间存在相关性,对相关性的数据化处理能够反映出特定空

---

① 喻中:《法律与空间》,载《山东警察学院学报》2009 年第 3 期。
② [美]詹明信:《晚期资本主义的文化逻辑》,陈清侨、严锋等译,生活·读书·新知三联书店 2013 年版,第 267 页。

间内的犯罪规律,进而通过改造环境来预防犯罪。[①]

前述研究通过对空间进行数据化、模型化的处理,揭示了某类具体文化或行为与空间之间的关联性状态。其具体到法律文化、法律行为上,就可能展现为不同地区存在不同的法律文化,进而创生出不同的法律制度。喻中教授将之称为法的地方性,并基于中国历史发展中"长城内外""大河上下"的历史状态来证明不同空间内的法存在不同。[②] 同样,在当前国外的法律地理学研究中,也有不少学者对不同空间内同一权利的保护情况,或是不同种族、身份在同一空间的法律地位差异进行研究。[③] 但沿此脉络所形成的法律地理学研究忽略了法如何建构并控制由社会关系互动所产生的空间,以致其并没有从比较法学或是法文化研究中脱离出来。我们可以站在空间的角度去探索法律是如何发展的,但不能将之作为塑造法律的直接原因,此时的空间只是影响法律实践的一种因素。例如,虽然日本、澳大利亚均四面环海并且都有法律移植成功的经验,但这也只是表明环海这一自然空间特征可能会影响法律移植,而不能认为在四面环海的空间里进行法律移植就必然成功。在这种脉络中,空间维度之于法律的重要性被不断增强,但不是针对空间与法律的规律本身,而是挖掘出了特殊空间的法律意义,例如城市、社区、家庭、广场、图书馆等,空间不再是类似在《城市地下

---

① 参见单勇、阮重骏:《城市街面犯罪的聚集分布与空间防控——基于地理信息系统的犯罪制图分析》,载《法制与社会发展》2013 年第 6 期;单勇:《犯罪热点成因:基于空间相关性的解释》,载《中国法学》2016 年第 2 期。

② 参见喻中:《法的地方性与地方性的法——关于法律地理学的一个导论》,载《云南大学学报(社会科学版)》2019 年第 1 期。

③ 参见 David Delaney. "Legal Geography I: Constitutivities, Complexities, and Contingencies". *Progress in Human Geography*, 2015, 39 (1), pp. 96–102.

空间开发利用管理规定》《关于登记射入外层空间物体的公约》等
规范中所表现的简单的客体或是载体的形象。但是在这种延伸过
程中,相关理论聚焦点会再度转移到特殊空间的其他方面,如城市
空间研究会拓展到城市记忆、城市文化,再次将特殊空间复归到载
体的性质,且仅是被作为差异化行为或是特殊现象的载体,它本身
的分析价值没有被突出。

### (二)法与地理的辩证性脉络

事实上,关联性脉络因为欠缺了对空间本体论认识的转向,以
致只能将空间放在被动而非主动、附属而非核心的位置上。苏贾
提出:"自1930年代早期开始至少到1950年代后期,他(列斐伏尔)
是形成法国马克思主义理论和马克思主义哲学的发展过程和特征
最具影响力的人物。1950年代以后,他成为西方马克思主义首屈
一指的空间理论学家,并成为重申批判社会理论中的空间最强有
力的提倡者。"[1]对此,列斐伏尔首先说道:"辩证法被放回到了议事
日程上。"[2]在列斐伏尔看来,用空间重扬马克思主义辩证法并重新
思考当下社会发展规则的原因在于以下几点。

1.空间既是社会关系生产的工具,同时也会反过来制约社
会关系的再生产,这是实践活动内在的辩证规则

例如,古希腊与古代中国对"广场"的空间设置存在不同的理
解:前者将之作为集会、通知、议事的空间,而后者仅将之作为通
知、教化的空间;前者将之作为城市中心,而后者必须使之远离城

---

① [美]爱德华·W.苏贾:《后现代地理学——重申社会批判理论中的
空间》,王文斌译,商务印书馆2004年版,第73页。

② Henri Lefebvre. "The Survival of Capitalism: Reproduction of the
Relations of Production". *Journal of Clinical Hypertension*,1976,16(5),p.
360.

市中心(政府驻地),这样日常生活中的空间隔离就能够维持官僚的神秘感及平民对官僚的崇敬感。又如,定都西安的汉朝需要通过河西走廊,打开丝绸之路来容纳"帝国"的理想,而迁都南京的明朝则只能"下西洋"来拓展空间。不同观念下的空间代表了不同的编码方式,甚至统治技术。列斐伏尔进一步将之系统化为"语义场",它包括"象征、形象、符号和信号","所有的事物都成了信号,开始工作的信号,所有事物都成了动作,维持劳动力的劳动和动作"①。大到社会阶段、小到社会成员都拥有对空间的特定认识与编码方式,这之中就会反映出空间的社会化意识与社会的空间化形态间的辩证规律。

列斐伏尔从来没有掩饰过空间本身的工具性,具体表现为以下两点。一方面是研究上的工具性,"空间既不是一个起点,也不是一个终点,就这个术语的意义来说,它是一个中介,即一种手段或者工具"②。既然所有事物(规范、命令、生产、个人等)都需要依托于空间而存在,都要借助空间来实现自我意图,那么与其去捕捉事物运动的关联,倒不如悬置其他,而直接分析其存在的方式。另一方面是实践上的工具性,列斐伏尔认为,当前"资本主义中的社会关系,也就是剥削和统治的关系,是通过整个的空间并在整个的空间中,通过工具性的空间并在工具性的空间中得到维持的"③。在客观的角度上看,人与人之间的差别必然体现在空

---

① [法]亨利·列斐伏尔:《日常生活批判》(第2卷),叶齐茂、倪晓晖译,社会科学文献出版社2018年版,第455页。

② [法]亨利·列斐伏尔:《空间与政治》,李春译,上海人民出版社2015年版,第23页。

③ [法]亨利·列斐伏尔:《空间与政治》,李春译,上海人民出版社2015年版,第106页。

间的距离之上,例如所谓"有权去做某事"就是指其同对象之间的距离,而去实践就是指其能够事实上支配、跨越这部分空间距离。如此一来,法要实现某具体目标,就是通过改变距离或是空间形态来达成的。法如何定位具体空间中行为的合法/非法、有效/无效,会直接涉及自身规范内容的构成以及内在的社会控制目标。

2. 空间能够维护社会分析的总体性

列斐伏尔认为:"空间在建立某种总体性、某种逻辑、某种系统的过程中可能扮演着决定性的角色,起着决定性的作用。"①例如,一个人的身体空间肯定不会只受法律这一个规范系统的影响,其构造会同时受到人种学、历史学、社会学等知识的影响,每个学科都会截取身体空间中的一个景观去进行分析与规制,但是为了避免丧失对整体现状的考量,坚持总体性,还是需要直面身体空间去分析。这样一种总体就是一种"具体的总体","具体"就表现在它是多重社会关系的综合,而"总体"则认为对象是具有丰富规定性的。② 同样,卡尔·施米特也指出:"每当历史的力量由于某种新的突破而进入人类总体意识的范围里,每当新的国家和海洋由于某种新能量的释放而出现在人们的事业中,历史存在的各种空间也会相应地改变自身,这就形成了政治—历史行动中的新尺度、新维

---

① ［法］亨利·列斐伏尔:《空间与政治》,李春译,上海人民出版社 2015年版,第 19 页。

② 总体性原则也同列斐伏尔断言的城市革命、"工业社会—都市社会"相关,因为列斐伏尔认为,要认识到超越当前工业社会的可能性,必须认识到阶段转化的整体性,在工业社会的技术分工逻辑里是无法认识到整体的城市形象的,所以,必须坚持从总体的角度来把握都市现象。在《都市革命》一书中,列斐伏尔为了强调总体性,又进一步在历史学、心理学、法学等学科分类之基础上提出了"元哲学"的概念,用以保持总体性。

度、新经济和新秩序。"①

　　与关联性脉络不同,基于空间哲学转向的辩证性脉络意识到,既然人的行为总是受制于特定的空间,那么也就意味着法律、政治等能够通过控制空间来达到对权力的规训。如张绍欣博士指出的,在康乾舆地测绘图的编撰、使用之背后,反映出当时的权力关系乃至民族意识。② 德莱尼、布隆里等法律地理学者也明确指出:"测量学其实已经改变了空间的属性,地图开始成为了土地本身的替代品,一块能够进入法律视野中的土地,首先代表了它本身能够清楚地被地图所测定,而这就是法对空间进行生产的最基本方式。"③换言之,"自然空间已经无可挽回地消逝了",自然环境多是第一性选择的结果,在之后的社会再生产中,许多新的社会关系变迁已经与自然因素没有太大的关联。人们在认识和适应原始自然界的过程中形成了文化、制度等具体内容,它们是一整套针对空间的固定编码方式。它又会反向固化第一性自然的结构,影响着空间后续的生产与再生产。"人们通过城市化和具有非同寻常的广度以及复杂化的人为环境创造了一种'第二自然'。"④

　　对于塑造"第二自然"具体景观时的法律,辩证性维度强调,第一,法是在空间生产中的主导性因素。德莱尼通过对移民局持枪破窗闯入非法移民家中这一案例进行分析,提出了"规范圈"(nomospheric)的概

---

　　① [德]卡尔·施米特:《陆地与海洋——世界史的考察》,林国基译,上海三联书店 2018 年版,第 36 页。

　　② 参见张绍欣:《法律地理学视野中的康乾舆地测绘》,载《读书》2018年第 5 期。

　　③ Nicholas Blomley. "The Spaces of Critical Geography". *Progress in Human Geography*,2008,32(2):285-293.

　　④ David Harvey. *Consciousness and the Urban Experience*. The Johns Hopkins University Press,1985,p. 273.

念,用以形容法律和空间互动时的复杂性。在他的理论中,正式规则与非正式规则都会生产出不同的空间想象,而具体的空间想象又是通过执行具体规则来塑造的。[①] 这些想象支撑了在客观空间中的行动,如破窗闯入家中反映的是关于"家"的空间想象在法律的控制下已经从不可侵犯变成了应当服从统治意志。

在关联性脉络里,法律地理学会试图在教义的层面上对法律规范内容中所涉及的空间及特定区位进行解读,如城市与乡村等。但是在辩证性的脉络里,法律地理学更为趋近于社科法学。如博杰所言:"如果我们真正想了解法律在社会中是如何运作的,我们就必须认真考虑去考察社会现实的地理性质。"[②]在辩证性维度里,要将法作为一个"社会—空间"中的社会工程来对待,要以法律"在何方"的追问为引导开始思考。例如许多法学流派都承认妇女有终止妊娠的权利,但这一权利必然需要去一个可以终止妊娠的场所中实现,而准入场所的门槛、场所的规划分布等规则就会决定具体的空间景观。通过对"在这里"的解答与描绘,才能真正宣告法律实现了从"书本上的法"向"实践中的法"的转变,法律才真正地显现了自身。

第二,辩证性维度常常表现出批判性。列斐伏尔借助"空间是生产的"这一命题从政治经济学角度揭示了资本主义如何通过生产空间来缓解马克思所指出的资本增值矛盾,并得出当前生活处

---

① David Delaney. *The Spatial, the Legal and the Pragmatics of World-Making: Nomospheric Investigations*. Routledge, 2010, p. 10.

② 参见 Hari Osofsky. "Panel: Law and Geography". *Santa Clara Journal of International Law*, 2007, 507: 510-511.

于一种新的异化状态下的结论。① 法律地理学沿用了这一分析基调,在选取研究对象时,不仅不再停留于探讨特定空间所表现出的法律特色,而且选择"悬置"原本法律中的立法者、司法者等职业身份,采用空间生产者、消费者乃至受害人等身份来进行分析。例如关于性权利如何被法律在空间中划界的探讨,形成了公共空间与私人空间,并对应不同的调整规则,而在将性别代入其中时,前述空间边界又会发生变化,以致呈现出不平等。又如美国一些富人街区会设置广场、市场等空间的准入规则,禁止衣衫不整的无家可归者、流动摊贩等群体进入,来维持街区空间的"尊贵"。

20 世纪的法学研究在关于"什么是法律"这一起点问题的看法上出现了转变。在那时的学者看来,第一阶段的自然法之功能在于创设和吸收民族国家之外的规则要求,于宏观上编排法介入社会生活的基础性位置,完成法之于人的意蕴安排;第二阶段的实证主义法则在于按照思维与行为方式的一般性将法的内容明确化、逻辑化。而在这两个阶段目标都相对完成之后,现阶段之目标就在于"要求人们从稳定的角度而不是从变化的角度对法律的稳定与变化进行调和"②。换言之,当法已经成为人们生活中不可或缺的部分之后,就不再适合对一国的法体系进行整体调整,而应当是按照国家与社会的需求去思考法的结构、规划法的发展、安排法的内容,使得法能够真正地解决社会问题、满足人类需求。因为若

---

① 马克思的"资本增值矛盾"一方面是指资本总是力求摧毁交往即交换的一切地方限制,即用时间消灭空间,但这种"消灭"又带来了高昂的成本;另一方面是如城市对乡村的空间剥夺。大卫·哈维将其进一步发展为了空间生产"三循环"模型。具体理论演变参见谢遥:《城市的乌托邦?——论城市权利的基础、困境与可能》,载《现代城市研究》2020 年第 8 期。

② [美]罗斯科·庞德:《法律史解释》,邓正来译,商务印书馆 2016 年版,第 11 页。

"仅仅是宣示性的政策承诺,说白了就是欺骗"①。由此,对"什么是"的追索已经被"如何是"的问题替换并转译了,重心必须从"书本上的法"向"实践中的法"转换,因为后者才是法律的存在,只有透过后者才能够让人识别出那些被称为"法律"的规范。

虽然法学研究中早就存在分析不同国家、地区之间法之不同的比较法学,它也关注到了空间,但如庞德所言,"人们曾经寄予厚望的那种所谓的比较方法,也没有取得更多的成果……比较法便通过把法律律令的内容当作抽象的命题进行比较而提供了一种'虚假的调和'——它根本不考虑法律律令的社会历史和社会作用,好像所有的法律律令都是一蹴而就的"②。"比较"几乎无处不在,它没有固定的维度定型,随时可以拓展到文化、经济、体制机制、情感等方面,而这造成的唯一认识就是塑造了法律的脆弱性,并没有真正有效地树立起从特定地区出发的固定法律意识,甚至带有一种相对主义倾向。而真正地转向具体空间时,如博杰所言:"如果我们真正想了解法律在社会中是如何运作的,我们必须认真考虑考察社会现实的地理性质。我们不能只看历史和时间来了解现在发生的事情。预言在现在涉及地理而非历史的投影。是空间,不是时间。任何忽略了这个维度的紧迫性是不完整的,并且获得了过于简单的特征。"③时空始终是我们定位事物的两个基本维度,时间告知前后,空间体现大小、方位,二者至少能回答出考察对

① [美]罗斯科·庞德:《法的新路径》,李立丰译,北京大学出版社 2016 年版,第 84—85 页。

② [美]罗斯科·庞德:《法律史解释》,邓正来译,商务印书馆 2016 年版,第 191 页。

③ 参见 Hari Osofsky. "Panel: Law and Geography". *Santa Clara Journal of International Law*, 2007, 507: 510-511.

象"在何方"的问题。法律地理学者理查德·福特指明:"对于法律发生的具体语境来说,'在何方'这一问题并不是中性的,空间会进一步影响它的形状和结构,并影响社会进程,而社会进程会投射在空间中。"①

与当前称为社科法学的各流派(法经济学、法人类学等)相似,法律地理学同样认为要从社会效果来认识法,也采用了一种结构主义的主张,将法作为一个"社会—空间"中的社会工程来对待。但不同的是,法律地理学发展的基本信条是,接受地理学出现的空间转向,认为"是空间而非时间遮盖了我们认识法律实践的方式",以"在何方"的追问为引导开始了第二阶段。这一追问之所以是有吸引力的,就在于,例如许多法学流派都承认妇女有终止妊娠的权利,但是在追问之后,她的权利要实现就必然需要去一个可以终止妊娠的场所。而在这种场所之中,可能会如福柯所假定的一样,存在权力的各种形式的监控,例如计生委优生优育的标语宣告等;还有如机构在不同地市的分布不同,就代表了一种地区之间的差异与不平等。于是在此场所中,权利实现的程度、方式都可以得到完整的展现。法律地理学者认为,正是基于这样一套完整的权利实践流程对"在这里"的解答与描绘,才真正宣告法律实现了从"书本上的法"向"实践中的法"的转变,法律才真正地显现了自身。

无论是以事实、实践为基础的立法工作,还是依据规范进行的司法裁判工作,其内在追求的合规律性本身正是围绕于此,否则法律就丢失了它自身的"存在"。试想,一个为了维护自身体系合理性的法律,如果没有介入空间中去实现对空间景观之塑造,那么它

①　参见 Ford Richard T. *Racial Culture*: *A Critique*. Princeton University Press,2005.

如何向主体证明自身"在此"？"书本上的法"向"行动中的法"跨越之桥梁并非处在历史主义的横向循环中，而是在截面上的空间当场。这正如齐美尔将空间作为一种共享的社会结构一样，人与人之间的社会互动原本正是一种空间的实现，空间提供了人结合在一起的可能性。没有空间，人们就不可能彼此靠近或彼此远离。

布隆里、德拉尼等人作为地理学者正是在此节点上开始接棒对城市发展、人权保障、平等自由等方面展开分析，并将法律作为核心考察对象。在他们看来，身处不同地方的人们跨越物理界限让渡自身意志创造了利维坦，利维坦也要跨过空间阻隔来破解权力中心相对各基层生活的信息不对称和控制力的削弱。除去国家建构体现出强烈的空间性之外，在具体的地理片段里，人之所以会做出某项行为，总是和特定空间规训有关的，而后者就是法律对特定空间边界、内部规则等方面的塑造。布隆里、德拉尼等人期望通过"悬置"，将空间作为法自身得以表演的舞台，这是法自身特征的领会方式和占有方式。也就是只要通过法的存在主义方法把"法"放入"暗房"，加入"空间"这一"显影剂"，就能够让"法"能够更加清楚地显示自身，这正是法律地理学最本质的东西。吉登斯补充道，所谓"秩序问题"就体现为社会系统如何能"束集"时间与空间，包容并整合在场与不在场。① 一方面，法律地理学首先"悬置"的是法律规范性与事实性问题，其并不直接回应二者之间是否会存在一些程度的冲突，而是将二者在"二次想象"的方法下，同时转化成相

---

① 当然，吉登斯语境里的秩序除了法律之外还有其他多种形态，它是广义的，是指有规律的公式行为。但是正如前面所表达的一样，在吉登斯对地理学的承认、对社会结构化理论的阐释中，都存在很重要的识别点，就在于如何跨越空间和组织空间。参见［英］安东尼·吉登斯：《社会的构成：结构化理论纲要》，李康、李猛译，中国人民大学出版社 2016 年版，第 171 页。

应的"尺度"来进行研究,以得出具体情境下规范性所能够容纳的空间尺度会怎样被行为运转中所依赖的尺度固定、消解、改变等。另一方面,正如前文中的背景叙述,"地方性知识"命题同法律地理学一样是在对普遍主义、绝对主义的反抗下发生的,他们都代表了一种对笛卡尔式世界的批判,并同时关注到考察对象所发生的具体场域(context),去寻求一种多元主义。但不同的是,法律地理学在"用什么东西看"这个问题上,并不同于"地方性知识"所追求的要利用当地人的认知结构去发现,而是将列斐伏尔所揭示的社会空间性里的空间工具性作为建构分析尺度的基本依据。这样一来,法律地理学开始登场。

综合两条脉络,所谓法律地理学,其实就是在研究人地关系的地理学之基础上拓展出的对"人—法律—地"关系的研究。其中,"人—法律"的部分伴随着法学自身在当前阶段的需要,空间转向只是表象,其深层的学科渴求在于进一步理解社会,进而增强法律自身的有效性,实现更好的社会控制状态。"法律—地"的部分是为了更进一步理解具体空间景观中所含有的规范性束缚以及权利(力)关系。

## 第二节　范畴体系建构的基本理论

无论在国内外,法律地理学的研究都处于初始阶段,许多基本问题还有待解决。在建构一门新兴学科时,首先要解决的重要问题就是基本范畴的建构。恩格斯指出:"一门科学提出的每一种新见解都包含这门科学的术语的革命。"[①]只有科学地建构法律地理

---

① 《马克思恩格斯全集》第 23 卷,人民出版社 1972 年版,第 34 页。

学的基本范畴,才能建构法律地理学,进而才能运用法律地理学对各种问题进行有效的阐释。张文显教授指出:"范畴及其体系是人类在一定历史阶段理论思维发展水平的指示器,也是各门科学成熟程度的标志。"①人的认知始于范畴化,概念系统是根据范畴被组织运用的。范畴形成后会反过来成为认识世界和指导实践的方法。经验材料的积累只是认识法律与地理、法学与地理学的第一步,必须从中梳理、归纳出完整的范畴才能证明这一理论或是研究对象的完整性。在此基础上,任何对研究对象范畴及其体系的筛选建构过程都必然应当是体系化的过程。一方面,体系化本身反映了研究对象与其相关范畴之间的内在固有关系,任何对具体范畴的揭示都将必然由对象本身所生发,此便是对象的体系化;另一方面,在完整揭示范畴之后,也依旧需要将不同类型化的范畴体系化,才能够反过来检验研究本身的完整性,不是基于同一逻辑所发现的范畴甚至存在内在冲突。在这个意义上,体系是作为一门科学或是理论最起码的要求。②

应注意的是,并不是所有语词都能被视为范畴。将范畴学同以往法经济学③、社会法学④等学科建立范畴体系的标准结合起来看,法律地理学的范畴应当遵守以下标准。

### (一)具有高度的重合性

地理学被分为自然地理学与人文地理学,其中前者在地理学

---

① 张文显:《论法学范畴体系》,载《江西社会科学》2004 年第 4 期。

② 孙伯镂、张一兵、胡大平等:《体系哲学和马克思主义哲学》,载《江苏社会科学》2000 年第 1 期。

③ 钱弘道:《法律的经济分析工具》,载《法学研究》2004 年第 4 期。

④ 钱叶芳:《社会法学的法域、核心范畴及范畴体系》,载《法学》2019 年第 9 期。

科中有着更为具体的研究对象,即是以地球表层的物质分布为主,早期往往仅以地球上的岩石圈、水圈、大气圈、生物圈等客观存在物为主,而在向人文社科拓展,形成人文地理学之后,其实是将原本用来描述客观存在的地理要素的格局、分布、扩散、循环等关系用来描述社会圈,即对社会行为、社会关系、社会现象等社会要素进行自然地理学方式的描述。在人文地理学中,虽然还可以进一步区分出经济的地理、政治的地理、文化的地理等,但对象就不再是纯粹、简单的物质资源或是地理要素了。法律地理学是用地理学的视野、方法来阐释法律现象,明确其区域分异规律、时空演进过程与区域特征,其核心是要探讨人、法、地三者之间的关系。此时,法学的概念、范畴成为对象,地理学的范畴是通向结果的渠道,法律地理学的范畴就是在此基础上形成的关于法学范畴空间规律的一般性概括。容易造成混乱的地方在于,法律所要调整的对象涉及人们日常行为的方方面面,可谓无所不包;但是属于法律调整对象却不必然属于法律地理学的研究对象,例如法律需要禁止人们随意猎杀动物,但关于具体某一类动物的数量、分布情况等的地理特征并不属于法律地理学的研究对象,而禁止猎杀这一规范在不同空间的执行情况、推进模式的差异、地方立法对之具体化的不同等则属于法律地理学的研究对象。

于是,从法学与地理学的重合度来看,法律地理学的研究对象不是某一客观因素在地球表层空间的分布规律,例如因犯的数量在不同地方不同时段分布有差异,而对这种差异的揭示就不属于法律地理学的研究范围,只有在这种差异同具体的法律规定联系起来的时候,如某些法律规定会造成因犯数量的分布差异的时候,才能够被作为研究对象。所以,法律地理学的关联性发展脉络只能被作为广义上的法律地理学研究,其所反映的是对空间社会现象分布规律的认知,在当前阶段中逐步发展出来的如"犯罪地图"的研究,所表现的是与地理的相关性,更深层的是法律对空间社会现象分布的控制能力。而这方面能力的高低会直接影响到关联性脉络中所得出的知识是否能够被列入法律地理学的范围之中。

**(二)具有相对的普遍性**

普遍性要求范畴能够反映经验对象"家族相似性"的总和,但不能大而无当,应是"类"概念。而"地理"因为是在土壤、气候、水文等"类"之上的综合,同时其又不具有固定的内在逻辑,所以其不能称为范畴。同样,包含远近、疏密、大小的"地域"也不能作为法律地理学的范畴,它只是提供了切入的维度与描述的方式。范畴体现在一门学科去把握自身研究对象时的专有路线之中,并且是被普遍地用于整个分析过程之中,所以是一种特殊的普遍。法律地理学与其他分析方法、分析范式与理论之间的特殊性建立在法律地理学研究对象的差异之上,而法律地理学范畴的普遍性就表现在整个法律地理学的分析过程之中,是贯穿于"由意识到观念、由观念到理念、由理念到思想、由思想到理论"的分析过程中的。[①]卡尔·施米特认为:"空间概念不存在任何统一性,而这会带来这么一种风险,即重要的问题都被各种彼此没有关联的概念消解掉了。"[②]所以必须要有能够贯穿法律地理学中规范空间的范畴才有助于建立起对这一研究范式的整体性理解,否则就容易堕入虚无。

**(三)具有充分的解释力与描述力**

用地理学去阐释法律现象不是单纯地进行地理叙述,同时也

---

① 邱本、刘航:《什么是法理?》,载《山西师大学报(社会科学版)》2021年第 5 期。

② [德]卡尔·施米特:《陆地与海洋——世界史的考察》,林国基译,上海三联书店 2018 年版,第 35 页。

要对法律进行解释。解释不仅仅问事实"是什么",而且要问为什么。一旦要分析"为什么",就进入事实因果关系的分析。法律地理学的范畴必须能够贯穿整个研究过程,不是作为对象,也不是简单地作为结果,而是能够支撑起建构影响法律移植、法律继承等这一些法律空间性活动的解释框架,能够切入空间是如何影响相邻关系等具体问题中去。

从范畴本身的含义来看,范畴与概念、名词不同。"范畴"一词,在希腊语里是宾词的基本形式和主要类别的意思。亚里士多德在《范畴篇》中进一步区分出了实体性范畴与关系性范畴。① 其中实体性范畴不仅不能作为主词来使用,而且属于表达种属性的概念,其本身不能够表达出程度上的不同。例如"法律是人的行为规范","行为规范"就是法律的实体性范畴。关系性范畴则主要属于表达性质、程度的概念。例如"法律是善法","善"不仅有"恶"作为对应物,而且也有程度上的差异。从亚里士多德对范畴性质的推演中可以得出,既然法律地理学所针对的是"人—法—地"关系,并且核心是对法律现象的空间规律的研究,作为宾语出现的法律地理学范畴就是对法学范畴的再定位。但应当更进一步说明的是,我们要将法律地理学区分出关联性脉络与辩证性脉络的原因在于关联性脉络展现出的是一种弱相关关系,在相关理论论述中往往将法律的空间性作为一种分布特征,而没有深究其内在的原因,在更多的时候表现为一种法律对空间的认识能力,而非法律的空间性。所以在这一脉络中的一些成果,如展现了一个国家法律体系之内存在"习惯法—地方法—国家法"的分层体系等这一类命

① 翁绍军:《亚里士多德范畴学的形式与内容》,载《社会科学》1984 年第 6 期。

题只是对规则分布状态的一种描述,其无法同其他分析严格区分开来,不属于狭义上的法律地理学。所以,从法律地理学不同于其他理论的分析方法、分析论题出发,其主要解决的问题就是探索法律在空间中分布、扩散、相互作用的实践过程中客观状态的本质是什么,法律如何在空间中被塑造,以及从空间维度反思法律理论与实践的标准是什么等。

结合前述三个方面的特征来看,法律地理学范畴至少应当包括:"本体论范畴"(用以表述和分析法律空间性的本质)、"价值论范畴"(用以表述法律空间性状态的意义和需要)、"运行论范畴"(用以表述法律空间的运行与操作)。这三个范畴分别对应法律现象空间性的本质内涵、评价法律现象空间分布或运行的标准、法律现象空间性是如何变化的。①

----

①　张文显教授将法学范畴分为:"本体论范畴"(法的本质);"进化论范畴"(法的发展);"运行论范畴"(法的运行与操作);"主体论范畴"(法的实践主体);"客体论范畴"(法的调整对象);"价值论范畴"(法的需要与意义)。法律地理学范畴是关于法律范畴空间规律的范畴,但不是所有法律范畴都能列入其中。例如对客体论范畴的地理阐释属于人文地理学的范围。法律地理学范畴通常是在法律颁布之后才表现出来的。参见张文显:《论法学范畴体系》,载《江西社会科学》2004 年第 4 期。

/ 第二章 /

# 法律地理学的本体论范畴

> 当今时代或许应是空间的纪元，
> ……时间发展出来的世界经验，远少于
> 联系着不同点与点之间的混乱网络所
> 形成的世界经验。①
>
> ——福柯

迄今为止，人类还不能"绝地逢生"，人类的一切活动和一切事情，都必须在地球上进行，要建基于一定的地域，并受地理因素的影响。人类有了立足之地，才能谈其他的一切。"这里是罗陀斯，就在这里跳罢"；这里是地球，就在这里立足罢；这里是人类所处的地理环境，就在这里因地制宜罢。这就是地理之于人类一切活动和一切事情的先决性。可以说，有什么样的地理因素、地理环境，就有什么样的人的活动和事情。这就决定了地理因素是解释人类一切活动和事情的基本维度，也是阐释法律的基本维度。

任何客观存在的事物或现象都必然需要借助空间来表达。形形色色的空间里总是包含有各种隐喻，是社会关系的产物。在福

① 包亚明:《后现代性与地理学的政治》，上海教育出版社2001年版，第18页。

柯看来,知识一旦按照空间的移植、置换或是过渡来加以分析,那么人们就能够捕捉到知识作为权力被行使和传播权力效应的过程。正是在这个角度上,格尔茨将法律定性为关于地点的技艺或知识,具有明显的地方性。人们常常对不同的互动地点或环境进行分区,以便进行常规的社会实践。例如裸露身体的行为发生在家或是广场、在泳池或是商场会产生不同的行为后果;又如在"阳光"所引发的相邻关系冲突里,人所需的基本日照时长是法律建构人类生活空间的内容之一。法律总是以人们的空间知识为基础来创设不同的规范空间,进而拼合出一个在某地生活的基本样态。同一个规范空间必须综合好不同的法律要求,这是空间的社会性与法律性。例如城市空间与乡村空间在户籍制度、土地制度、议事决策制度等方面都存在不同,并且制度之间还需互相勾连才能良好地维护空间的特性。同时,不同的法律规范在同一空间会有不同的表现,这是法律的空间性。二者结合在一起形成的"空间性"便是法律地理学的本体论范畴。

## 第一节　空间的社会性

　　早在古希腊时期,哲人将空间视为原子得以存在的"虚空",或是各向同性的、没有内容的空壳子,"空间与实践位于那些用来对感觉证据加以命名和分类的范畴,以致关乎空间的知识含糊不清,要么是整理感觉材料的简便的经验工具,要么被视为在某种意义上比身体感官提供的证据更为优越的普遍性概念"①。笛卡尔在亚

---

　　① Henri Lefebvre. *The Production of Space*. Blackwell Publishing Ltd,1991,p. 1.

里士多德的基础上否定了虚空论,将空间置入绝对领域,作为物体的广延(容器),并"出现了所谓事物的广延性与精神的思维性存在二元对立"①。可是康德实际上再次恢复了古希腊时期的空间观念,其认为,时间与空间都不是某种经验的概念,其不是现存的物或是物的载体,而是关于物的规定性:只有通过直观地看待什么时候与什么位置这两相问题来获取关于物的具体呈现,才能使物被感知与定性成为可能。只不过,同古希腊相异的是,他认为,空间并不能成为分类的范畴,因为其无法用作推论,而只是纯粹直观,不能将之作为"整体—部分"范畴内的由部分成为的整体或是由整体推导出的部分,更无法从部分得出整体。所以公丕祥教授所说的地方特殊性,相对于国家普遍性,在"整体—部分"维度内,其实是无法在地方空间相对于国家范围的维度中成立的。在存在主义的维度中,一个整体中的"一"(某个部分空间)已经是空间,并且空间的部分也融贯在空间之中,"一"是完整的个体。康德进一步补充道,空间是外直观的,而时间却是内直观的,前者是物的形式条件,没有空间将无法表达任何存在,可后者是"一切现象的先天形式条件","能动直觉"的时间较之"被动直观"的空间更为贴近先验主体性,故其竭力通过时间收摄空间。② 正是在这一维度中,法律的空间效力(管辖权范围)其实就是直观空间对边界范围的形容。而时间的地位显然要高于空间,一方面其既表达了关于权力有效

---

① Henri Lefebvre. *The Production of Space*. Blackwell Publishing Ltd,1991,p. 1.

② 但是不可否认康德将空间部分地从绝对领域以及经验主义中解脱出来,使得空间研究从哲学蔓延至科学,逐渐体现出了以空间为主体的逻辑对称性与非对称性。参见[美]弗兰克·梯利:《西方哲学史》,贾辰阳、解本远译,光明日报出版社2014年版,第38、278、390页。

性的维度,另一方面,空间效力被时间所划定。这些观念使得空间只能够在传统到现代、家庭到民族国家的过程中偶然以地理性质的自然身份出场。所以福柯认为,长久以来,"空间被看作是死亡的、固定的、非辩证的、不动的,而时间代表着富足、丰饶、生命和辩证"①。

　　海德格尔进一步将空间在哲学层面中划分出三个层次:(1)在世界—空间下表达被一块"空间桌布"裹住的世界,所有实在物体(人、车、房等)都被包裹在空间之中,同时也带有我们关于空间的日常观念,是对我们日常活动行为的抽象,列斐伏尔反对这一层次的空间,因为他认为其只能被作为冰冷的"容器"。(2)域(gegend)则是在"上手"范围内已经被设定了特定功能,不同的域构成了我们不同的活动和情景化的工具,例如我的书房是我的工作区域,区域中的物(电脑、笔记本等)被我按照工作的功能放置在不同区域之中。(3)此在的空间性,海德格尔认为,"对于在世的此在,先行给予的总是已经揭示了的空间——虽然这一揭示不是专题的揭示,然而,空间包含有某种东西的单纯空间性存在的纯粹可能性","而就这种可能性来看,空间就其本身来说首先却还是掩盖着的。空间本质上在一世界之中显示自身。这还不决定空间的存在方式,空间无须具有某种其本身具有空间性的上手事物或现成事物的存在方式","唯回溯到世界才能理解空间,并非只有通过周围世界的异世界化才能通达空间,而是只有基于世界才能揭示空间性:就此在在世的基本建构来看,此在本身在本质上就具有空间性"②。

---

　　① 包亚明:《权力的眼睛——福柯访谈录》,严锋译,上海人民出版社1997年版,第206页。
　　② 参见[德]海德格尔:《存在与时间》,陈嘉映、王庆节译,生活·读书·新知三联书店2006年版,第112—113页。

换言之,前两种路径反映的是笛卡尔哲学所造成的"分离与存在"结果或是一如法学等其他专业化学科将空间作为某种功能性质的存在物与结构的载体,而这种分离就给了"专家"(也可称为理性)通过操控存在来制约存在者的余地。然而导致的结果却是法律解释、法律利益在立法中的选择,法律规范的形成等都以一种理想化的意志被强加在存在者(法调控对象)的身上,与存在者之间关联的存在被改造了。于是,第三种含义就是要将"分离于存在"的现象同人时间性活动的位置重新融合起来,认识到空间必须成为研究对象,因为人此在同时存在于各种产品的环境之中。[①] 可是,海德格尔在进一步推进空间性融合时又回到了时间性,认为此在的具体空间性必须建立在时间性之上[②]。苏贾认为这是海德格尔"三心二意"的结果,原本呼之欲出的空间性又被压制住了。列斐伏尔对之总结道:这还是将空间作为相对性或是先验性的范畴,而不具有经验性,带有人类始终无法完全掌握的结构。[③] 这种局面必须被进一步打开。

20 世纪 60 年代左右,在国家干预主义和福利国家理念的作用下,国家(权力)广泛地影响着社会关系构成,人们在短暂地告别上帝、确立主体性兴奋之后再次面对着"主体性的黄昏",政治、经济、文化由此出现了一种剧烈变化并创造出了与以往不同的时空体验

---

① [美]爱德华·W.苏贾:《后现代地理学——重申社会批判理论中的空间》,王文斌译,商务印书馆 2004 年版,第 204 页。

② [美]爱德华·W.苏贾:《后现代地理学——重申社会批判理论中的空间》,王文斌译,商务印书馆 2004 年版,第 207 页。

③ [美]爱德华·W.苏贾:《后现代地理学——重申社会批判理论中的空间》,王文斌译,商务印书馆 2004 年版,第 208 页。

方式,空间逐渐受到重视。① 例如福柯在对微观权力进行反思的过程中,始终将空间视为共同生活以及所有权力的运用中必不可缺的条件,否定过去将空间视为冰冷容器的观念,"当今时代或许应是空间的纪元,……时间发展出来的世界经验,远少于联系着不同点与点之间的混乱网络所形成的世界经验"②。在《另类空间》中,福柯提出了"异托邦"的概念来形容空间更迭所展露出的空间变化,认为空间是人们按照权力意志所建立起来的,不同的权力关系对应不同的空间关系,在不同的空间中对应着权力对人不同的驯化方式,例如在"疯人院"中,空间即是驱逐、禁闭、教化的媒介,而全景式监狱、愚人船等空间都反映出其他特定的规训方式。福柯揭示了空间与权力的关系,这对法学有着极大的影响。例如为什么在公共场所不可以吸烟而在家却能够吸烟,这代表了权力对不同空间的规训方式,更代表了空间在权力看来有着不同种类的意义,在家庭(住宅)的绝对私人性的设定中也反映了法律对行为进行调控时的边界。进一步来看,如果说在故意杀人罪的判定中,故意与杀人足以确证犯罪行为的成立,而行为场所(空间)其实还会代表着不同的量刑幅度。空间甚至会造成罪与罪、罪与非罪之间的不同,如对在被害人家中、在公共场所(如商场)中或是在死刑犯的行刑场所中实施杀人行为的界定。行为并非是因沿着现行时间(判断犯罪既遂、犯罪中止)轨迹而有了法律含义,它同样有着位置的要求以减少行为本身的"飘忽不定",空间之于法律分析有着重要意蕴。

---

① Harvey David. *The Condition of Postmodernity*. Blackwell Publishers, 1990, p. 7.

② 包亚明:《后现代性与地理学的政治》,上海教育出版社 2001 年版,第 18 页。

可是,苏贾认为,福柯的空间观念已经构成了在后现代语境中对以往空间定位的超越,空间成为一重可以与权力关系相勾连的维度,但是它并没有"一种独立结构,有其自身自主的构建和转型的法则"①。换言之,空间与社会关系相连,但在福柯这里却不是独立的,是一种后现代的文化阐释路径,空间本身并没有因之成为一种独立范畴。

对此,列斐伏尔在回顾及梳理了既往关于空间性质的研究后,认为学者们其实已经有了一定成果,但在就空间而言空间或是就时间而言空间的过程中,都没有保持对空间完整性与独立性的分析。其重新按照马克思的历史唯物主义方法,认为从古至今的社会形态变化都不可避免地造成了空间在客观表现上的不同。② 例如柏拉图认为,人各有所长,依此按照金、银、铜对人进行划分,不同类目的人对应不同种类的功能,这些功能聚合在一起就保证了

---

① [美]爱德华·W.苏贾:《后现代地理学——重申社会批判理论中的空间》,王文斌译,商务印书馆2004年版,第118页。

② 苏贾在历史唯物主义的基础上进一步证明了列斐伏尔关于空间社会性的认识的正确性,并将之发展为八个前提:(1)空间性是一种实体化了的并可以被辨识的社会产物;(2)空间性是实现社会行为和社会关系的手段,又是社会行为和社会关系的结果、具体化和预先假定;(3)空间—时间对社会生活的构建,界定了社会行为和社会关系(包括阶级关系)受到物质建构变得具体的方式;(4)这种方式包含了冲突与斗争;(5)各种矛盾主要缘起于关于生产的空间的两重性;(6)具体的空间性不是旨在巩固就是旨在重构;(7)从日常生活的惯例和事件到长远的历史构造,社会生活的时间根植于空间的偶然性;(8)对历史的唯物主义揭示和对地理的唯物主义阐释不可分离地交织在一起。参见[美]爱德华·W.苏贾:《后现代地理学——重申社会批判理论中的空间》,王文斌译,商务印书馆2004年版,第197页。

全体人能够在城邦内趋于完整。[①] 雅典城邦内的居民,自忒修斯时期起就被划分为了贵族、农民、手工业者和商人,其中手工业者和商人只是为了满足城内生活用具的生产和货物的流通而存在,只享有人身自由,不具有公民权利,城邦里从来不存在由手工业者和商人所组成的社团。[②] 又如《周礼·考工记》记载:"匠人营国,方九里,旁三门,国中九经九纬,经涂九轨。左祖右社,面朝后市。"古代中国的城市空间按照方正的格局总体规划出生活区与功能区,不同身份的人享有着不同的地方空间,主动地将低等级的群体在空间中边缘化,形成空间隔离,空间上的僭越会被视为身份的冲突,所以将各种身份维持在空间中能够保证整个关系的稳定。再有,从中央下派至地方的"全能型衙门"除了要对破坏空间内礼法秩序的行为进行管理外,还以"民舍本而事末,则其产约,其产约则轻迁徙,轻迁徙则国家有患皆有远志,无有居心"为指导思想,对潜在移民及外来流民采用富民恤民、严肃版籍、刑罚利诱等不同策略,竭力保持地方空间格局的稳定。在经济基础、等级身份、尚农重迁思想的共同作用下,个人只接受乡土社会的规训,并被深深嵌入其所出生的土地以及"先验"的身份之中,不具有强大的资本扩张动力,仅以简单的日用常行为主要内容。"家庭、宗族为基准的乡村社区只需要凭借土地就能够实现自给自足,内在包含了再生产和扩大

---

① 柏拉图提出该观点是出于对人类生存要件的考虑,因为单个人无法承担全部的生存需要,只有通过人与人的相互结合才行,而为了保证团体的有序运转,就需要对人进行分类以便团体进行管理。参见[美]弗兰克·梯利:《西方哲学史》,贾辰阳、解本远译,光明日报出版社 2014 年版,第 83 页。

② [英]佩里·安德森:《从古代到封建主义的过渡》,郭方、刘健译,上海人民出版社 2001 年版,第 8 页。

生产的一切条件,缺乏进一步分化的动力。"①尤其是在当前环境中,城市化替换了工业化的生产方式,在空间表现上体现得尤为明显,变化是以改变空间的形式展露出来的,"空间和空间的政治组织表现了各种社会关系,且又会反过来作用于这种社会关系"。基于此种历史维度中的空间社会性,卡斯特里斯也认为:"城市是社会对空间的透射,这一观点既是一种不可或缺的出发点,又是一种最基本不过的方法……在这一页空白纸上(空间性),各种团体和各种机构的行为被刻写,除去过去几代人留下的痕迹之外,这种刻写没有碰到任何其他的阻碍……空间是一种物质产物,与其他因素相联系,例如人,而人自己又进入各种特定的社会关系,这给空间带来一种形式、一种功能和一种社会意指","因而,空间不单单是提供利用社会结构的一个机遇,而是每一个历史整体的一种具体表达,在这样的历史整体里,一个社会能够得到具体的说明"②。

另一方面,列斐伏尔敏锐地察觉到,如果说马克思在讨论城乡关系时,将空间作为资本以时间来消灭的对象,把空间作为拜物教的产物,那么"仍然还有一个问题至今尚未提出:各种社会关系的存在方式到底是什么? 是实在性的还是中性的? 还是形式上的抽象? ……事实上,生产中所表达出的各种社会关系具有社会存在,但唯有它们的存在具有空间性时才能够如此,它们将自己投射于空间,它们在生产空间的同时将自己铭刻于空间",否则资本在城乡空间中的行为就只能够"永远地出于纯粹的抽象","始终处于表

---

① [英]安东尼·吉登斯:《资本主义与现代社会理论:对马克思、涂尔干和韦伯著作的分析》,郭忠华、潘华凌译,上海译文出版社 2013 年版,第 35 页。

② 参见卡斯特里斯:《城市问题》,转引自[美]爱德华·W. 苏贾:《后现代地理学——重申社会批判理论中的空间》,王文斌译,商务印书馆 2004 年版,第 126—127 页。

征和意识形态,换言之,就是无意义的空话和玩弄辞藻"①。空间并非是被排除于意识形态和政治学之外的一个科学客体,始终具有政治性和战略性,空间与社会关系相关联,在我们感知到它之时,它其实已经被占有和使用了,它受到了自然诸因素的塑造,是"各种意识形态的产物"②。从反面来说,如果抛弃空间去谈论社会关系的变革,那么就缺少一种得以影射的对象来反映变革的实现,以及更为完善的环境来满足这种变化。例如在呼吸着"自由空气"的中世纪城市,其空间形态是以市镇为核心的、圆形扩散的集居形式,没有达官贵人在空间中的显赫,只有自由居民在此中为满足自身生活需要的空间排列。③ 这不仅与同期的领主庄园式的空间布局存在差异,而且假设在前述空间中去谈论自由(庄园主的豪宅与依附在旁的仆人小屋)也是不实际的。城内贵族被城市空间外的骑士嘲笑,乃至不能同城外贵族通婚,并且在这个社区里,他们自己作为法院里的裁判者,参与赋予市民权利的客观法修订,多数居民拥有参与政治生活的诉求与可能。④ 哪怕是单个空间发生了变化,而与之存在相互关系的其他空间没有变化,后者也会反向影响前者变化的有效性。所以说,空间具有社会性,"社会空间意味着恰当的场所,具体由两重维度来表现出空间场所的变化:一重是再生产性质的社会关系,如两性之间的生理上的关系和家庭组织年

---

① Henri Lefebvre. *The Production of Space*. Blackwell Publishing Ltd,1991,p.152-153.

② [美]爱德华·W.苏贾:《后现代地理学——重申社会批判理论中的空间》,王文斌译,商务印书馆2004年版,第122页。

③ [美]刘易斯·芒福德:《城市发展史——起源、演变和前景》,倪文彦、宋俊岭译,中国建筑工业出版社1989年版,第233页。

④ [德]马克斯·韦伯:《经济与社会》(下卷),林荣远译,商务印书馆1997年版,第646页。

龄群之间的关系(母系社会与长老社会);另一重是生产关系即劳动分工和按照主体身份、功能所组织起来的结构"①。

　　既然空间性是各种社会关系互动的客观所指,那么"国家—地方"这对范畴只在权力维度下才能够成立,否则就不能处于一个层面上,只有将不同的权力放在同一空间维度内进行分析才有可比性。正如多琳·马西所言:"地方可以代表我们共处的普遍条件(尽管在此它所意味的比这更为特殊,因为特殊是在视角观察到每个人的日常生活中的瞬间与轮回而得到的),但是(地方)与社会的空间性也是在更深的层次上相互蕴涵的。"第一,"作为一种形式原则,它是实践内部的空间,而且在这一点上,最为特殊的,是它作为多样性范围的层面,以及这必然带来的相互透明性,这种透明性要求以社会和政治的构建为前提";第二,就国家层面上的法治建设活动来说,即便建构是必要的,也"应通过最宽泛意义上地方的协商来连接,对空间和地方的想象即是这些协商中的一个要素"。②马西进一步谈到了"日常生活—地方(城市)—空间"的维度,认为:人们在这类空间—地方(城市空间)中共同生活所面临的挑战(重要的问题较少是经常被提出的问题——"我如何在城市中生活?",而是"我们如何在一起共同生活?"),是"在地方空间中表现出的生活不可避免地会是政治性与社会性的"。③即便地方在客观层面上是要缓解国家理性主义之困局以及培育地方居民的民主精神,"它

---

　　① Henri Lefebvre. *The Production of Space*. Blackwell Publishing Ltd,1991,p.32.
　　② [英]多琳·马西:《保卫空间》,王爱松译,江苏教育出版社 2013 年版,第 211 页。
　　③ [英]多琳·马西:《保卫空间》,王爱松译,江苏教育出版社 2013 年版,第 211 页。

同样也会是民主面临最大挑战的地方，它们是格外巨大、集中、异质的轨迹星团"，因为国家权力（也可直接称为权力）在许多不同层面进行空间组织的过程中会常常变幻出不同的形态，并且相互矛盾。而地方空间作为国家空间组织中的一种类型就承载了这种变动，并且能够从中反向回馈出关于国家权力的多面形态。①

　　无论是福柯将权力、权力控制与空间的性质联系在一起，还是列斐伏尔等人将社会历史性生产关系与生产力和空间联系在一起，都至少表明，当我们在强调空间或是空间性的时候，毋庸置疑地接受了两个根本前提："一切客观存在的物质都会在客观空间中被表现出来"；"人的一切行为都是以空间作为媒介或是对象的"。由此，在法律地理学视角下将空间性作为本质范畴无疑表达了两层含义：第一层是法律的空间性，即在实践而非教义的角度强调任何法律规范、法律权利（力）在实践过程中都会在空间中予以表现，通过这些客观化的空间表象能够反推出规范的意蕴；第二层是空间的法律性，即站在教义的角度规范的所要调整的法律关系会投射到具体空间之中，不同的空间在法律上的定位是不一样的。

## 第二节　规范空间的叠接状态

　　不同的空间对应不同的生活方式，即使是在同一时代，对于日常生活实践而言，每个人的空间意识都会受自己所处的空间方位、空间文化的影响。例如生活在城市的居民对"地球村""信息时代"

---

　　①　参见［英］多琳·马西：《保卫空间》，王爱松译，江苏教育出版社 2013年版，第 211 页；［美］爱德华·W.苏贾：《后现代地理学——重申社会批判理论中的空间》，王文斌译，商务印书馆 2004 年版，第 194 页。

的看法就不同于农民,捕鲸人的生活空间与歌剧演员也截然不同,担任跨国导游的群体与长期足不出户的人们关于财产乃至国家空间的理解都不相同。① 但是法律的普遍性不会因为主体身份的不同或是空间位置的不同而不同,它必须普遍适用,而这样一来,在同一个物理空间中,不同群体对其的认识、不同规范对其的塑造能力都不一致,但这些差异却被空间集中。那么民法、刑法等部门法拼凑起来的就是关于法律空间的整体性图景与状态了吗?

在海德格尔的语境中,"集置"(ge-stell)被视作现代技术下存在者客观存在的相互方式:"如果说摆置(某种特定技术预先设定的状态)包括了单一技术设定的单一状态(民法中的民事状态是平等主体之间的财产关系与人身关系,刑法中的刑事状态是用刑罚同一切犯罪行为做斗争等),那么集置就是将一切存在集合到上述摆置状态中",也即是一种简单的排列关系(不包括组合)。从另一个维度上讲,海德格尔认为,集置是为了"将现存事物作为持存物而自行解蔽的方式","集置是那种摆置中的聚集,这种摆置会摆弄人,使人以订造方式把事物作为持存物解蔽出来"。② 两重维度下,现代技术所塑造出的空间是由各种技术预先阐明状态的排列集合而成(或言之为拼凑)。

而如果说历时性维度下的空间本身被作为一种生产的对象与主体,那么在列斐伏尔的空间哲学中,共时性维度下空间本身就应当是"叠接"的,尤其是其中的"接"暗指了一种整体的空间状态。

---

① [德]卡尔·施米特:《陆地与海洋——世界史的考察》,林国基译,上海三联书店2018年版,第35页。
② 也即是说,技术可以去弊,每种技术都代表了一种去弊的方式与答案,这就造成了存在者只能处于被动接受结果,进而被技术奴役的状态。参见Martin Heidegger. *Identity and Difference*. Harper & Row,1969,p.45.

列斐伏尔认为,对统一的需求是空间哲学内涵的特色之一,"在解决社会实践所建立起来的那些不同层次之间的相互关系问题的过程中,其有时表现为融合,有时则体现出区别,比如说住房,有时被作为人的筑居,这是建筑学的问题;而城镇与城市即都市空间是城市化学科范畴,至于更大范围的各种领土空间,则又会被归于经济学和规划者的职责"。法学(律)一直贯穿于其他学科之中,调整相应学科所要调整的范围,成为政治家们支持各项学科相互交叠的工具,但是实际上,各自学科的范围根本无法重叠。简单的例子就是经济开发与环境保护这两个领域在空间上所可能会产生冲突,这就导致理性主义或是国家主义范畴下的共同设计规划是不可能实现的。例如,长三角一体化发展,本身是"三省一市"在行政区划上的融合发展,但其中经济一体化模式是"飞地型",解决不同省市间企业的利益分成,而环境一体化模式则是"毗邻型",解决新安江等物理边界相连区域的环境保护问题。"社会空间与自然空间存在极大的差异性,前者不可能以并列的形式出现,而是相互插入、组合,以叠接的形态出现(虽然表面的叠接不意味着潜在冲突的消逝)。"①原先在现代化进程中所形成的分工,都试图将各种专业化的空间排列在一起,如休闲的、工作的、娱乐的、运输的等,都被空间化的语句,如交通网、娱乐城等形式表现出来。可列斐伏尔认为,多样化的空间以及不能够被确立种类的各种空间在现时所呈现出的不是并列,而是"一个空间堆放在另一个空间之上,或者依次囊入其内:经济的、人口统计的、社会学的、生态学的、政治的、大

---

① 　Henri Lefebvre. *The Production of Space*. Blackwell Publishing Ltd,1991,p. 44,p. 88.

陆的与全球的"①。也即是说,以往是将空间排列而没有组合,并且是在海德格尔的"摆置"语境下考虑科学之于空间的意义,而叠接所表达的是空间之于科学(既有法律、政治等社会科学,也有能源、环境等自然科学)的空间互动与表达的方向。

所以,叠接的主要目的有两重。其一是表现出各种技术化空间能够在历时空间上形成汇聚,例如某幢建筑或是雕像都会是彼时与之相关的所有领域的重合表现,即便是做工粗糙、低劣的石膏雕像,也反映出了彼时的生产工艺与之前的粗糙、低劣石膏的雕像的差异,而且如果进一步考量这座雕像的具体位置(如是在农村还是在省政府大门口),那么将材质与传统辨识方法相结合,就能更进一步发掘出其自身的合理性,以及其背后可能反映的权力运行等现象。其二则是空间本身有着独立意义,将各个层次、领域与范围相分离的关系统摄在一起,精神空间(理想空间或是精神中的空间)都要来自真实的空间,是一种社会实践的空间,这两种空间彼此包含、互为基础、互为前提。② 列斐伏尔所言的空间具有的叠接特质暗含了其具有一种总体性发现与创造的理想,但这也与其所要批判的对象——过于严苛、盲目的专业化分工相关。因为在理性主义作用下,科学所发现或是创造的,都被作为一种普遍性规律,能够对现实世界进行完全的宰制,但是"诸如信息与传播的概念、信息与符码的概念,以及符号集的概念——都仍然处于发展之中,使得自视甚高的普遍其实是一种偏狭,且过于专注某种专业领域之一面,会完全落入一种狭隘与无法调和的冲突"。所以叠接本

---

① Henri Lefebvre. *The Production of Space*. Blackwell Publishing Ltd,1991,p. 41.

② Henri Lefebvre. *The Production of Space*. Blackwell Publishing Ltd,1991,p. 45.

身也是一种"具体普遍性"的产物,其既不能够被"虚幻的精确性"所侵占,也不能偏向某一部分,而是应当不断往返在日常生活的具体景观中,得出对相关普遍性的具体感知,从而在日常生活相关的群体内获得相应基础,也即是指,叠接意味着各学科、权力、垄断者之间不能各执一词,应当在日常生活中达成协商。① 叠接是对空间哲学整体向度的最佳表达,任何其他科学或是分类,如经济法、民法、刑法都是以特有关系入手的带有专业化分工的法律门类,分别对应着不同词汇和框架(或是原则)的特定用法,它们的相互关系是以特定的方式来安排的,进而可以思考何种科学或是句法(syntax)能够支配它们的组织与思维程式;可叠接"是把各种各样的空间及其起初的各种模式统统纳入某个单一的理论中,以此揭示实际的空间生产"②。

同时,在专业化的分工类型背后"存在着一种语言固有的或所有语言都固有的特定符码,这种符码的建立受到特定历史时期中生产关系、认知能力等方面的影响"。③而由符码所编织起来的语言成为特定分工类型所对应的标准化行为方式与沟通方式,直接影响到利益相关的主体,驱使即将进入和已经存在于这一分工类型中的成员(subject)认同这一专业空间,并置身于其中的统治程式之下。在列斐伏尔看来,此种解构社会空间的路径带有一定"透视"空间本质的功效,但依旧处于先验观念的影响下,无法有效超

---

① Henri Lefebvre. *The Production of Space*. Blackwell Publishing Ltd,1991,p.46.

② Henri Lefebvre. *The Production of Space*. Blackwell Publishing Ltd,1991,p.47.

③ Henri Lefebvre. *The Production of Space*. Blackwell Publishing Ltd,1991,p.48.

越符码对空间的设定,所以他提出的空间"叠接"路径是"超码"(surcodage)的,目的是为了保证在获取空间知识的过程中"不被一种精心设计的语言所通过,因为此时的知识是运作在概念的层面上的,它既非一种拥有特权的语言,也不是一种元语言"。①

列斐伏尔坦言:"在当下现代化情境下有千姿百态的社会空间,特别是城市空间,这比古典数学的同质性各向同性空间要复杂得多,足以让人联想到千层糕的结构","社会空间相互渗透或者彼此依靠,它们虽然不是物,但却有相互的边界与冲突,是因为它们的轮廓或作为惯性的结果在起作用"②。"一间客房、卧室、房屋或庭院的空间,虽然存在作为标志相互区隔的'围墙',但实际是一种有待揭示的连续体,至少其作为私有财产的象征而暗含了权利(力)的联结方式,而这即是被制造出来的聚合体。"叠接的方式除了简单层叠之外,还包括两种:一种是发生地的空间是可以流动的,可以被某种主要潮流驱使前进,甚至可以被部分摧毁,这些主流趋势是彼此相互干涉的;而另一种以网络与途径为标志的较弱的趋势则是相互渗透与相互促进完成的。③ 对之,"社会空间的相互渗透与重叠原理具有一个非常有益的结论,因为这意味着每一个服从分析的社会空间的片段,不只是掩盖了一种社会关系,而且

---

① Henri Lefebvre. *The Production of Space*. Blackwell Publishing Ltd,1991,p. 48.

② Henri Lefebvre. *The Production of Space*. Blackwell Publishing Ltd,1991,p. 49.

③ 在后一种方式中,一个可供说明的现象就是"在主要与次要的趋势之间、在战略与策略高度之间或者在网络与地点之间,如何维持某种并不稳定的流动状态的等级制关系"。列斐伏尔不期望再度于《空间的生产》一书中解释这种关系,因为在其对日常生活的分析与批判之中已经被表明了,而这也再次反映了日常生活与空间生产之间的深刻关联。参见 Henri Lefebvre. *The Production of Space*. Blackwell Publishing Ltd,1991,p. 101.

掩盖了他们的主人,这些都是通过分析可以从中揭露出来的主要内容……这一原理也可以让对象物复苏:将相一致的对象物(来自劳动分工),置回交换的循环圈中去等"①。

事实上,借助空间哲学,列斐伏尔在两个方面上对马克思主义理论进行了范畴更新:一方面,通过加入空间性来重新修改生产、生产关系等传统范畴的内涵与作用方式,进而改变了描绘社会活动的方式,"实践"过程本身是实践主体基于自身对空间某一方面的具体认识而施加的改造活动,所以列斐伏尔将"日常生活"作为洞悉空间意识的主要方面;另一方面,基于社会发展是空间生产的思路进行推论,用"抽象空间—差异空间""工业社会—都市社会"等新范畴替换了历史唯物主义论里的"资本主义—共产主义"等,用空间变换去审定社会的历史分期,得出了不同阶段内的"地理—人"关系。法律地理学在"法律—地理"的维度内拓展出了一些新的范畴。例如布隆里通过两个步骤来阐释法如何在空间中展露自身。第一步是,"书本上的法"可以对充斥在空间中的关系进行切断、改变或消除,以此成为一个虚拟的、囊括了它所要调整的关系的容器,但同时,由于法的内部体系是相互交错的,某一权利关系会同其他关系相冲突,故这一容器不是全封闭的,而是开口的,呈现出一种括号(bracketing)的形式。此时,布隆里吸取了胡塞尔现象学中的悬置,即对与对象有关的存在设定进行排除,而在对象方面,是对对象本身之存在特征加括号。② 第二步是,"行动中的法"在显露自身的时候实际上是一种表演行为(performativity),当法

---

① Henri Lefebvre. *The Production of Space*. Blackwell Publishing Ltd,1991,p.101.

② 参见倪梁康:《胡塞尔现象学概念通释》,生活·读书·新知三联书店1999年版,第128页。

真正在空间中发生的时候,也就将行为者转变为了在括号内的表演者,而其他的非行动者则以观众的角色间接参与进来。① 由此,在布隆里的理论架构里,法律空间以"舞台"的形式出现,它主动将关系塑形,并且让参与者在结构化后的法律空间里展现自身。而德拉尼的"规范圈"概念同样是按照此种意义来进行的,只不过德拉尼以所有的法为对象,形成了不同大小的"舞台",使其以同心圆的形式出现。

但是在这些当前主流的西方法律地理学的理论中,对于空间的抽象想象一方面建立在列斐伏尔的空间理论之上,另一方面又放弃了列斐伏尔空间的总体性。换言之,他们立基于辩证的空间,但又在其上把法律空间变得僵化了。尤其是布隆里的两个层次,也只是将空间二分为"规范空间"与"实践空间",并将"实践空间"叠加在"规范空间"之上。当"实践空间"无法表现出或是表现出超出了"规范空间"的内容时,布隆里将之定位为法律的失败。但是由于法律中有"兜底条款"等类似的规范存在,布隆里的结构化假设其实并不能发生。并且,布隆里也忽视了法本身的内在冲突,将"书本上的法"完全假想为清晰的、明确的、内在一致的规范体系,使得整个空间"舞台"十分狭小,只能够——事实上也如其本人经常使用的范围——限于对财产权等单一权利(力)进行分析。无论空间哲学延展到何种领域,都不能因此失去它本身的总体性,就如吉登斯所言:"如果行动者仅仅充当着舞台上的演员……那么社会世界在很大程度上也就没有什么实质意义了。"②"表演"其实是各

---

① 参见 Nicholas Blomley. "Disentangling Law: The Practice of Bracketing". *Annual Review of Law and Social Science*,2014(10):133-148.

② [英]安东尼·吉登斯:《社会的构成:结构化理论纲要》,李康、李猛译,中国人民大学出版社 2016 年版,第 118 页。

类因素相聚集的结果,它既涉及本身在前台区域所展现的,也涉及在后台区域的冲突、利用、压制。

由此可以发现,当前法律地理学者如德拉尼提出的"规范圈"概念,是用来形容不同规范叠接在同一空间中的状态的,以及布隆里的"叠接"概念等其实就是借助人文地理学在空间转向后所形成的较为成熟的范畴,进而围绕法律这一对象进行推演后所得到的研究结果。其至少反映出:(1)人们不同的空间控制能力会塑造出不同的空间形态;(2)空间形态中既包含了法律空间,也同时存在文化空间、政治空间等,它们共同塑造出了空间的结构;(3)对空间状态的塑造不是简单的因果关系的反映,但至少是空间表象与空间状态的集合。例如,电瓶车不得驶入机动车道这一规则在不同地方的表现不一样,即便是在电瓶车道与机动车道之间使用了栏杆区隔。但是,当前对空间中电瓶车违规行驶状态的管理能力远远不及对机动车的同类管理能力,后者在保险、牌照、驾照、监控、刑法与道路法的处罚等方面有完整的规则,才塑造出了在限定速度与区域内行驶这样一种空间状态。同时,这一系列完整的规则直接建构了人们对机动车行驶状态的判断标准,构成了空间文化,它与法律一道共同维持空间的状态。这种空间状态是动态的、可感知的。

## 第三节　法律的空间类型

人的肉体限制决定了任何活动都必须建基于一定的空间。通常人们习惯用"远近""大小"的维度来形容空间。其中,"远近"维度是权力中心与调整对象之间的距离。实施有效政治控制的前提就是要考虑如何维护权力由上至下的调控能力,保证中心同边缘之间的统一。所以,施米特认为,法是一个使民族社会和政治规则在空间上变得可见的形式,法权是秩序和场域的统一体。[①] 例如古代中国就曾以天子为核心,根据血缘亲疏,画出五个同心圆来划分和管理疆域。而后又通过刺史制、述职制来加强官员选任、监督等环节,保证权力能够由上至下、由内至外、一以贯之。权力同样需要破除"远近"的限制,于是就出现了代理、居间制度来保证远距离的控制。而关于"大小"维度,亚里士多德认为理想政体的实践基础是"小国寡民",卢梭也认为试验"社会契约"的最佳地点是在地域较小的科西嘉岛。因为空间的"大小"必然同人口的数量、民族文化的差异等方面联系在一起,直接影响到制度嵌套在不同地域上的有效程度,直接影响到维护法治统一的战略选择,直接影响到如何在普遍性中保留差异性、如何在差异性中提高针对性等一系列具体问题。英国普通法体系的形成就归因于国王为了解决疆域大小,通过设立巡回法庭、遵循先例原则在空间里形成法治统一。而美国为了突破"大疆域"的限制,形成一个有力量的统一国家,就必须确立相适应的权力的横向与纵向划分规则,如划定选区、确定选举权的配比。此外,当前在法体系上,通常以"大小"维度为基础,区分出国际—国家—地方—家庭等空间层次,来划定法律,并同时圈定司法层级来满足法律实践的需要。

但是"远近""大小"通常只是人们对空间的感性认识,只有在一种比较的情境下,并且两相比较的对象差异较大时才能得出结论,否则就无法在"小国寡民"与"良好政体"之间建立起绝对的空间观念。但进一步来看,孟德斯鸠在谈论法的精神时没有将空间

---

① [德]卡尔·施米特:《陆地与海洋——世界史的考察》,林国基译,上海三联书店 2018 年版,第 18 页。

"远近""大小"同法相连接,而是陈述在不同气候、地形等地理条件下所出现的规范空间特征的差异。这样一种认识起点实际上建立在特定时段内穿越不同空间所带来的对法律差异性的体验感。而穿越的过程就是跨越规范空间边界的过程。

"边界"是当前国内学界在谈论法律地理学时都会涉及的范畴,但是在阐释的过程中,多停留在"空间"的传统容器观里,将边界作为描述空间大小的概念,以之来勾连一个国家或权力所能够辐射到的范围,或简单化为管辖范围。但在其他的法学研究中,已经在用"边疆"(frontier)来表达对"边界"的研究,与国内历史地理学研究形成了一定程度上的呼应,即将边疆作为一个尺度,来衡量古代中国面对"化外人—化内人""边缘—中心""边—非边"时所出现的尺度转移。这种考察其实是将中国"规范圈"置于以汉文化为中心的"文化圈"之基础上进行的分析,突出了"民族国家如何界定自己"以及"民族国家如何界定他人"两个基本问题,进而在对"边疆"的"他者"思考中找到中国汉文化的"自我"。从中可见,古代中国历史明显地表现出稳定时期与不稳定时期不同的自我界定与划定边疆的方式,同时,正因为存在这种变动性,国家法律在本质上是"属人"的,以便更好地维护自身尺度对"边疆"尺度的重组。而在当代,立基于国际法主权原则之上的边界被国家法之属地管辖权所稳定。其中的主要问题是如国外一些法律地理学者所分析的:边界地区在面对文化互动时所出现的尺度变化,直接影响到国家法在边界地区的实施效果,进而带来国家法在特定地区上的法律设定变化以进一步维护对边疆的控制。① 也有部分研究选择将"边界"区分"敌友",将划定范围的功能作为法的核心内容,认为法就是由被定义的边界组成的。②

　　笔者认为,前述的边界研究是站在国家这一特定空间层面来进行考察的,在这之中,国家权力对原发性边界的再生产,以及边界两侧地区的对抗、合作、一体化等,折射出制度如何构建边界两侧的政治认同与身份认同,而边界便是在二者差异的建构中来显现秩序,进而表现边界自身。在这一类用法上,所谓"边界"是一种客观界分不是特别明确的外向型前缘和外围地带,是在两种空间相接触或是隔离的地带,是有宽度的,它有助于凸显具体空间的轮廓。③ 边界研究还可以进一步拓展到世界、地方、组织、个人等空间,并对特定权力(利)的边界进行考察。例如,特纳的"边疆理论"认为美国式扩张主义打造了一种独特的平等形式以及一种充满活力的个人主义,代表着一种世界秩序象征,更涉及美国一系列的制度安排④;我国正在开展的"一带一路"倡议所涉及的沿途国家"边界"同相关贸易制度的设立等同样存在密切关联。同时像工伤认定中的"工作空间"边界等,具体权力(利)的实现都会依赖于对承载其运转的空间"边界"的理解。

--------

① William Ian Miller. "Sanctuary, Redlight Districts, and Washington, D. C.: Some Observations on Neuman's Anomalous Zones". *Stanford Law Review*,1996(48):1235-1246.

② Richard Thompson Ford. "Beyond Borders: A Partial Response to Richard Briffault". *Stanford Law Review*,1996(48):1173-1196.

③ 王恩涌等:《政治地理学:时空中的政治格局》,高等教育出版社 1998 年版,第 168 页。

④ Greg Grandin. *The End of the Myth: From the Frontier to the Border Wall in the Mind of America*. American Empire Project Metropolitan Books,2019.

　　此外,恩格尔注意到:法律在定位上是自觉的、空间性的,它首
先关注的是法律地理学规定合法企业类型的根本目的是在可接受
和不可接受、在规范和越轨之间划清界限。① 法律"画出的线"可以
构成象征性建筑,如"地方""社区""合作区"乃至个人的"身份"。
在对泰国诉讼和社会变迁的研究中,恩格尔注意到法律通过创建
边界以构成"社区"和"同一性",形形色色的人进入特定空间中就
会被该空间总的规则所束缚和化约,并被打上所在"空间"的标签,
使得"外人"常常通过"这是哪里人"的追问来描述其行为的特征,
产生了一种"任何人都不能从概念上把一个人从他所在的地方分
离出来"的认知状态。这样的界线区分着"内部"和"外部",确定谁
包括在边界内,或位于边界外。② 由此,所谓"边界"并不简简单单
是一种地理空间属性,它既是权力实施控制的工具与权利实现的
条件,也是权力关系和历史过程的产物,在法不断完善其对社会控
制的过程中,"边界"的展现代表了一种策略与技术安排。例如赫
格斯特兰德在他的地理学研究中就指出,在探索发生活动的情境
中,身体和物理环境的部分特质会对活动产生约束,而这种约束提
供了总体"边界",限制了更大的时空延展。③ 这个"边界"既会是法

① 参见 Mark Kessler. "Free Speech Doctrine in American Political
Culture: A Critical Legal Geography of Cultural Politics". *Connecticut Public
Interest Law Journal*,2006-2007(6):205-244.

② 参见 Mark Kessler. "Free Speech Doctrine in American Political
Culture: A Critical Legal Geography of Cultural Politics". *Connecticut Public
Interest Law Journal*,2006-2007(6):205-244.

③ 赫格斯特兰德认为人的身体具有不可分性,并且时空的容纳能力也
是有限的,没有两个人体能同时占据一个空间,但因此我们也可以通过探讨
任一时空区域中能包含的两类对象所面临的约束,来分析这些时空区域。参
见[英]安东尼·吉登斯:《社会的构成:结构化理论纲要》,李康、李猛译,中国
人民大学出版社 2016 年版,第 105—106 页。

律能动主义的底线,也会是一套合理制度所要遵守的"内在道德"。在这样一种用法上,"边界"更多地在表达一种由空间意识所引发的空间对抗或是连横,是线性意义上的,不存在宽度的范围。① 这一类"边界"框定了具体空间的客观范围与主观意志,是权利(力)互动造成的规范空间配置的即时结果。以所有权为例,在海上大帝国建立之前,"坦荡的海洋没有藩篱,没有界线,因而也就不存在法权和财产权"②。边界的确立至少从两个方面巩固了所有权。一是向内,即在占有空间的集团之内,与土地之最初分割和测定相连的占有关系和财产关系得以创设。而具体划界的技术,如是否设立土地登记簿,是通过马匹测量还是步数测量等,代表了法律进行内在控制与分配资源的能力。同理,在国际层面,边界划定技术直接关系到国家主权。二是向外,边界内的集团往往和其他想要侵入边界、改变边界的集团相对立,并且这种对立能力的尺度转移是由大众话语和表象来决定的。法律通过设定所有权转移的条件、程序、主体等为边界的"封闭"与"开放"提供了一种动态平衡。

在关于法律空间的类型划分上,有学者根据权力范围的大小区分出了"习惯法—地方法—国家法"。③ 亦有学者根据看空间的不同视角区分出了内在视角的空间,即被作为场所和环境的空间;以及以外在视角的空间,即被人所能够支配的空间。④ 再一种是根

① 王恩涌等:《政治地理学:时空中的政治格局》,高等教育出版社 1998 年版,第 168 页。
② [德]卡尔·施米特:《大地的法》,刘毅、张陈果译,上海人民出版社 2017 年版,第 27 页。
③ 参见喻中:《法律与空间》,载《山东警察学院学报》2009 年第 3 期。
④. 朱垭梁:《法律中的空间现象研究》,载《湖北社会科学》2015 年第 8 期。

据空间的形态区分出的物质空间、社会空间、精神空间。①

在第一种划分方法中，各个类型的空间在根本上就是由法律所创设出的并叠加在物理边界基础上的空间，但这种以"大小"为标准的空间划分方式无法进一步对其他空间进行有效划分，例如图书馆、广场、家庭等，并且这些空间又具备法律地理学研究的意义，它们表达了"公—私"之间的空间意识分野。而第二种划分方法建立在法律空间性的界定上，认为空间的类型多种多样，可以根据法律的性质做基本限定，必须坚持客观性与可操作性的标准，也就排除了精神空间以及范围差距较大的如百亿光年空间、纳米空间等。② 但是在后续由"内—外"视角对空间进行的进一步区分中，却不具有界分的基础，因为即便是从内在视角看，法律对空间的塑造在不同主体身份上也会造成不同的影响。德拉尼认为，立法者、律师、行政人员等法律职业者在某种程度上可以被视为是规范技术师（nomospheric technicians），他们会依据身份不同而采用不同的法律与空间的概念来塑造他们自己的工作空间，因而形成不同的空间景观。所以，德拉尼认为对法律形成、法律决定等方面的考量应当同时结合规范技术师的合法化行动以及空间想象来进行。③此时，德拉尼重新界定法律职业者思考方式的起点就在于一种认知方式的现象学转变：一方面，"我发现它作为事实存在者而存在，并假定它既对我呈现又作为事实存在者而出现"，"至多在这里或

---

　　① 伊莎依·布兰克、艾希·罗森-兹维：《法律理论中的空间转向》，杨静哲译，载《西部法学评论》2020 年第 1 期。

　　② 参见朱垭梁：《法律中的空间现象研究》，载《湖北社会科学》2015 年第 8 期。

　　③ 参见 Delaney D. *The Spatial*，*the Legal and the Pragmatics of World-Making*：*Nomospheric Investigations*. Routledge，2010，p. 142.

那里以不同于我设想的方式而存在"；另一方面，对象世界实际上是以主体为基础而生成出来的。① 每个主体有着不同的认识对象世界的方式，而由此形成的观念又会影响到主体改造对象世界的行为。且每个主体同时兼有不同的出发点，这也就造成对世界不同的理解会同时在同一情境里的不同主体中交织，甚至同一主体还会产生立场上的冲突。换言之，每个主体在不同场所里有着不同的身份，身份在当前社会中被文化、制度等分配了各种权力的并进行控制，因而有着迥异的利益取向，以至于行为会出现多元化。如吉登斯所言："身体空间作为各种习惯性行动的聚合领域，极其复杂，意义重大"，因为行动是将"自己的身体用作表演的手段"，而行动的场域性需要可以借助"区域化"来提供时空闭合的区域，产生某种封闭性，以保证"前台"和"后台"之间可以维持一种相互分离的关系②，就像教师在课堂（前台）与在休息室（后台）时的身份产生切换一样。如此一来，在第二种划分方式下。"场所—领域"其实被研究者定位为"空间实践—空间建构"。但显然，既然空间不是僵死的，那么空间就必然会在不同条件下对不同身份的空间实践造成影响，二者会成为转化关系，而没有反映出稳定的空间类型。第三种划分类型则没有考虑到空间的叠接状态，即物质、社会、精神三重空间本身是相互重合的，例如对遗物价值的认定，不同主体基于不同情感，对空间的认定就不同。

所以，法律地理学中的空间类型划分要充分结合空间的一般性与法律的特殊性。既然一切空间总是有边界的，边界勾勒了空

---

① ［德］胡塞尔：《纯粹现象学通论》，李幼蒸译，商务印书馆1992年版，第94页。

② ［英］安东尼·吉登斯：《社会的构成：结构化理论纲要》，李康、李猛译，中国人民大学出版社2016年版，第61、141页。

间的整体轮廓,而且在实践状态下,社会的、文化的空间总会根据
法律规则的不同在边界上进行"跨境实践"与"边界建构",例如城
中村的群体文化形成等①,那么如何区分法律地理学意义中的空间
类型即取决于法律对空间边界的建构能力,以及在法律实践状态
下的边界状态。对此,可以区分出以下几种空间。(1)权力空间,
即以明确授权,或是设定禁止性规范的形式所确立的空间边界,例
如对公共场所的设定就是以禁止裸露、设定集会条件等标准;又如
城市规划法根据功能区的不同所划定的规划区,如自然保护区与
非保护区、农业区与城市区等。(2)组织空间,即以确认或是建构
的方式规定空间内的组织规则来确定空间的功能,这一类除了表
现在对行政区划、农村、社区的规则设定之外,还有如我国所有权
制度的发展中,从中华人民共和国成立初期坚持传统社会主义设
置,使用一元化的产权模式,到改革开放之后的中国特色社会主义
采用的所有权与使用权分立的设置模式,再到现在的"三权分置"
形态下的所有权,同一空间内对资源的取用规则被不断丰富,人们
有更多途径组织生产,进而对空间状态造成影响。(3)行为空间,
这一类空间的设定方式,一方面能够反映出法律对空间意识的选
择,"法律规则时常决定在各种不同的空间里能做什么事或者不能
做什么事,这些不同的禁令和规定通常以此观念为基础,即这一个
空间是神圣的,或者至少它应当被保护而避免世俗/亵渎行为的出
现,如性、不道德、乱性和淫秽"②。另一方面,对同一空间下不同主
体的行为设置标准不同会使其呈现不同的形态。例如商场对于其

---

① 唐雪琼、杨茜好、钱俊希:《社会建构主义视角下的边界　研究综述
与启示》,载《地理科学进展》2014 年第 7 期。

② 伊莎依·布兰克、艾希-罗森-兹维:《法律理论中的空间转向》,杨静
哲译,载《西部法学评论》2020 年第 1 期。

所有权人而言是私产,但是在社会活动中施加了对进入商场的人的行为限制,又使其呈现出公共空间的状态。总体而言,虽然当前法律地理学学者对诸多空间进行了探索,例如"富人区—穷人区""监狱""商场""性别空间"等,但是法律的研究意义在于从空间状态以及对空间控制的规律中总结提炼出具有普遍性意义并且能够被法律概念囊括和定义的空间规则,若不以此为标准去探索不同类型空间的整体性规律,而只是揭露其中正义、平等、自由的状态,那么这样一种研究本身只是纯粹批判性质的,难有助于法律的完善,也难以被严格划定在法律地理学的研究范围内。

/ 第三章 /

# 法律地理学的价值论范畴

> 尽管好几十万人聚居在一小块地方,竭力把土地糟蹋得面目全非;尽管他们肆意把石头砸进地里,不让花草树木生长;尽管他们除尽刚出土的小草,把煤炭和石油烧得烟雾腾腾;尽管他们滥伐树木,驱逐鸟兽;在城市里,春天毕竟还是春天。[1]
>
> ——列夫·托尔斯泰

　　"为什么政治制度不同的亚洲国家都不约而同地采取一种与西方不同的现代化模式"?[2] 托克维尔在《论美国的民主》中指出,"一国的地理环境、法制和民情是决定该国采用何种政体的基本原因","自然环境不如法制,而法制又不如民情"。[3] 其中,托克维尔将美国"地广人稀"这一自然禀赋作为确立联邦制度、维护短期安全

---

[1] ［俄］列夫·托尔斯泰:《复活》,草婴译,上海译文出版社 1990 年版,第 1 页。

[2] 参见［英］哈耶克:《自由宪章》,杨玉生等译,中国社会科学出版社 1999 年版,第 2 页。

[3] 参见［法］托克维尔:《论美国的民主》,董国良译,商务印书馆 1988 年版,第九章。

的基本条件之一,但却当然地将"民情"作为如"自然"一般的先验条件,认为是其塑造美国民主的重要因素,忽略了"民情"的形成过程。如果将法的各项外在要素作为变量来考察各国法律史,其实不难发现,如草原、平原等自然条件会直接影响先民在组织生产以及处置社会关系时的法律方案,而后,在"边界"(如殖民—被殖民)的互动中,本土资源与外在地理空间的规范秩序产生不可避免的冲突与妥协作用,使得在生产关系未发生根本改变的情况下生成了新型的制度。所以在托克维尔的研究中也表现出,从法的外在因素与法律之间的互动中发掘特定地域中的法律特色,是一种研究具体法律体系价值追求的方法,因为法律与"民情""自然"等外在因素之间存在辩证关系,法律在受到外在因素价值、内容影响的同时,也会为了实现具体的社会规制功能对"民情""自然"等加以改造。所以,在这种辩证关系中,聚焦包含在自然空间以内的所有空间与法律之间的关系,不仅是因为空间作为定位事物的基本维度在认识论、本体论方面有着天然优势,同时也是因为空间作为实践最基本的介质,是以客观实在的形象存在于法律对象与法律意志之间的。法律空间是一面客观存在的镜子,折射出立法者对法律设定下的应然生活状态与实然生活状态的具体形象。在这之中,所谓法律地理学的价值论范畴就是要能够充分反映出法律空间与法律对象、法律空间中的应然状态等价值关系所呈现出来的自然价值现象。"宇宙万物无论是个体还是系统都处于普遍的相互联系之中,它们与外界存在着复杂的物质、能量和信息的交换,这种交换关系就是一种价值关系",也可将之称为是"利害关系"。[①] 这种"利害关系"具体到法律地理学中,就既反映在法

---

① 参见江畅、左家辉:《重新认识价值论的性质》,载《华中师范大学学报(人文社会科学版)》2021年第5期。

律对空间资源的配置规则中,也反映在空间对法律发展的影响上。其中"空间与日常生活"之间的关系对于法学来说是有价值的,表现在它关联到价值性质与价值载体、价值主体与价值客体的关系,它解决的是法律在"应然"与"实然"过程之中如何处理好自身价值属性以及如何发挥自身功能的问题。而"空间正义"则是一种具体的法律价值,对应着具体的配置规则、体系等方面。

# 第一节　空间与日常生活

## (一)现代性、空间与法律困局

如果将习惯法作为法最初的表现形态,那么可以说长久以来法学对法律现象的挖掘始终没有逃脱"时间的束缚",即不断地将过去的、长期的行为规范与认知技术用来规范未来的、无限的生活。在自然法阶段,法学研究也是用过去的、永恒的神圣指令来推演当下的生活,"人作为演员不知不觉地扮演着上帝所分派的角色";对未来的态度里,"未来是过去的部分,早在耶稣手里已经写好了结局"。① 这种将过去奉为至高的法学时间观念在文艺复兴之

---

① 参见[美]马泰·卡林内斯库:《现代性的五副面孔》,顾爱彬、李瑞华译,商务印书馆 2002 年版,第 25 页。哈贝马斯也认为现代性概念的出现最早是在五世纪前后,"现代一词在欧洲被反复使用,尽管内容总是有差异,但都是用来表达一种新的时间意识"——结果这种"反身性"的存在意味着"现代精神必须要贬低直接相关的历史,并与之保留一段距离,以便自己为自己提供规范性基础"。参见[德]哈贝马斯:《后民族结构》,曹卫东译,上海人民出版社 2002 年版,第 178 页。笔者在对于这番从新旧转向高低的论述的看法是,现代之于古典,并非体现出高低相差之感,就像梁漱溟先生的一句话:"这不过是生活的样法罢了。"探究现代性不是为了预测,而是如同后文所要提到的,为的是明白我们手中有何器物能改造生活、如何能够建设出符合人之当代状态的制度体系而已。

后,随着理性的彰显,被用以对人类规范生活进行阶段性的切割,出现了传统法与现代法的分野。现代法是"现代"的,在语境中被作为一种形式化、不可逆、直线性的存在,后续的工业化生产阶段将时间作为主要度量人效率的工具也带有此种倾向。现代状态下,不再需要类似神明、皇帝一般至高无上的仲裁者跳出现实场景去寻求一条平息争端的方向。

马克思曾多处使用"现代"一词,且都被冠在"资本主义""资本主义社会"之前,在他看来,资本主义开启了一个新的时代。用一个简单的例子说明:"由木头做成的桌子"只是黑格尔语境中的感性之物,但是当桌子成为商品之时,"却成为了一个可感觉而又超感之物",商品将"生产者同劳动的社会关系反映成存在于生产者之外的物与物之间的社会关系"。[1] 由此出发,从商品、货币、交易、市场到生产力与生产关系,马克思一步步地展开现代社会中所被资本影响且遮盖的社会关系与人被异化的事实。具体而言,首先表现为人的物化,"在交换价值上,人的社会关系转化为物的社会关系,人的能力转化为物的能力"。[2] 其次是货币在资本主义市场中"抽象"地统治了人,并且由于机器化大生产的影响,人本身也被置于一种同质化、形式化的控制程式之中。最后,在看似等价交换的背后,实际上掩盖了不平等与剥削,这也并非只体现经济方面,而是拓展到了人生活的方方面面。一个在资本增值主导下的人类世界,所有价值观、行为模式都被资本规定了。所以,在马克思这里,资本主义虽然带来了政治解放,将人从封建主义制度的压迫中解放,但是人本身的解放还未能完成。

---

① 《资本论》(第1卷),人民出版社1975年版,第88页。
② 《马克思恩格斯全集》(第46卷)上,人民出版社2003年版,第103页。

在《介绍现代性》(*Introduction to Modernity*)一书中,列斐伏尔展现了马克思主义对其的影响。(1)现代性并非是简单地在德国发生,而是经由技术的辅佐,随着资本扩散到了全世界,将人变成高度抽象的存在物,整个世界都在经历着这种整体化、开放式的境遇。列斐伏尔所竭力要完成的马克思"未竟的事业"也是一种基于空间发生的整体性事业。(2)现代性并非简单地体现在哲学层面,人的活动不仅仅只有理论的活动,还包含着经济、政治等活动,也即是说,社会生活在本质上是实践的。[①] 从这一点上,马克思对现实的深刻关切,使得其能够与之后的韦伯、福柯、哈贝马斯等人有比较的可能性。列斐伏尔同样也期望能够从实践的角度去发现现代所遭受的新的异化。但这一范畴所涵盖的并非是社会学意义上的抽象描绘,而是进一步立基于此所形成的更为形而上的概括。换句话说,现代性是促成其社会学现象发生的动力根源。(3)现代性的发展是一个辩证、发展的过程,"现在的社会不是坚实的结晶体,而是一个能够变化并且经常处于变化过程中的有机体",现代的生产力与生产关系不是瞬间产生的,而是建立在过去的基础之上。[②] 同时,现代性在被称为现代(公元 1500 年之后)的那个阶段也不是整体不变的,其内在矛盾与重点一直在不断地变化、累积。(4)最为关键的是,列斐伏尔从马克思那里看到,现代性不再像在以前的学者眼中那般,被作为一个对象(也可称之为目标、价值)来追索,而是成为一种深刻且全面的问题(主要展现为一种政治意义上的危机),并非简单地表现为黑格尔的主体性危机。"马克思留给我们一个进行经济精度分析研究模型,在这之中不仅有它(资本

---

① 《马克思恩格斯选集》(第 1 卷),人民出版社 1995 年版,第 505 页。
② 《马克思恩格斯全集》(第 23 卷),人民出版社 1972 年版,第 12 页。

主义)的历史条件,它的含义、要求和后果,也具有事物变化的因素(检查、平衡、瓶颈、危机理论等)。"①

而前三点的存在就决定了第四点的解释不会一直停滞在前述马克思对异化的揭露上。列斐伏尔在《马克思的社会学》(*The Sociology of Marx*)中就直言,一方面,马克思在彼时所做的"通过分析剥削来贯穿对整个历史架构的分析都是不完整的";另一方面,马克思所言的垄断资本主义并没有如期走向灭亡,而是通过新的形式进一步发展。② 在列斐伏尔看来,马克思所使用的"经济基础—上层建筑""生产力—生产关系"等模式完整地展现了在现代资本主义下国家与一般意义上的社会实践之间的关系,并且提供了"共产主义"图景来整体解决前段所存在的问题,但是 1848 年(欧洲革命)、1905 年(俄国革命)却没有实现马克思的目标,"人的对自身自然的占用以及日常生活的根本转型,起源于马克思计划的一部分,但是他们都没有实现"。于是,列斐伏尔"惊人"地指出:"现代性对那从未发生过的总体性革命进行漫画般地模仿并仰仗着它而生存。"③因此,当前这幅现代性图景是双面的。"一边加快技术进步,尤其是社会主义国家,尝试通过积累的快速增长来战胜物质局限性。另一方面是日常关系的相对停滞。人之间,包括那些在机构工作的人与高技术性之间也并不同步。"④对于前一方面

---

① 参见 Henri Lefebvre. *Introduction to Modernity*. Verso Press,1995, p. 11.

② Henri Lefebvre. *The Sociology of Marx*. Pantheon Books,1968,p. 122,p. 194.

③ 转引自张双利:《列斐伏尔的现代性思想述评》,载《马克思主义与现实》2003 年第 4 期。

④ Henri Lefebvre. *Introduction to Modernity*. Verso Press,1995,p. 174.

来说,俄国革命不是共产主义形式的,而是通过加强国家机器的力量来缓和矛盾,但这就造成了当前世界范围内,有各种追求的国家都被经济积累所同化了,马克思预想中的革命并没有发生。另一方面,以往由资本所引发的同质性现在被技术性统治且更加深化了,其不仅进一步强化了人与人之间碎片化的分离,而且以系统论的形式对人分类型地进行调控。这世界虽颠倒了,但它仍然是真实的世界。

　　所以,从总体来看,"现代"一词带有明确的反身性,不是往复的,而是将过去作为对立面来看,"现代性"是一种"线性不可逆的、无法阻止流逝的历史性框架"。[①] 其主要强调的是整体上不同于"旧"的"新",不必然是一种"好的",但却是别样的。如果专注于时间维度,那么构造现代性就是从传统中发现我们经历了什么、获取了什么。这样一来,现代性就是一种静态的概念了,现代化也成为一种可以被复刻的模板化过程,把握现代没有了任何创造性的意义。但是福柯发现,随着"现代性"的强化,生产力与生产关系的根本变革还带来了生产关系中空间载体控制技术的变化,通过如监狱应是有序的、广场应是多元的等对特定空间应然场景的想象,可以设计出与之相匹配的法律来进行维持,它不是从过去经验中推演而来的,而是基于自身需要产生的对空间的再组织技术。与之相对应的就是庞德法律工程的概念以及实证法学派等。伯曼提出,"对空间与时间、自我与他者、生活的可能性与风险的体验——这是今天全世界的男男女女共有的",现代性"把我们全部倒进了不断分裂与复苏、斗争与矛盾的破坏性力量中"。[②] 此时,具有现代性的法就不仅是习惯的、先验

---

　　① ［美］马泰·卡林内斯库,《现代性的五副面孔》,顾爱彬、李瑞华译,商务印书馆 2002 年版,第 18 页。

　　② ［美］大卫·哈维:《正义、自然和差异地理学》,胡大平译,上海人民出版社 2015 年版,第 18 页。

的,而且是在技术理性主导下对日常生活的剪裁,是对假想的、抽象的规范世界生活状态条文化的表达。

其中,法律所带有的建构性在各法系中都表现得非常明显,即无论是按照"多数决"原则来设定技术分歧后的最终结果,还是对法律事实进行技术化的裁剪与安排,法言法语本身就是对日常生活片段的剪裁。法律将现代生活假设出了"失控"与"有序"两种状态来对应非法与合法的判断,每一部立法以及每一次判决都成为维持有序生活的重要方式。而这也带来法学在"应然"与"实然"上的割裂,它同样是碎片化的状态。凯尔森认为,共同体得以存在的基本条件,就是每个人能够尊重所有其他人一定的利益,例如生命、健康、自由和财产,由此,法律作为一种社会技术的任务就在于"用特种方法去诱导人们不强行干预别人利益范围"。① 在"应然"的技术下,法律为了维护人们某种具体的权利或是利益总是要区隔出不同的空间边界以塑造具体生活世界的行为模式。例如为了维护人的尊严,需要"保持平均的距离",由法律确认一条基本的尺度使得人能够主动选择与他人发生社会联系,并且同时还需要承认人不受阻拦主动退出的具体空间,并设定一个足以容纳人安放内心情感、不受干预、神圣的私人空间。公共空间、相对私人空间以及绝对私人空间就对应现实生活中广场、图书馆以及私有住宅三种类型的空间。但是不同利益所对应的空间边界又是不一致的,例如出于安全、社会公正的需要,在战时状态下的防空洞空间就不会有绝对私人空间存在,以及为了保证案件侦查之,不可避免

---

① 参见[奥]凯尔森:《法与国家的一般理论》,沈宗灵译,中国大百科全书出版社 1996 年版,第 22 页;胡玉鸿:《合理区隔:维系人的尊严必需的距离空间》,载《学术月刊》2021 年第 12 期。

地会造成对私人空间的侵犯,甚至鼓励人们积极参与公共空间。为了维护公共生活议题的正当性与必要性,又不会在应然层面上赋予绝对私人空间以太多余地,否则就容易造成公共精神的缺失。于是,总体来看,延续着时间维度前进发展的法律在现代性的冲击之下,出现了横向的、空间化的发展方向,法律不再按照绝对标准去配置面向生活的行为指南,而是着重作为社会规制技术处理好各项利益在同一空间中的平衡,竭力避免在时空交织中发生具体的权利冲突,但这也造成从神圣规则、绝对道德律令这些带有永恒性质的规范起点中推导而出的具体规范或是同一空间内不同领域的法律之间存在冲突。

1. 整体性的法与法的第一次现代性危机

可以发现,无论是黑格尔认为的个人意志的自由需要同其对象(公共自由)在具有规范性意图的结构中互动,“法的体系是实现了的自由王国”;[①]还是韦伯认为的必然需要形式理性的法来确保资本主义精神的现实发展;抑或是马克思将法律作为“摆脱单纯偶然性或任意性而取得社会的固定性和独立性的生产方式”,法律与“现代性—现代化”都存在着较深的勾连。具体而言,第一,法律本身不是不证自明、自然形成、无内在要求的,哈贝马斯认为,法律一方面要通过平均被遵守的情况来反馈自身的有效性,另一方面,它要求得到规范性接受的那种主张的合理性。[②] 而这就使得法律受制于彼时证明逻辑的影响。第二,从时间维度上看,从传统到现代

---

① [德]黑格尔:《法哲学原理》,范扬、张企泰译,商务印书馆1961年版,第8页。

② [德]哈贝马斯:《在事实与规范之间》,童世骏译,生活·读书·新知三联书店2003年版,第37页。

的过程使得法律内涵不断变化,例如梅因就认为其表现为从"身份到契约"的转变,不仅如此,不同时代的要求导致法律的有效性来源、内在权力互动模式、规范内容都存在差异。即便是在同一时代,面对相同的背景,也会产生不同的法律理解方式。例如黑格尔与萨维尼同身处于德国的 18 世纪初期,都面对着德国彼时软弱的资产阶级及孱弱的国情,与大革命之后的法国形成了鲜明的对比,但是黑格尔却推崇立法,后者则选择民族精神。① 第三,不同观念所塑造的法律(习惯生成的、理性建构的等)也决定了现代化过程中的法律内容、法律体系等内容是否可以被移植、移植的方式是什么、如何在不同现代性条件下进行维护等问题。第四,就像昂格尔所总结的"社会形态的变迁与法律类型概念的变迁是相适应的",假设我们沉醉于抽象层面的现代性,那么由于其所具有的普遍性,我们就很难判断非西方地区或是某一时期的人是否具有了现代性。而就像前面所表达的,法律同现代性存在着深刻的连接,而且是书面的、客观的,于是其就成为一种判断的标准来透视现代性的呈现。将四点合一后可以发现,所谓法现代性的命题,实际上就是法自身所面临的正当性质问题以及对之的超越,因为法既然会在不同要素的作用下产生不同的理解,进而通过不同的方式来主宰

---

① 就像黑格尔自己所言:"每个人都是他那时代的产儿,哲学也是这样,它是被把握在思想中的它的时代。妄想一种哲学可以超出它那个时代,这与妄想个人可以跳出他的时代是同样愚蠢的。"任何理论,哪怕是进行实证、基于经验的社会科学研究,其根本都是要在基本范畴间建立起活动关系,而每个人受其环境与遭遇的影响,都不可避免地在思想方向、材料选择、对象选取等方面存在主观性,而这就使得其无法完全超然于时代之上。同理,对于法律来说,其或许是可以没有过去的,但其必须调整现下,必须回应当下的要求,而在这种平行互动的层面上看,其必然要受制于"现代性—现代化"框架,呈现出动态的发展过程。参见贺麟:《黑格尔哲学讲演集》,上海人民出版社 2011 年版。

整体人类的行为模式,那么它也必然需要说服自己理性自身存在被接受的可能,于是法的现代性能够以问题的形式表现为:什么是正确的法律? 法律缘何能够对人之行为进行调整?

而其中起重要作用的因素就是时间而非空间。自然法学说的发展在法国大革命时期达到顶峰,塑造出《人权宣言》这一份具有世界意义的文件,被视为现代性理念的一次成功而又根本的实践,但就像托克维尔所发出的困惑一般:"理论的和善同行为的强暴形成对比。"[①]在艾德蒙德·柏克看来,法国大革命中所反映出的自然法是理性抽象、必然性、设计、暴力和反传统思想所促成的,正当的变革应当是经验的、演进的和改良的。涂尔干解释道:"因为在自然法理论下,社会、国家都纯粹是个人造物",它"是一种根据个人意志塑造的、灵活易变的事物"。自然状态实际上说明,人的原始属性根本无法形成社会,此时理论家就必然需要创造出主权概念来表达一个恒定的目的或是一种足以压制所有人的至高权力,作为一种外在于自然状态的力量来转化人们自然状态中的意志,进而维持整个共同体的内在统一性。所以,主权的存在实际上侧面反映出自然法论者专注于设计原始契约以铺垫服从和同意的内在可能,但这是不牢靠的,也无异于是一种理论上的"欺骗"。[②] 因为"可变性本就是意志的本性,意志无法成为任何稳定事物的基础",更关键的是,人所聚合而成的社会要外在于个人意识,而非个人造

---

①　[法]托克维尔:《旧制度与大革命》,冯棠译,商务印书馆 1997 年版,第 238 页。

②　Emile Durkheim. *The Rules of Sociological Method*. Translation by W. D. Halls.  The Free Press,1982,p. 142.

物,"社会发生于实在的深处,是既定原因的必然产物"。① 于是思考社会架构、运行的方向就不需要向上地去寻找主权来充当团结的媒介,而是应当向下地去发现习惯、习俗之中的社会事实。乔伊斯认为,自然法下的人民主权、议会主权等观点说明,共同体性质要依赖于君主(主权者)的身份,一个集体的政治主题总是被某一团体的自我授权决定所召唤,它预先假定了它所要宣称的权威的存在。② 例如《人权宣言》中所援引的人民根本未在实际上表示同意,所以主权实质是对一个没有事先授权的共同体之中的权威和身份的强制要求,它通过建立混乱和不稳定来创造一种稳定,反而侵害了人民的自由。孔德也认为:"我自始至终将人民主权描述为某种带有压迫性的神秘事物,并且将平等视为某种不甚光彩的幻想。"③最后,《人权宣言》在一味地承认自然法论者天赋人权的命题之时,写入了关乎人的平等、自由等各项权利,但又在第四条至第十一条中规定了权利之于法律的让步,也即是一种"法律中心主义",实际上剥夺了自然权利本身的自上性,而对国家法所反映的公共意志妥协。由此,柏克批判道:"抽象的自然权利充满了大量的狡诈和不正义。"④"绝对(人权)因为其自身的绝对性而绝对",这种朝向无限的轨迹本质是帝国主义形式的,带有扩张性,不可避免地对个人乃至其他国家造成侵犯。⑤ 但"我不否认在无数暴力和愚

---

① Emile Durkheim. *The Rules of Sociological Method*. Translation by W. D. Halls. The Free Press,1982,p. 143.

② Joyce R. "Sovereignty and Imperial Law". *Law Culture and the Humanities*,2013,9(3).

③ 参见[法]莱昂·狄骥:《公法的变迁:法律与国家》,郑戈、冷静译,辽海出版社、春风文艺出版社 1999 年版,第 27 页。

④ [英]柏克:《法国革命论》,何兆武等译,商务印书馆 2011 年版,第 164 页。

⑤ Patrick McLane. "Sovereignty without Mastery". *Societies*,2013,3(1).

蠢的行为中,也可能做出过一些好事……那就必须是不制造这样一场革命,同样的事情就无法完成"。① 于是,从整体上言之,《人权宣言》或是自然法的直接批评者并没有直接反对自然法本身所要达到的自由与平等的目的,而所针对的是绝对理性在塑造现代化生活时的功能与方式。反对者多倾向的是如英国一般的自然演进,通过历史主义、经验主义的方式来将目的实现。

休谟将洛克与拉宾等人的研究一道定性为"最为可鄙",只有"通过历史的研究才能够证实真正的推理",这种推理能够让我们从唯理的谬误中走出,"从人的原始性质中知晓政治所以然"。② 休谟认为,自然法的先验假设只是一种虚妄,而且无法反应本质,从历史中看,人是因在受到外在自然稀缺性与流动性的刺激下产生出欲望与自然之爱才走向结合,但这种结合是不稳定的,"社会的主要动乱缘起于外在自然,它们可以在人们之间随意转移而不稳定"。③ 不过也正是在这种不稳定中,人们通过数次尝试开始学会通过在人与人之间以约定的形式将不稳定化为稳定,"当这种共同的利益感互相表示出来并为双方所了解之时,就产生了一种适当的决心和行为……我们双方各自的行为都参照对方的行为,而且在做那些行为时,也假定对方要做某种行为",由此便加固了先前的结合方式,不稳定的自然在相对稳定的人与人之间的关系纽带中被规定,在各自都获得了相关规定性后来实现总体利益。④ 在

---

① 参见[英]柏克:《法国革命论》,何兆武等译,商务印书馆 2011 年版,第 316 页。

② 参见杨璐:《从洛克到休谟:论英国政治社会思路的转向》,载《社会》2005 年第 6 期。

③ [英]休谟:《人性论》,关文运译,商务印书馆 1980 年版,第 349 页。

④ [英]休谟:《人性论》,关文运译,商务印书馆 1980 年版,第 416 页。

《人性论》中,休谟进一步明确了使用理性时所要遵循的基本规则。一是事实真理与逻辑真理不存在必然关系,甚至存在部分先验的知识是不能够被感觉经验所获知的,也即是说人的理性存在困局,它相对于同等生物而言是彼此完满的,但对于神或自然而言是残缺的。二是前人对伦理学、政治学以及法学的研究中普遍存在一个语法问题:"在我所遇到的每一个道德学体系中,我一向注意到,作者在一个时期中是按照平常的推理方式进行的,确定了上帝的存在,或是对人事做了一番议论;可是突然之间,我却大吃一惊地发现,我所遇到的不再是命题中通常的'是'与'不是'等联系词,而是没有一个命题不是由一个'应该'或一个'不应该'联系起来的。"①张传友教授结合这两方面认为,休谟所主要表达的是理性在道德领域中的无能,并且,关于"应当"的判断就是关于道德价值的判断,也即是道德义务判断,"从两个单纯的事实判断中无法推导出价值判断"。②

至此,我们可以发现以自然法思想为主要表征的启蒙产物就是将原本世俗中少数人才有的解释自然与世俗的特权扩展到了所有人身上,由此促成的法律不可避免地带有对自由与平等的追求,从而烘托出一种每个人在有序环境下自我实现的良好图景,其直接促成了以法国大革命为形式的理性浪漫。用反启蒙运动者的话来说,这之中的危机在于启蒙实际上是一种令人惊悚的"极端",理性在此之中已经变成了狂热。但是与休谟一脉的学者在根本上不是反理性的,而是将理性用经验或是历史来钳制,以此避免对理性的崇拜重新倒退回神话,但进而造成一种进化的假想以及不可以

---

① [英]休谟:《人性论》,关文运译,商务印书馆1980年版,第509页。
② 参见张传友:《道德的人世智慧——伦理学与当代中国社会》,人民出版社2012年版,第127、134—136页。

不为之的人与人、人与自然的妥协下的进步,此即构成了法的第一次现代性危机的主题。受此影响,关于法律正当性的表达发展出了两种路径。第一种是以萨维尼为代表的历史法学派。在同蒂博的论辩中,其认为德国不应当直接移植或是学习法国民法典来设立德国民法典,"一种历史精神已然觉醒,无处不在,不容上述浅薄的妄自尊大存身"。① 暂且不论时下德国缺少相应的立法人才,即便简单地比较西欧各国法典中的用语也可以发现,德国与意大利的"内在语法"相仿,这既说明直接选择从法国移植会遭受不可避免的语义难题,使得法典根本无法同预期假设一般合理地调整人们的日常生活,更直接表明,从一国产出的法典实同自身民族的内在精神紧密相连,"民族的共同意识乃是法律的特定居所","我所思索和追求的,乃是借由一种统一谐和、循序渐进的法理,找出适应的手段,而这可能才是整个国族所真正共通共有的"。② 于是法律对于萨维尼而言有着双重"生命力",一是内敛于历史长河之中的一国民众所特有的习俗以及对某种价值的信仰,即表现为"政治因素";另一种是"法律独特的科学性存在"需要交由技术专家来不断发掘与抽象,即表现为"技术因素"。③ 并且,萨维尼在进一步行进他的历史主义之时,也趋同到了孟德斯鸠那里,潜在强调"地方性知识"的重要,"首先,因为地方性法律中的大部分只有在相较于并诉诸古老的国族历史源头时,才能够获得清晰的理解……德国

---

① ［德］萨维尼:《论立法与法学的当代使命》,许章润译,中国法制出版社 2001 年版,第 4 页。

② ［德］萨维尼:《论立法与法学的当代使命》,许章润译,中国法制出版社 2001 年版,第 9、121 页。

③ ［德］萨维尼:《论立法与法学的当代使命》,许章润译,中国法制出版社 2001 年版,第 10 页。

历史中将有更多的利益,甚而对于地方性法律的研究,亦将重新注入生命"。① 对之,庞德所给出的总结是:"历史法学实际上是一种消极且压抑性的思想模式,它完全背离了哲学时代那种积极且有创造性的法理思想"。②

还有一种则是以奥斯丁为起点的实证主义法学派。在奥斯丁看来,休谟理论的意义在于其区分了"好与坏""是与不是"两项标准,这对于一国的法律来说,"它是否存在是一个问题,而是否符合某一假设的标准则是另一个问题,一个实际存在的法律就是法"。③那么,反映法律实际存在的命题是什么? 奥斯丁认为"法律即是强制人们服从的命令",命令是"以行为要求为内容的表示",并隐含了在不服从时,将被强加不利后果的可能性。④ 同时,并非所有类别的命令都是法律,法律是具有普遍性的命令。但所有人做出的普遍性命令都是法律? 确保不利后果不发生的要素是什么? 此时,主权便出现了。奥斯丁认为,作为命令的法律必须要来自具有政治优势地位的主权者,也只有主权者才能够拥有这种能力。主权者的存在同样被作为一种事实,"社会中如果存在某个确定的优势者没有服从于其他类似优势者的习惯,而且在既定社会中获得

---

① [德]萨维尼:《论立法与法学的当代使命》,许章润译,中国法制出版社 2001 年版,第 113 页。

② 庞德还分为两个方面来阐释这种背离:一方面是它背离了自然法关于制定成文宪法的观念及其狂妄无视政治制度和法国大革命时代特定时空下的条件的做法;另一方面是它背离了自然法相信理性的力量可以在立法中创造奇迹的思想。参见[美]罗斯科·庞德:《法律史解释》,邓正来译,商务印书馆 2016 年版,第 19 页。

③ John Austin. *The Province of Jurisprudence Determined*. 中国政法大学出版社 2003 年版,第 133 页。

④ John Austin. *The Province of Jurisprudence Determined*. 中国政法大学出版社 2003 年版,第 11 页。

了多数人的习惯性服从,那么这个优势者便是主权者,这个社会便是政治社会"。① 即大多数人在事实上服从于主权者,不存在服从社会中其他人或特殊观念的事实。主权者是法律的源泉,不可能会受自身法令约束,受法律限制的主权在措辞上完全是自相矛盾的。主权者不承担任何法律权利或法律义务,统治者与被统治者之间的关系完全是事实上的,而非法律上的。于是,主权必然表现为至高的、无限的。然而,奥斯丁的主权理论缺少相应的支援命题,使得主权虽然于逻辑上指向统一的、明确的个人或团体,但某种程度上却是可以分割的,以致博丹时期权力混乱的事实在奥斯丁处具有合理性。首先,从横向上看,假设主教 A 在一国的宗教事项内占有优势地位,获得了多数人习惯性的服从,并且主教 A 可以假借上帝意志来施加不利后果,那么此时主教 A 就是主权者;而若该国将军 B 在军事领域也满足主权之要素,那么将军 B 将同主教A 一样被视为主权者。② 其次,按照奥斯丁自己的说法,英国的主权者是"国王、贵族和下议院的选举者团体",但奥斯丁仅考虑到了他们共同行为的部分,却未能列明当他们行动相互冲突时的解决办法。更关键的是,当服从、命令、制裁在主权的加持下被转化为构成政治社会的基本要素,仅言明了共同体的行为规则时,个人可能同时置身在多个国家之下而不具有固定的公民身份,整个政治社会的边界与身份都是波动的、模糊的。在奥斯丁的路径中,存在两个阶段的推论,即先明确现实社会中的法律的内在构成与运转,而后为进一步维护法律规范的实现,引入主权作为外在因素来确

---

①　John Austin. *The Province of Jurisprudence Determined*. 中国政法大学出版社 2003 年版,第 194 页。

②　参见[英]约瑟夫·拉兹:《法律体系的概念》,吴玉章译,中国法制出版社 2003 年版,第 20—25 页。

保法律整体上的一致性、长期性与权威性。此时主权与人的现实需要之间的联系不是直接的,主权只起到了对现实状况的加固作用,并给予未来可能出现的例外情况一条可能选择的路径。凯尔森同样肯定了奥斯丁的分离命题,也没有为主权设立支援命题,但却以规范性命题为核心对法律与事实之间的关系进行进一步切割,并建立抽象经验事实的概念体系来弥补奥斯丁理论中的混乱。首先,法律实效与法律效力分别对应事实与应当、法律必然实现与法律应当实现两对范畴,而后者已经足以表明法律的存在,所以探索"某一规范的效力源泉只能是其他规范,不会是一种事实,探究效力源泉的现实路径应转化为规范路径",规范 A 是否有效取决于其授权规则是否存在。① 其次,如果按照规范的"有效之链"无限追溯的话,链条末端必然是一个无须从其他规范获得效力并能赋予其他规范以效力的基本规范(basic norm)。此时,"服从"的原因在于"具有权威的个人必须有发布强制性命令的权利",从而使得其他人存在应然层面的服从义务,因此"这种权威原先是一个规范性秩序","只有规范性秩序才能是主权者"。② 决定法律正当性的核心不是主权者的命令,而是一种被置于规范世界中超验的逻辑预设(transcendental logic presuppositon),它具有最高性、本源性、统一性,并且从范围上看,基础规范要受到自身特质的限制,只有能够被规范化的经验事实才能够被列入其规范等级体系之中。这样一来,可以潜在地看到实证主义者将事实与价值都置换在了物理和生物自然所演化出的一系列经验之中,"尽管价值在逻辑上不以

---

① Hans Kelsen. *Pure theory of law*. Translation by Max Knight. The Lawbook Exchange,LTD, 2009,pp.193-194.
② [奥]凯尔森:《法与国家的一般理论》,沈宗灵译,中国大百科全书出版社 1996 年版,第 419 页。

任何事实为前提",但是从这个意义来看,"价值是超越事实的,只是人类的价值判断活动以及所展开的历史,也依然会是一种事实",实证主义看到人们无法把握原自然法所信奉的"整全性事实",而将之局限在法律经验之内去发现调整人活动的普遍规律。①

季涛认为,被视为彰显现代性的自然法所奉承的理念是"即使没有上帝,也要创造出一个上帝来",当被凸显之后,却面临着无限被拔高的人怎么去面对过去、面对自己实际做过的事以及如何面对静默无边的自然力量等内生困境。②"休谟命题"所点名的"事实与应当"之间的切割显然是必要的,这不仅促成了历史法学与实证法学的出现,而且包括康德都因之调整了独断论来声援卢梭。但结合前文中康德对理性的束缚后还可进一步发现,康德在区分理论理性与实践理性后,在"物自体世界"的周围画上至善的道德体系束缚之时,依旧包含着一种无力的妥协:即便是灵魂不朽与上帝不灭,人们依旧无法同道德律完全同一,依旧存在相关的冲突。同样,黑格尔在反驳康德的同时,实际上在封闭的"哲学圆圈"中设定了简单个人意识会在市民社会中表现为混乱。于是,这一次法的现代性危机从根本上是让人看到了原本假定中的困境,激发人们再次合理地去考量周遭世界,进一步完善自然法所留下的启蒙意义,即更为科学化的设定,在结果上加固了法的现代性。然而,如果我们再回过头仔细打量自然法学说中的普世主义观念,它除了肯定理性完满之外,实际上还引发的一个困惑,即普遍的价值并不意味着同一的追求方式。换而言之,即便是我们承认自身身处在一个自由、民主、平等的国度,不等于说同样情况的国家会与我们

_____

① 参见季涛:《法律之思》,浙江大学出版社 2008 年版,第 65 页。
② 参见季涛:《法律之思》,浙江大学出版社 2008 年版,第 63 页。

应用同种制度与法律内容。例如洛克的二元主权、卢梭的人民公意论、霍布斯的"利维坦"等都选用了理性、原始状态、契约、共同体、天赋人权等相同的要素,但是在构成性要素上依旧存在深刻的不同。而即使萨维尼期望通过历史主义法学的道路来重新使德国焕发在"神圣罗马帝国"时期的荣光,"向世界展现自身价值的那份情感",却也同样存在自然法中的体系化建设的期许。同时,在萨维尼的思想中,我们实际上也发现了这次现代性危机的另一重后门,也即是个人重新又具有了某种偏狭性,整个启蒙所带来的理性不应当是交由每个人来实现的,反而是需要假借技术专家之手来重新恢复一种少数人对多数人的理性管制。即便我们在实证主义法学中,也能够明确感受到奥斯丁语境中服从的必要性,并且他们用"分离命题"摘去的实际上不只是道德命题而已——他们远不像萨维尼一般坦诚地承认技术维度——而是潜在地自设藩篱,强调为了维持法律本身"自在自为"时所体现出的方法论的排他性。那么没有受过法学教育的普通人如何进行法学推理呢?个人无法凭借一种纯粹原初的天赋能力来组成自己所期望的制度体系。

2.整体性的法与法的第二次现代性危机

施特劳斯在《自然权利与历史》一书中认为正是历史主义、"事实与价值"(实证科学)二分导致了现代自然权利的终结,它们进一步发展并作用于当前时间段,在《现代性的三次浪潮》中,他进一步明确,现代主要凸显出古典理论的断裂,而危机是由现代性向古典的逆转所呈现的——对人之"存在"等基础性与普遍性问题进行探索。① 具

_____

① 参见[美]列奥·施特劳斯:《现代性的三次浪潮》,转引自《西方现代性的曲折与展开》,吉林人民出版社 2011 年版,第 87 页;[美]列奥·施特劳斯:《自然权利与历史》,彭刚译,生活·读书·新知三联书店 2003 年版,第 158 页以后。

体而言,第一条脉络是从柏克到尼采、海德格尔的激进历史主义与存在主义。施特劳斯认为,在历史主义下,种种"历史经验"都在表明人们面对不同的真善美之追求总会存在不同的境遇与感悟,这种不同不仅是无法通约的,而且更意味着任何对永恒的、普遍的把握都将会是徒劳的。[1] 同时,历史主义体悟"时空变幻"不仅带来的是具体且特殊的生活形式,人们需要了解自己的过往与处境才能够得到所谓的自由,而且这也意味着原本客观的标准实际上都消散了,因为任何历史中的标准都是经由主观抽象后的"陈述"。于是,好与坏的区分没有任何意义,只要个人主观自由地信奉便都能够成为标准,而这便意味着"历史主义的顶峰就是虚无主义,要努力使人们在这世上有完完全全的家园感,结果使得人都完完全全无家可归了"。[2] 第二条脉络则被韦伯所明确,他明智地洞悉了资本主义精神形成的脉络与实质,在这之中,理性化的进程会不可避免地让基于传统或是基于情感的家长制与卡里斯马形式统统被以理性为核心的官僚法制所替换。同时,情感、价值等原本制度正当性的来源将被纯粹基于目的理性所形成的合法性本身所替代,也即是通过祛魅的过程将自然法的正当性基础完全击碎。韦伯无奈地承认在实证主义的认识论下,自然法所供给出的知识塑造策略根本无法得到承认,这也不可避免地造成了"诸神之争",所以韦伯在《以政治为业》中在呼吁政治家要有热情、责任感与判断力时,却

---

[1]　Leo Strauss. *What is Political Philosophy? And Other Studies*. University of Chicago Press,1988,p. 14.

[2]　Leo Strauss. *What is Political Philosophy? And Other Studies*. University of Chicago Press,1988,p. 19.

无法回答这些能力要归于何处?① 施特劳斯认为,韦伯一脉的实证主义实质是用所谓的"科学"替换了自然法中的"自然","它承认自身无法帮助我们去分辨合法与非法、公正与不公正的目标"。② 于是,现代社会科学研究,尤其是政治学与法学一个当然的路径就是在"科学"所划定的范围之下,进一步搭建自身的假设框架来排斥价值或是目的的干扰,它或许是通过语用学进行区分又或是基于基础规范之流的设定,但总之,都在回避价值判断,单向度地将自身论为分析工具,强化技术特质,人所要追求的德性与全面发展的可能性都被抛弃了。所以,施特劳斯认为这一脉络与历史主义脉络殊途同归,因为"价值中立"都成为他们回避重大问题的托词,根本性的决断似乎是只能交由代表强大力量的国家来完成了——但这又会反向招致人们借用自然理论对之抨击,那么整体规范世界就表现为一种令人无奈而又束手无策的互相攻击、没有定论了——技术理性反而营造出了一种"全然无知"的现象,"我们落到了这样的地位,在小事上理智而冷静,在大事上(目的选择与价值选择)时却犹如疯子一般地赌博",两个脉络的终点都是将现代世界塑造成了一个相对主义、虚无主义横行的世界。③

不过,韦伯认为:"在交战的诸神之间,我们应该信奉哪一位?或许我们应该信奉另外一位完全不同的神。"④也即是将原本在理

---

① 参见[德]韦伯:《学术与政治》,钱永祥等译,广西师范大学出版社2010年版,第253页。

② Leo Strauss. *What is Political Philosophy? And other Studies*. University of Chicago Press,1988,p. 4.

③ Leo Strauss. *What is Political Philosophy? And other Studies*. University of Chicago Press,1988,p. 4.

④ [德]韦伯:《韦伯作品集:学术与政治》,钱永祥等译,广西师范大学出版社2004年版,第186页。

论理性下所捕捉到的"诸神之战"承认且搁置,转交由实践理性中所形成的、非历史的、绝对一元的信仰能够以其他形式出现在被形式化所宰制的规范世界之中。可是与韦伯同属西南学派的拉德布鲁赫却要在理论理性与实践理性中建立稳定的联系。拉德布鲁赫认为,对于法律而言,至少能够在事实与价值二分中再次引入历史相对主义的方法,此便意味着原本属于法律实证形式的法律概念所反映的不仅仅是人加工历史经验所形成的抽象化产物,而是会同时折射出彼时历史文化对法律理念与法律价值所做出的筛选,它本身就暗含了对价值的决断。① 那么也即意味着,通过奥斯丁或是凯尔森路径所构造出的某一完善的实证法体系,虽然在形式上排除了价值的干涉作用,但是在具体内容或是在它所运转的国度中,实际上会反映出涉及特定历史文化或某种价值作用的结果,但对于这种结果无须评价,其本身已经通过历史主义的手法得到了证立。可见,在拉德布鲁赫这里,相对主义起到了"桥梁"的作用,它"属于理论理性,而非实践理性,这意味着它放弃了对终极价值决断的科学证明,但未放弃这种决断(结果)本身"。② 但这也实际上表明,拉德布鲁赫的思维在于其承认存在的"诸神之战",只是这种价值在彼此世界观范围内才具有的高低之分,与其承认争论的存在,倒不如接受在多元环境下存在一个更高、更根本的准则:尊重彼此价值,它们都有各自的历史文化。于是,这种相对不仅被转化为了绝对,也在某种程度上抛弃了"事实与价值"二分,"是"中得出了"应当"。施米特显然不赞同这种从"诸神之战"弱化到"诸神众欢"的妥协,因为这关乎法律的正当性,如果任由历史去洞察,它

---

① ［德］拉德布鲁赫:《法哲学》,王朴译,法律出版社 2005 年版,第 27 页。
② ［德］拉德布鲁赫:《法哲学》,王朴译,法律出版社 2005 年版,第 13 页。

还是不可避免地会重蹈覆辙,它必须被建立在一个相对牢靠的基础上:合法性。既然以往交由神所完成的合法化被交给了人自身,那为什么不交给政治或是国家呢,"现代国家理论中的所有重要概念都是世俗化了的神学概念,这不仅由于它们在历史发展中从神学转移到国家理论……而且是因为它们的系统结构"。[1] 进而施米特被世人共知的两项基本规则被提了出来:"所有政治活动和政治动机所能归结成的具体政治性的划分便是朋友与敌人的划分","必须建立正常状态,主权者就是能够明确决断正常状态之存废的人"。[2] 于是,原本可能导向虚无主义的价值斗争被转化为了在现实层面上存在的一个真正做自己和自己"臣民"的主权者,敌友状态不是通常意义中的战争双方,而是涵盖了美丑、善恶等争斗,每种争斗都意味着非常态,当引入主权者进行决断之后,似乎争论都消逝了,法律依旧能够在工具意义上来规范人们行为,同时价值也在主权者控制下保持了。但是施米特背后的"疯狂纳粹主义"所造成的惨案显然刺痛了拉德布鲁赫,他重新认为:"正义和法的安定性之间的冲突可能可以这样来解决,实证的、由法令和国家权力保障的法律有优先地位,即使在内容上是不正义或是不合目的性的,除非实证法和正义的矛盾达到了一个令人难以忍受的程度,作为不正义的法必须为正义的法让步。"[3]可这种看似妥协的方案不仅依旧深藏着"难以忍受程度"这一在语言学角度来看过于模糊的表

---

① ［德］卡尔·施米特:《政治的概念》,刘宗坤译,上海人民出版社2003年版,第31页。

② 参见［加］大卫·戴岑豪斯:《合法性与正当性:魏玛时代的施米特、凯尔森与海勒》,刘毅译,商务印书馆2013年版,第54—55页。

③ 参见［德］拉德布鲁赫:《法哲学》,王朴译,法律出版社2005年版,第232页。

述,同样引发了后续的修正:提倡最低限度自然法的哈特、寻找重叠共识的罗尔斯、包含内在道德的富勒、提倡程序自然法的阿列克西以及将解释学作为通向价值真理的德沃金,都采用了类似拉德布鲁赫的方案,在肯定相对冲突的原则之上设立一条绝对标准来做出先验抉择与设定。①

于是,此处再次罗列这些当代思想家们的论述路径与方案已经没有必要了,因为在他们假想的与施米特的论证中,已经反映出了法的第二次危机的根本在于如何确立一种或数种价值作为法律的内生追求。同时,事实上在施米特的政治神学中我们可以有效地解决前述的一个困惑:为什么中国在革命时期以及中华人民共和国成立的初期没有表现出法的第二次危机内容?事实上若"现代性—现代化"确为一种断裂的话,此时便意味着一种根本的非常态,而彼时已然由国家作为倡议者,依据理论中所反映的旧中国社会状况做出了决断,并且其一度成为不可动摇的价值追求,所以在这两个时期中,暂时不会体现出危机,也不会体现出所谓的由"法律移植"所带来的"水土不服"。换言之,国家法治路径实际上包含了中国在现代化进程中所做出的价值选择。但是就像西方在经历"二战"之后所做出的各种转向与反思,原本被作为经验事实的教训("是")经过这些思想家们的重新界定与筛选,已然转化为"应当"层面的价值选择方案。所以,我们继续要做的是,延续这种路径,再次揭示出第二次危机的具体表现,从而做进一步可能的价值推演来得出方案。

法的第一次危机,也即是对完满理性的质疑,在彼时所激发的现实情况主要是由法国大革命带来的,它本身所暗含的激进以及革命中的流血牺牲令尚未完全走向资本主义或是未能解决国内分

---

① 　参见季涛:《法律之思》,浙江大学出版社 2008 年版,第 80 页以后。

裂危机的国家期望避免相类似的情况发生。况且,无论是柏克、萨维尼、施米特还是韦伯、拉德布鲁赫、马克思等人,都潜藏着修正自由主义的理想。所以,法的第二次危机较之第一次危机来看,前者加固了后者中对理性的质疑,但更深层的现实情况是,前者所面临的现实危机要更为复杂、多变,这也是"现代性—现代化"辩证框架所告诉我们的:在现代性注入实践之后,不是瞬息间就能爆发或实现的,而是会由人在实践所体验、改变的具体现代化情况来逐渐展现,并且再次反向刺激现代性内容的深化。简单来看,在"二战"后,资本主义国家普遍期望通过福利计划来扩大国内经济需求并缓和由经济危机所引发的种种动乱,但福利主义政策在侧重分配正义的同时却忽视了效率,致使各国经济生产动力不足,财政负担日益增加,社会问题也再次扩大化。① 社会中普遍存在的性别歧视、种族歧视,以及堕胎、同性恋等问题都充斥在当代法学家的著述之中。暂且看看庞德所列举对所谓现代性西方的审判经历吧:"在前不久的战争期间,当信用证成为出口和制造业领域中的一项重要的工具的时候,这一原则便在从法律上认可商界所采取的一般性做法方面制造了许多严重的困难,此外,美国法院试图避免其中某些困难而依凭的那种理论在英国也行不通。"②学者往往就所遭遇到的事件结合法院的实际审判结果给出回答与制度化的方案,但在实际审判中,或是说在法官这里却是充满了灵活性的方案,即便是在有着相对完善的司法独立与司法责任制的英美国家,法官审判也不可避免地会受到自身经历与现实需要、政治需要的影响,他们并

---

① Margit Mayer. "The 'right to the city' in the Context of Shifting Mottos of Urban Social Movements". *City*, 2009 , 13(2-3).

② [美]罗斯科·庞德:《法律史解释》,邓正来译,商务印书馆 2016 年版,第 90 页。

不会严格按照规定或是法学家所划定的方案来裁判,这是现实主义法学告诉我们的——"在英国,只有通过法官才能了解传统与司法信条,法官便是法律的管理者",包括波斯纳也认为,"建立理性法律科学的重要一步就是,为了能够最大化人类福祉,要从政治和社会的具体情境中来解读法律"——书本中的法与实践中的法完全相脱离,并且后者往往通过审判权的使用,做出裁判后影响着大众。① 书本中的法所遭受的价值冲突已经由实践中的法给出了决断,而当前者根据后者再次抽象出相应的规则之后,后者往往又遭遇着新的难

---

① 本书不想过于参与近年间法学招致的理论上的争论,但毋庸置疑的是当前法学书本与实践的脱离。试再举哈特所用的"公园门口挂着车辆不准入内的指示牌"为例。(1)霍姆斯认为,对于人(恶人)来说,他根本不会在乎车辆是否包括儿童车,而只会在乎法官是如何判决的,这样他只需要通过判决来衡量成本—收益而做出决断而已,法律概念如何规定、要彰显何种价值,对于他来说没有任何意义。当然,这种情况下,人是绝对自由的,但法律却也是绝对灵活的。这在普通法系中对判例有着极大的警示意义。但是对于大陆法系来说,法官、人同样会受到先例的影响,法官需要在先例中获取相关具体裁判量刑的模糊标准,并且人们也会在此过程中知晓大体的范围。(2)哈特本人认为,这种事例在现实中可能较少发生,人们会在自然情况下将自身所使用的语言与法律规定一一对应,但是对于"恶意"(缔约过失等)、"善意"等这类词汇,哈特的语言规则又将何去何从呢? 或许是他再次无奈地认为,如果法律规范在人们之中都是模糊的,那么整个法律都是失败的。而对于此,笔者认为,哈特实际上依旧是把法的规范性要求重新交还给了相对的历史主义,让人们在既往实践中不断被习惯塑造出一套稳定的语言系统与价值追求体系,但是这在相对稳定的社会或许是可行的,而对于当前时刻处在急剧变化中的现代世界,又怎么会是可行的? 所以说,我们依旧纠结于陈列各法学家对法律体系的看法与整体架构都是无甚意义的,因为根本的情况还是需要在现实中得到表现。如果法律无法观照现实,无法指引人们进一步有效地发挥自身潜能,那么由此我们就可以说,法律在当代已经不可避免地被技术化、工具化了,它只是一个简单的参照标准而已,既往对之所施加的各种期望已经在危机之中被终结了,但我们真就止步于此吗? 具体参见 Blackstone. *Commentaries on the Law of England*. Callaghan & Cockcroftm,1871, p. 69;Posner. "Blackstone and Bentham". *Journal of Law and Economics*,1976(19).

题,并又再次做出了决断,前者对于后者而言只是一个应然存在的理论市场,世界的运转完全取决于权力者的决断,先前倡议者所具有的感召力量消逝了,我们无法再次体会到原本伯尔曼在《法律与革命》中描述的启蒙运动时期理念与实践的深刻互动,同时,对于后者来说,除了马克思将之同统治阶级意志相连,使其完全与现实具备了联系外,昂格尔所代表的批判法学运动以及后现代法学运动也对法第二次危机有着更为全面且现实的描述。

首先表现为,当前无论是社会契约论,还是修正后的罗尔斯正义论等方案,都无法为立法隔离出一个相对中立的地带,但无论何种方案,实质都隐含了一种学者、现实立法者(倡议者与合法化者)等拥有话语权的群体对事务的基本分类与筛选,而这是不可避免地带有主观性或是价值判断的,不存在唯一可能的法律方案。[1] 尤其是,"每种类型的社会都存在独特的法律结构",这进一步强化了历史主义的法学思想,而且法律在根本上就是一种政治活动,它是社会关系的互动产物,而不能假借理想的类型来确定它独立、正确的位置,必须承认法具有主观性。[2] 其次,法治存在两个基本的设定,即一方面公共权力交由不被利益俘获的政府;另一方面存在有效的权力制约体系来保证政府权力运行规范化,但"这两种假定都是虚假的"。[3] 不仅权力会扩散到市场、家庭内,原本的不平等依旧不会因为公共权力的让渡而得到遏制,并且政府在行使权力时都具有灵活性,要么权力制约会在暗地里发展为"一权独大",要么就

---

[1]　Unger. *Knowledge and Politics*. The Free Press,1984,p. 93.

[2]　Unger. *The Critical Legal Studies Movement*. Harvard university Press,1986,p. 14.

[3]　[美]R. M. 昂格尔:《现代社会中的法律》,吴玉章、周汉华译,中国政法大学出版社 1994 年版,第 167 页。

带来的是权力之间的混乱,它始终无法在稳定的、权威性的环境中
理想化运转。而且法律要求其运行至少是在以"法言法语"为支撑
的形体架构内活动,但是这种归于抽象化所谋求的普遍性与确定
性在现实生活中不仅难以实现,而且往往会因为强制实现变相增
加许多不必要的成本,也忽略了城乡之间、地区之间的差异性。再
次,在我们宣扬公正、平等的时候,"人们还是只能够在不平等的模
式中变来变去,不知道公正在哪",而且如果是在福利主义或是实
质平等的状态下,却惊异地发现法治始终无法触及"实践中劣势条
件和边缘化状况的深层原因",让"那些不相称的人也获得了补
偿"。① 换言之,法律无法把正义精准投放,而总有溢出。以目的为
导向的福利主义环境还会"反复破坏法律的相对普遍性与自治
性",因为判决与立法中的利益选择不是以先验价值衡量来确立
的,而是以社会管理需要与可能的社会震荡程度为衡量标准。最
后,随着某种经济形势或特定的经济组织在社会管理或社会进步
的过程中逐渐扮演着越来越重要的角色,也会从事实上再次分享
原木严谨的专门公共机构执行专门权力的思维,使得其跳出法律
框架而成为享有某种准立法权的私人组织。例如淘宝作为互联网
行业的"龙头老大",如果我们注意的话可以发现,其专门制定了关
于赔付、注册、资格审查等各项规则来调整自身平台的运营。但这
些规则在事实上却大范围地影响普通人群的行为方式,原本应属
于法律权限的范围都模糊了。

## (二) 空间、日常生活与法的超越

列斐伏尔最初就是在对现代、现代性以及同期生产方式的反

---

① ［美］参见 R. M. 昂格尔:《法律分析应当为何?》,李诚予译,中国政法
大学出版社 2007 年版,第 11 页。

思中得出了碎片化状态下人们是如何被束缚，又应当如何突出重围达到人的解放状态的理论。所以，列斐伏尔提出，空间在现代语境下具有观察人之碎片化状态的优势，并且竭力通过空间哲学以维持分析的总体性。

在时间维度下，完满理性主导下的法超越性路线无法克服实际上有限理性的影响，也减低了法的有效性对法应然内容的影响，因而只考虑法应当如何设计而不注重其实际操作的结果，同时也忽视了法治建设中的其他资源。这种暗中的技术统治不是依靠动员、煽动等形式，而直接诉之于客观的合理性，使得其更难抗拒。但所造成的后果便是：第一，就像斯托克所言，"极端现代主义比生产力更具破坏性，它恰恰挫伤了那些对推动成功变革起关键作用的人的积极性，因为它没有认识到复杂问题的解决方案所固有的地方色彩，它引起了愤怒，因为存在一种错觉，即，在目标的实现方面报告了取得的进展，但是服务供给的本质并没有得到多大改善"，"数据不能告诉你整个故事"。① 看似科学化的决断实际上是在信息不充分的条件下完成的，尤其是以技术统计为基础的信息收集实际上按照指标将整个国家内各个地方的差异性遮盖了。而由于国家对地方的制度化管理内容不是完全由国家监测的，使得地方或者下级部门会通过伪造数据的手段来获得相应利益，但却损害了国家在法治建设中所依赖的信息完全真实，也令"收案数""调解率""法治指数"等指标成了整个法治建设的"灵魂"之所在。例如，当前案件质量评估制区分普通程序的调解与简易程序的调解，并为普通程序的调解赋予了较高的权重，这本是鼓励调解的做

---

① ［英］斯托克：《转变中的地方治理》，常晶等译，吉林出版集团股份有限公司 2015 年版，第 210 页。

法,但有的法院为了提高本院的调解率,将本应按照简易程序审理的案件代之以普通程序审理。就当前的智识水平而言,不存在绝对正确的裁判,而当错误裁判会触发指标评价结果变化,进而影响到法院领导的利益或是使得法院领导承担责任时,就必然会促成法院上级领导对下级法官审判的干预。还有些不愿被指标"牵着鼻子走"的或是"刷数据"无望的法院则通过"两本账"和"三级骗"的方式对指标数据进行造假,穿着"皇帝的新衣"来达到应付检查的目的。① 可这恰恰就是司法改革所依赖的基础材料。② 第二,葛洪义教授也曾言及系统工程论对我国法治建设的影响,而系统与工程实际上将法治、人民等对象作为一个个可供分解、安排的对象。③ 列斐伏尔生动地将之描述为:"(他们)在所有有特色的、高级的、专业化的有组织地通过分析被挑选、分配之后,把那些残余下来的'鸡零狗碎'(what is left over)的东西丢给了日常生活。"有用的只是身体或机构中的某一部分功能,它被完全地重复,其他的部分只能留待技术激活而不是由主体主动激活。④ 哈贝马斯也认为,

---

① "所谓'两本账'是目前审判管理工作在基层法院较为普遍存在的一种现象,即按照上级法院审判管理指标体系考评需要填报一部分虚假信息,由此生成的统计指标数据是一本账;另外,还有一本人工统计或不与上级法院考评管理软件系统连接的计算机统计的真实的数据账本。所谓'三级骗'也是目前审判管理绩效考评工作中四级法院都心知肚明且较为普遍存在的一种现象,即指基层法院报送中级法院、中级法院报送高院、高院报送最高法院的绩效考评指标和司法统计数据中存在一定的水分问题。"参见杨凯:《审判管理理论体系的法理架构与体制机制创新》,载《中国法学》2014 年第 3 期。

② 钱大军、谢遥:《论案件质量评估制度的功能预期与超负》,载《学习与探索》2017 年第 5 期。

③ 葛洪义:《作为方法论的"地方法制"》,载《中国法学》2016 年第 4 期。

④ 当然人或组织能够去激活所有,但是在被技术符号化筛选之后,未被使用的部分只被称为一种"无用"的部分,不具有价值。参见 Henri Lefebvre. *Critique of Everyday Life*. Verso Press,1991,p. 97.

这种工程建构的思路实际是将目的理性套用在了完整的社会生活之中,按照科学技术所给出的方向来重建整个社会,将社会与科技牢牢挂钩,并用技术来代替实践,"不仅为既定阶级的局部统治利益做辩解,并且站在另一个阶级的一边,压制局部解放的需求,损害人类要求解放利益的本身"①。此即意味着,原初意义中的"总体人"(total man)在进入社会生活或是国家生活中去之后,实际上会被技术拆解为"经济人""伦理人"等不同方面,分别由相对应的技术对之进行掌控,进而成为一个"单向度的人",体验着"零度化"的社会。② 事实上,在国家出台的《全面推进依法行政实施纲要》中,规定要"全面推进依法行政,经过十年左右不懈的努力,基本实现建设法治政府的目标",而后按照"完善依法行政的财政保障""改革行政管理"等分领域分层级地逐步推进,相关机构、人员、群众都被内化在了具体的时间、地点、内容之中以"机器大生产"的形式将法治作为产品生产出来,这就失去了人以及相关机构进行活动的相对自由与自主性。第三,在知识话语的转化下,原本由法概念所建构起来的法律世界与其原本赖以为凭的生活现象界之间就不可避免地在某种语用角度上出现张力,概念是法律思维的前提,但在人们期望将之应用到更多、更广泛的对象上之后,"概念可能脱离了对象",存在对生活世界剪裁所造成的误差与偏离,而这结果就是"某种客观自在的东西,与赋予其意义的生命个体反而无关了",

---

① [德]哈贝马斯:《作为"意识形态"的技术与科学》,李黎、郭官义译,学林出版社1999年版,第114页。

② "零度化"源于巴特的文学批判,而列斐伏尔进一步将之用来形容一种不再存在生活意义、完全被技术符号所隔绝后的感觉不到压制的零度空间。参见 Henri Lefebvre. *Critique of Everyday Life*. Verso Press,1991,p. 185.

"被"人所建构出调整人生活的法律反而"被"法律所建构出的规范世界干涉,法律生长所依赖的养料也完全被转化到了理性建构之中。① 葛洪义教授将之称为"本质主义",朱景文教授则将之称为"专家立法"与"官僚立法",而如果进一步固化此种逻辑,而将对法治建设的追索转化为追求一种科学、技术、形式层面上的本真,那么法治及其研究都是为了发觉它,后果便是"自称掌握真理的人,才会掌握法律话语权",知识话语不可避免地再度裹挟权力逻辑形成另一形式的知识奴役,并且"习惯、党纪党规、宗教戒律等"规则,都不再是法律研究的对象。② 不仅如此,当"本质主义"走向极端,那么也就意味着批判、创造、否定的态度都将被剥离,法治完全是一套标准化的产品,于总体上陷入一种"合理但不合理""自由却不自由"的悖论状况。

对法现代性危机的克服,多见的是改造既有的基础命题并将之同对立面融合起来的做法,也即通过学者的理性处理来替知识受众做出选择,例如在形式法治中加入最低限度的自然法或是在实质法治中纳入内在道德。庞德的社会工程论是这种融合的最好体现:"它既不以形式的和逻辑的决定论为前提条件,也不以实证主义的决定论为前提条件……这种类比必须为我们提供一种以活动为根据的法律史解释,引导我们不仅把法律制度视为固有之物,而且也把它们视作是被创造的事物,不仅把法律制度视作是传承

---

① 葛洪义:《作为方法论的"地方法制"》,载《中国法学》2016 年第 4 期。

② 李林教授将这一方面也称为"立法悖论",一方面立法要求更多的民众参与,另一方面立法工作却又是少数专业人士的活动,这使多数人的活动异化为少数人的专业垄断。参见李林:《走向宪政的立法》,法律出版社 2003 年版,第 321 页;葛洪义:《作为方法论的"地方法制"》,载《中国法学》2016 年第 4 期;朱景文:《关于立法的公众参与的几个问题》,载《浙江社会科学》2000 年第 1 期。

至我们的传统之物,而且也把它们视作是人们在此前某个时代创制的事物。"①而这种融合的观点在中国语境中的最好表达方式即是张文显教授的和谐法治论,或也可称为"包容性秩序"与"和而不同秩序",即"使一切有利于社会进步的创造愿望得到尊重"。② 但是对这些融合观点做进一步展开的时候,却又总是能够发现潜藏在融合背后的特殊性知识基础,当其发生隐性化作用的时候,总会使得显性体系倒回混乱的局面。同样,苏力教授的"本土资源论"受到了哈耶克与格尔茨等人理论的启发,它们也都是在西方现代性危机的语境下产生的,它们或从有限知识出发,在前提上放弃对价值的选择,将之交由人自下而上地率性发扬,或是从地方性知识出发,来证明在全球范围内发生价值冲突时,不可避免地应代之以"了解之同情"的观念去尊重每一种价值选择,即一种"存在即合理"的做法。

可是,中国的历时性与共识性并存的局面使得我们要在法治建设中囊括对现代法危机的克服,这就必然需要在法律的内容以及法治建设中得到反映。所以邓正来先生试图以"生存性智慧理论"来克服法本身以及中国现代化建设中所遭遇的现代性危机。其中"生存性智慧"是人们在生活实践中习得的、应对生活世界各种挑战的智慧,其之所以具有对抗现代性危机的能力,是因为其不与具有"科学主义、理性主义烙印"的"知识导向"有关,而是以"人类社会背后的生存性哲学去探及去价值判断或去意识形态的智

---

① [美]罗斯科·庞德:《法律史解释》,邓正来译,商务印书馆 2016 年版,第 203 页。

② 张文显:《法治与国家治理现代化》,载《中国法学》2014 年第 4 期。

慧"。① 然而邓正来先生并没有完成这一理论,不过当我们沿着其给出的线索去探源,可以在催生当代哲学繁荣的现象学领域中发现答案。② 因为现象学是从最原始的意识现象出发,从中不断找到具体观念、理念以认识现象以及施加在其上的规定性。简而言之,要从大众日常生活中潜在的法律需求出发,不令法律需求被抽象地放大,如人要安全与自由,那么通过社会契约结成群体并以自由为核心建构人与人、人与政府之间关系的方式,也不停留在"就事论事"式的法律剪裁。在空间维度下,整体性法的建构逻辑所对应的就是国家空间,它是由主权、领土边界等塑造出的抽象的空间现象,而与之对应的是具体的、由人日常生活演绎塑造出的地方(place)空间。但在当前对地方法治的讨论中,却没有太多关注"地方"本身的方法论具有价值,没有暂时搁置纵向权力配置的影响,将"地方"作为相对国家空间更为具体的空间现象,依旧从普遍与特殊、整体与个性的角度去建构地方法治。但是"地方"作为具体空间的重要类型之一,是链接日常生活现象与国家空间的重要桥

---

① 因身体原因,邓正来先生未能完成其通过生存性智慧模式来达致中国特色学术研究话语的基础构建的愿望,在此深感惋惜。参见邓正来:《"生存性智慧模式"——对中国市民社会研究既有理论模式的检视》,载《吉林大学社会科学学报》2011 年第 2 期。

② 任何新生法律理论的背后都有新兴的哲学作为支撑。现象学是在现代性危机中孕育的,其诞生也是为了回应现代性问题的哲学。后文所要详细阐释的哈贝马斯与列斐伏尔都与现象学有着极深的纠葛,尤其是后者创造性地将胡塞尔、黑格尔、马克思等人的思想融合起来进行对现代性诗学化的批判与再造。当然,应当在此承认,列斐伏尔著述颇丰,且哲学思想较为晦涩,也没有如同哈贝马斯一样直接针对法律、改造法律,而是承袭了马克思对法律的附带化处理方式,其著作更带有许多诗性的文字,以致在讨论与引用时存在困难。所以先在此处交代本书各章节的关系是受了列斐伏尔"从日常生活到空间哲学"的影响,将其作为一条隐线来勾连国家法治与地方法治、地方法治与法治地方。

梁,是以自下而上的方向缓解整体性法危机的重要纽结。这正是空间哲学为法学提供的方法论层面的价值。

1."面向事实本身"

如果从本质的角度上来看,将形式法治所坚持的实证观以及对客观事实的迷恋作用到其知识论之后,所产出的会是一种以科学心理观为主的怀疑主义;而实质法治对其先验价值的坚守又会导致对科学的排斥,这就造成融合虽然是简单可行的,但在出发点上存在相互冲突的局面。由此,胡塞尔认为,前者将"意识、观念以及一切带有绝对性质的理想和规范都自然化了",所以这种怀疑主义的结果是其本身具有的科学性倒回了观念性,以致无法解答人生存之中的形式。包括法律在此时实际上是碎片化的,没有能够反映出一个长时间段中人的轨迹,也就在某种意义上导致了其本身存在自身规定性冲突与缺漏,进而无法承载应有的规范作用。如果一味坚持的话,那么也反向透露出了不可能根据纯粹的理性来塑造人类生活,科学必然是残缺不全的。与前者相反,后者对于将自己定位在某种经验的以及由之导向的先验式承认上,处于精神生活的事实领域,也同样存在困惑。在这一层面上,二者困惑的本质在于科学与哲学的分离,它们都错误地处理了相互的基础含义,以致再进一步推论的时候就产生了混乱,也即是哲学没有能够成为"超越一切相对性的绝对终极有效的真理",而被科学所取得的成就扰乱了自身本应坚持的本质性规定。① 所以,胡塞尔认为要终结由实证主义所导致的混乱以及世界观在哲学中的倒退,就必须建立起"严密科学的哲学"来同时追求客观真理与价值,"使一种

---

① [德]胡塞尔:《哲学作为严格的科学》,倪梁康译,商务印书馆 1999 年版,第 131 页。

受纯粹理性规范支配的生活成为可能",真正达到现代性的自我确证。① 这成为现象学的进取方向与基本任务。

不难发现,这一任务本身就暗含了康德对纯粹理性范围的思索以及一种笛卡尔式的"反思",其在胡塞尔这里直接表现为指明"意识是如何构造起本己的东西,然后又将它看作是陌生的",以及它如何既内在于意识的对象又如何超越意识的存在。② 而其跳出现代性困局的方向就在于"通过科学去克服源于科学的困境",重新还原出属于哲学的绝对清晰和带有自明性的开端,以直观来洞悉自我意识与意识对象之间的关联,让哲学获得比现下的科学还要彻底的明确性,从而达到一种整体的对前述关联的理解。结果便意味着打通康德的纯粹理性,使之能够同时勾连实在与精神。所以,第一步的方法即是通过"悬搁"来"找到自我","将诸客观科学之认识的任何共同实行悬搁起来,将关心它们的真理和谬误的任何一种态度悬搁起来,甚至将它们关于客观世界认识之指导理念的态度悬搁起来"。③ 也即是将原本横亘在自我意识的对象上所展现出的一切观念与智识存在和其产生的心理产物都暂时搁置起来,不预设任何前提性的检查,直接面对事实本身,通过"契合的感知"(对象与意指是统一的)来回到纯粹意识的领域。④ 这样一来,原本考虑的自然或是心理对象之间的常识性哲学反映都被超越的

---

① 〔德〕胡塞尔:《哲学作为严格的科学》,倪梁康译,商务印书馆1999年版,第1页。

② 参见倪梁康:《胡塞尔与海德格尔的存在问题》,载《哲学研究》1999年第6期。

③ 〔德〕胡塞尔:《欧洲科学的危机与超越论的现象学》,王炳文译,商务印书馆2001年版,第164页。

④ 〔德〕胡塞尔:《哲学作为严格的科学》,倪梁康译,商务印书馆1999年版,第65页。

感觉所替代,并且只要在主体对意识的体验流之中,就能够自明地回到主体内容之中:"只要我在其现实现前中注视着这个流动的生命,并因此把我自己把握为这个生命的纯主体,我就无条件地和必然地说:我存在着,这个生命存在着,我生存着。"①至此,很自然地能够联想到笛卡尔的"我思故我在",其中的"我思"与"我"同样存在统一性,以及"我"作为主体存在先验性,"我"所用的是实体理性,但是在胡塞尔这里,因为意识活动是由"我"(主体)开始的,即便是悬置了一切,本身的质料与质性也无法被还原到最为纯粹的源头,因为"存在设定不包含在对象构成之中,对象构成也不包含在存在设定之中",对象与存在的设定是两回事,也即是指"契合的感知"本身就意味着设定与对象的同一与否,这种真实的存在已经克服了"主—客""自然—精神"的二分法,它不再停留于笛卡尔语境中自然主义对象中的"我"在与否,而是聚焦"我在"与"我思",它们都在后者本身中获得了构造的意义,是可以互相指定的,且以此构成了属于"我"的绝对的思。② 对之,季涛教授认为:"笛卡尔的我思哲学是导致科学危机的近代开端,而胡塞尔的现象学则是克服

---

① ［德］胡塞尔:《纯粹现象学通论》,李幼蒸译,商务印书馆 1992 年版,第 127 页。

② 参见倪梁康:《胡塞尔与海德格尔的存在问题》,载《哲学研究》1999 年第 6 期;胡刘:《胡塞尔现代性批判的方法论逻辑——从"先验自我"到"生活世界"》,载《哲学研究》2009 年第 9 期;陈嘉明:《意识现象、所予性与本质直观——对胡塞尔现象学的有关质疑》,载《中国社会科学》2012 年第 11 期。

科学危机的唯一出路"。①

于是面向事实本身的意蕴就在于直观地面对事物本质,在这种观念上的"我在同我思"实际上就是我自身以纯粹理性向里看,通过这种向里看就把握到了事实的本质。而前述的"契合的感知"所带来的同一性即是指由我开始的不断反思,从而将我的意识置身于表达意识行为集合的意识流之中,这本身即是与我的同一,也由我来主宰整个意识流的连贯性,这在时间维度上就表现为过去、现在与未来,它们都存在于纯粹理性内,当我们向里看的时候,它们能够同时被掌握。但是"自我不能够被视作体验本身的实有环节",即与意识行为相勾连的体验流不是我,我只是主体,不会因为体验而消逝,具有绝对的自明性,也可以被称为意识行为的绝对来源。意识性是从我中出发到达意识相关对象的路径,而回归同样也是到我之中,这样察觉到的我便是"先验自我":"关于我的意向性建构就是我之构成的动态表现,而我也在此中承担施动者的地位",同时"对象世界……都要从我自己这里……派生出其全部意义和存在方式"。② 然而我虽然成为先于世界的存在,成为判断的

---

① 季涛教授也将现象学方法视作中国的"实事求是"之精神。参见季涛:《法律之思》,浙江大学出版社 2008 年版,第 150 页。倪梁康教授认为:"现象学是一门关于意识现象的学说。"而胡塞尔给出了更为明确的定义:"现象学标志着一门科学,一种诸学科之间的联系;但现象学首先标志着一种方法和思维的态度,典型哲学的思维态度和典型哲学的方法(面向事实本身)","现象学作为一种独特的哲学,它既无本体论的假定,又无认识论的假定……既发现了本质,又论证了现象学方法自身的合理性"。也即是,只要坚持现象学,至少世界与我之间的关系不会是主客对立的,而这就提供了先验前提下对现代性危机的回避。参见[德]胡塞尔:《现象学的观念》,倪梁康译,上海译文出版社 1986 年版,第 24 页。
② [德]胡塞尔:《笛卡尔式的沉思》,张廷国译,中国城市出版社 2002 年版,第 53 页。

唯一源泉,这一切都能够在以我为中心的纯粹理性中展开,但是不可避免的困局在于,当我与其他的我,也就是不同的意识源泉发生交互的时候,我如何在这种同一性中认识到差异性并再次返回到以我为中心构建的同一性之中?这种连贯性会如何再次发生?

这一问题虽然在现象学的路径中被揭示出来,但是不难发现,其实际上正是法现代性危机中的核心问题,即暂时不考虑如何以语言学的方式将规则表示出来,而是在陈列之前做出关于法所要调整和应予保护价值的决断时,所必然会遇到的从主体性上升到主体间性的过程中如何获知决断本身是否能够被称为"科学"、被广泛接受的问题。胡塞尔略显无措地将之归到了"移情作用"之上,即我在与他人交互之时,我能够感受到他人与我一样,同样被作为意识的源头,进而我置身于意识对象之中回到他人的我中,以实现相互之间的勾连。并且,为了进一步维护"移情作用"的真实性,胡塞尔还加入了"统觉",即我能够"管中窥豹",从部分暗含了对象的全体。这就凸显出了"先验唯我"的困境,它令人惊异地与"了解之同情"相仿,但又未能证明"同情"本身的科学性来加固"严格科学的哲学"路径。就此问题而言,正如杨耕教授所言,"只要胡塞尔依旧停留在纯粹意识世界",就永远不可能解决,因为人与世界的关系虽然被转化为了世界为我而存在的关系,这种转化也固然具有合理性,但这种关系应当是在实践中产生的,即要遵守马克思的"人同自身的关系只有通过他同他人的关系,才能够成为对于他来说是对象性的、现实的关系"。①

---

① 杨耕:《胡塞尔:从先验自我转向生活世界——从马克思的观点看》,载《吉林大学社会科学学报》2004 年第 5 期。

2.“存在与存在者”

海德格尔承认胡塞尔是自己的老师,却也毫不留情地批判胡塞尔通过“悬置”的方法来探究先验自我的意向性与意象对象之间的关系依旧是不彻底的,而且“悬置”也无法“悬置”“悬置”本身,使得还原的结果并不纯粹。同时海德格尔还发现,考察形而上学史可以发现,形而上学本身在尼采的虚无主义阶段时就已然终结了,它已经穷尽了在主客二分基础之上的最终结果。① 所以,海德格尔大方接受了不彻底的还原,并给出了他关于未来哲学方向的思考,即否定“先验唯我论”中将一切归于主体的结果,重新思考关于主体的存在(dasin)方式及其存在意义,从而跳出当前已然穷尽的“哲学圆圈”,找到位于主体之“先”的意蕴,也即要建立起关于“现象学的现象”的知识。

海德格尔认为,在问及存在之时,实际上就包含了关于它形式的内容:“任何发问都是一种寻求,任何寻求都有从它所寻求的东西方面而来的事先引导。”其中的两个关键词“发问”与“寻求”就是切入存在的两个方面。② 具体而言,海德格尔通过对希腊语中不定式(infinitivus)含义的追索逐步拓展到名格与动格,而其中隐含的“直立而在”的意思便是彼时的存在含义,即意味着存在“是自身向边界冲击的必然性”,这一边界并非是外界强加的,而是“这个自有、常住者留在其中”的,“正是这个存在者的存在才使存在者成为

---

① ［德］海德格尔:《形而上学导论》,熊伟、王庆节译,商务印书馆1996年版,第17页。

② ［德］海德格尔:《形而上学导论》,熊伟、王庆节译,商务印书馆1996年版,第225页。

一个这样的与非存在者有别的存在者"。① 并且,另一个表达存在的希腊概念(physis)中也表达出存在是从存在者的自身所展开的,存在并不是指事物会借助先验规定性的作用而被导入存在者中,从而被把握,而是二者本身就是同一的存在,在这一层面上,存在是从存在者中涌现出来的,意味着"解蔽"。② 所以,现象学的任务就在于"解蔽"存在者,使其能够"就其本身那样显现存在者"。③ 而"发问"只能够由人来完成的,前述存在者—存在的关系能够拓展到其他事物上去,但却呈现出一种相对静态的结构,而这组关系作用在人身上的时候,人又必然需要且能够向存在问题本身发问,这也是人的存在行为。虽然存在者与存在是互在的关系,可是只有人能够通过"审视、领会与形成概念、选择、通达"等方式发问从而展现存在者,而这种特殊性便是此在(dasein)。④ 正如此后所要展现的列斐伏尔关于空间的知识与此在所表达的关系存在紧密的联系,我与我的存在具有关联,我依靠我自己的存在形式来获知存在,"此在无论如何总要以某种方式与之发生交涉的那个存在,我们称之为生存"。⑤ 于是,在这种关系之中,对于前述胡塞尔的困境,海德格尔还给出了一个"世界"来作为载体,以容纳存在者总体共存与存在活动的场所,是存在者获知存在形式的生活处所。那

---

① [德]海德格尔:《海德格尔选集》(上),孙周兴选编,上海三联书店1996年版,第498页。

② [德]海德格尔:《海德格尔选集》(上),孙周兴选编,上海三联书店1996年版,第500页。

③ [德]海德格尔:《存在与时间》,陈嘉映译、王庆节译,生活·读书·新知三联书店2006年版,第41页。

④ [德]海德格尔:《存在与时间》,陈嘉映译、王庆节译,生活·读书·新知三联书店2006年版,第9页。

⑤ [德]海德格尔:《存在与时间》,陈嘉映译、王庆节译,生活·读书·新知三联书店2006年版,第15页。

么此在与世界之间的关系也很自然地能够被理解为："从没有一个叫此在的存在者和一个叫世界的存在者并列存在这么一回事"，二者的关系不是我反映或是改造世界，而是互为构成，也就是"在……之中"的关系。① 海德格尔将人在世界之中的存在（此在的存在）称为"生存"，并且世界还能够成为一种中介形式："只有当世界由于这样东西已经被此在揭示出来了，这个存在者才能够触及向内的东西。"②至此，这个过程便是此在先通过"操劳"在世界中获得自身，而后再从世界中获知他人的"操劳"，而共性的存在使得人与他人是共同构造的，此在实为因他人之故而存在。

在此基础上，海德格尔认为以往主客二分存在缺陷的原因便是忽视了存在与存在者的关系，导致无法解释认识如何从内在向外发生作用。而实际上，"此在一向'已经'在外，一向滞留于属于已被揭示的世界的、前来照面的存在者"。③ 并且主客二分下的认识逻辑除了要"看"（描绘）外在之外，还要复归到"知"（技术）中被检验再被接受，认识也先行地"寓于世界的存在之中"。可见，海德格尔将胡塞尔的我与意识流之间的分离化互动转化为作为特殊存在的此在与存在者的合一化互动。例如：在"我坐在法官席的左手边，并向法官举手示意"中，我与我的存在是合一的，而左手边便是我于彼时在世界的存在形态，"举手示意"与"坐"都是一种我获知

---

① 海德格尔虽然用世界来统摄原本被归于客体的对象，而将之作为一种场所，另一方面也将之的内在结构展现了出来，即会由人在世的生存活动而获得规定性。参见［德］海德格尔：《存在与时间》，陈嘉映译、王庆节译，生活·读书·新知三联书店 2006 年版，第 64 页。

② ［德］海德格尔：《存在与时间》，陈嘉映译、王庆节译，生活·读书·新知三联书店 2006 年版，第 214 页。

③ ［德］海德格尔：《存在与时间》，陈嘉映译、王庆节译，生活·读书·新知三联书店 2006 年版，第 71 页。

我世界存在形式的活动,而他人将这表现结合空间构成生成了我之存在形式所要表达的,它已经存在了。① 当前被实证、科技观所主宰的现代世界实际上一直依赖于实证的筹划,只把它认为应予展现的东西展现,科学不"思",它只追求存在者的直接性与现实性,并且以"数学思维"来对存在者进行计算,使得实证本身忽略了自身存在,被强力意志推动——"现代科学乃是一个由求意志的意志本身所设定的条件,而求意志的意志通过这个条件才保证了它的本质的统治地位"。② 那么,其实当下的困境根本上还是来自对存在的忽略——主客二分的路径实际上将此在与世界"在……之中"的关系分裂了,将此在从世界中抽离出来去探求世界真理,然后再把此在放回到被抽去此在的世界真理中去安排——当下只注重了这种被改装后的世界,所以必然与此在存在差异而引发危机,缓解危机的路径就在于以诗性和沉思之思来重新发现世界之于存在的开放性与"在……之中"的意蕴。而此时,判断正义或正当与否的标准就是在现代语境下能否寻找一种与世界以及存在—存在者之间的契合。

3.休谟问题的存在主义突围③

再次还原法的两次现代性危机,能够被表述为:自然法所谋求的天赋观实际是在理性的潜在作用下,对社会整合的可能性以

———

① 之所以要站在列斐伏尔的角度,是因为列斐伏尔为空间实际上也赋予了海德格尔理论中人之于世界的关系,人在空间形态中展露自己的形态,或是从空间形态中获知我的内在规定性。也如海德格尔再补充的:"他人并不首先作为飘荡无定所的主体当然地摆在物旁边,而是以他们操劳于周围世界的存在方式从世界中上手的东西方面显现出来。"

② [德]海德格尔:《路标》,孙周兴译,商务印书馆2000年版,第354页。

③ 本节以季涛教授《法律之思》的第七章为基础。参见季涛:《法律之思》,浙江大学出版社2008年版,第170页以后。

"一"来完成,但是这种无可指摘的人为"拔高",导致其不具有对应存在者或是被此在所触及的基础,以致"一"变成了"无"。而后续休谟命题对"是"与"应当"的划分实际上是在源始基础上分别为存在提供了两重维度的基础:谋求事实上的通达以及从先验角度达致同一,也即是创造出了"多"。但这种"多"恰恰造成了两重维度中彼此逻辑纽带之间的断裂,以致从直观上看,任何一种路径都具有可能性,但如果在存在的两维中导入存在者的两维,却能够发现融合的可能。因为先于休谟问题,两维分散之前是建立在追问存在者何以可能而遗忘了存在本身的历史的基础上。

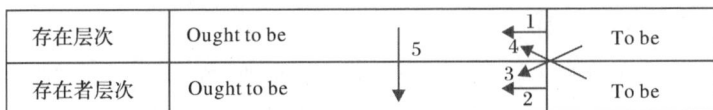

| 存在层次 | Ought to be | 5 | 1 4 | To be |
|---|---|---|---|---|
| 存在者层次 | Ought to be | | 3 2 | To be |

**图 3-1 休谟问题的实质与伦理学的真正基础**

图 3-1 根据休谟问题将"是"与"应当"分列于存在—存在者层次,箭头 1—4 表示由"是"到"应当"的方向,箭头 5 则表示被既往形而上学所忽略的存在—存在者之间的单向路径。其中,箭头 1 表示存在中的"是"到"应当","如果将此在在世作为一个整体结构来看,如果存在是指包括此在在内的存在者整体存在,那么这种存在中始终蕴藏着全部存在可能性,并且能够从这些全部的存在可能性中进行一种系谱一样的秩序,其中自然也就蕴涵着应当与不应当"。① 由此,季涛教授认为,只要存在的"是"能够涌现,那么"应当"也就顺理成章地得出,而这本质即是对历史的人为拔高。但是,笔者认为,箭头 1 的路径其实并不代表"应当"的产出,相反其是符合休谟律的,不能够行进。对之,康德曾言:"全部可能经验的

---

① 参见季涛:《法律之思》,浙江大学出版社 2008 年版,第 174 页。

绝对的整体本身并不是一个经验……它就超出任何既定的经验而变成超验的。"①所以,其为理性设定了"不可知物"来排除这种情况。并且从存在的角度来看,箭头1如果仅以存在为导向,其根本无法有效地往来于存在者间而获得相关确证。换句话说即便"是"能够涌现,在"上帝是存在的"这一表述中,存在不能成为实在(是)的谓词,"有一些绝对必然的主体,……其对象的非存在或取消在本身是自相矛盾的",这是无意义的同义反复。② 同样,箭头2所表达的是一种自然规律式的因果关系,但是例如"鸟是有翅膀的动物"到"鸟应当能飞"的过程无法被当然地还原为规范性语句,所以休谟律在此也是成立的。

不过在箭头3与箭头4中,"是"与"应当"在存在—存在者中交替,同样也能够被表述为一种自然规律或自然的因果关系,但与箭头2不同的是,此时存在总是存在者的总体存在,是存在者的整体,"即某一存在者的应当存在起因于另一存在者之存在,但这种规范语句同样可以还原为事实语句……其中蕴含着存在者全部的存在可能性及其应当不应当的标准……这种推导是可能的,休谟也不能反对"。③ 以一个类比来说,自然法论者的路径是通过还原出原初社会的状态来揭示达至现代国家的必要性。在海德格尔的语境中,原初社会就已然存在了现代国家所具有的用具,且后者是前者的规律化结果。同时海德格尔还对上手事物进行了两种划分:上手存在者与现存存在者,后者即是在主客二分中的如水、电、空气等论题。而前者则是人在源始情境下面对锤子等事物时,并

---

① [德]康德:《未来形而上学导论》,李秋零译注,中国人民大学出版社2013年版,导论。

② [德]康德:《三大批判合集》,邓晓芒译,人民出版社2009年版,第411页。

③ 参见季涛:《法律之思》,浙江大学出版社2008年版,第237页。

没有将其作为现存性质来把握,而是经过了"为了……"的路径之后才形成了敲钉子等带有专题性质的划分,"器具的器具存在就在其有用性之中,但有用性本身又植根于器具之本质存在的充实之中"。① 此时,"是"与"应当"本身就是合一的,也正是在这个意义上,海德格尔认为前科学揭示了现代科学的基础。②

可是,季涛教授在得出能够融合事实与价值的"系谱秩序"后,却依旧复归到源始自然法语境中去强调以宽容、博爱等原则构成的"伦理学—法学"秩序。③ 但实际上,在海德格尔对马克思、尼采等人的批判中,其认为,"纵观整个哲学史,柏拉图的思想以有所变化的形态始终起着决定性的作用。形而上学就是柏拉图主义。尼采把他的哲学标示为颠倒了的柏拉图主义。伴随着这一已经由卡尔·马克思完成的对形而上学的颠倒,哲学达到了最极端的可能性。"这种极端都是从"只有人的平面出发",让"人成为主体","世界成为了图像"。④ 虽然海德格尔对马克思存在误读,但是一方面,在海德格尔的源始追溯中,其默认或是暗设了一个符合存在者—存在差异化互动的情境,即前柏拉图时期;另一方面,箭头 4 实际上反映出一种事实与价值间的融合,且反方向也已经被给定了,即让"世界不再成为图像",重新回归到"在世界之中"去发现关乎于

---

①　海德格尔还以农鞋为例,说明"为了描绘这样一件有用的器具,我们甚至不用去展示实物……只是常识的重复"。参见[德]海德格尔:《林中路》,孙周兴译,上海译文出版社 1997 年版,第 5 页。

②　参见[德]海德格尔:《存在与时间》,陈嘉映译、王庆节译,生活·读书·新知三联书店 2006 年版,第 81 页。

③　不过在书中,季涛教授并没有表明其是在何种意义上使用法这一概念的,但如果是完全按照"法是由国家强制力保障实施的"来理解,那么其结论是正当的。

④　[德]海德格尔:《海德格尔选集》(下),孙周兴选编,上海三联书店1996 年版,第 817 页。

人理性的正当基础。同时,五个箭头之间并不像季涛教授所认为的存在分立关系,尤其是在存在—存在者互动的情境下,箭头之间的路径是可以相互连接的,即后一方面的内容实际上所说明的是由箭头 4 到箭头 5 的完整过程,包括海德格尔所谓的"沉思之思"也是要在发现与箭头 4 的相连关系之后,再从箭头 5 中以"思"来进一步拉近存在—存在者的关系,季涛教授所谓的"系谱秩序"也应当重由箭头 5 做进一步的确证,否则就再次回归到了分离的起点。[①]这正是进一步缓解法现代性危机的完整方向。[②]

### 4. 从空间关涉日常生活

至此,本书已经勾画出了解决整体性法危机的基本路径,下一步便是在存在主义的基础上去发现法律科学有效性以及法律内容的来源:是生活世界还是日常生活?

海德格尔看似要从源头廓清存在的意义从而寻求超越的路径——当然他也是这样完成了对存在的阐明,但笔者认为,采用这种溯源的方式是因为他已发现基于存在角度,现代科学之前的科

---

[①] 季涛教授"以箭头 1 为前提,箭头 3 与箭头 4 分别是箭头 1 和箭头 5 的总和",也即是将箭头 5 作为中间环节,但正如前所述,箭头 1 本身无法独立证立,而这就导致季涛教授整体的推导都失效了。实际上,按海德格尔对"世界"与"大地"的论述来看:"世界建基于大地,大地穿过世界而涌现出来,但是世界和大地的关系绝不会萎缩成互不相干的对立的空洞的统一体","世界力图超越大地","作品(在某种程度上,法律就是一种作品)建立一个世界和大地,同时就完成了这种争执"。参见[德]海德格尔:《林中路》,孙周兴译,上海译文出版社 1997 年版,第 7 页。

[②] 当然,五个箭头之间并不完全按照图中所标示的方向发展,同样也存在反向的可能性。尤其是在加入箭头之间的动态连接之后,问题会变得更为复杂。但对于解题本身而言,季涛教授对五个箭头的分别讨论已经得出了其期望得到的结论:即在源始自然法的三项原则下,事实与价值存在融合的可能,而本书也只是要提醒存在—存在者路径中存在进一步的过程,且这种过程已经在后期的胡塞尔思想以及哈贝马斯的生活世界中得到了体现。

学(古希腊与中世纪时的"前科学")已经包含了现代科学得以产生的存在论条件:事物总是会在与其具有因缘关系的上手事物(表现"为了……"关系的用具)中涌现,且这种因缘关系是在前科学性的操劳活动中被揭示的,那么要在整体上发现整体因缘下的事物就要"体悟"出操劳活动中适合于前者的"先知",用命题的形式来概括即是:人源始地在开放性世界中存在,并通过操劳活动与存在者建立联系。① 其中操劳活动(sorge)是作为人此在的存在,更具体来说,此在在海德格尔原本对其展现关系的设定中,是现身、领会和言谈,然而在日常生活(everydayness)中此在被闲谈、好奇与两可带入了沉沦,但这种沉沦状态最终会因为畏惧而促使此在重新面对自身本性并最终展露在其之于"栖居于……"家的世界感受中。② 由此,胡塞尔在海德格尔"于源始中寻找存在—前科学特质"与"存在—存在者"的路径中发现了缓解"先验唯我论"面对主体间性时困局的方法:以生活世界为基础。③ 胡塞尔早期虽然使用了"生活世界"(周围世界)的概念,但却用以描述当下我们之中一切活动具体指向世界时的精神结构,这也暴露了胡塞尔早期的现象

---

① 参见[德]海德格尔:《存在与时间》,陈嘉映译、王庆节译,生活·读书·新知三联书店 2006 年版,第 81 页。

② 日常生活的沉沦用当下较为通俗的类比来说,就是隐含在费孝通先生教化权力之前的状态,是一种平凡无奇、不存在危险的日常生活,人们安居于此,无须再次拓展和认知。而在畏难出现后,人不得不抛弃这种日常去谋求进步,此种活动便是操劳,此在在操劳中能够获知面向未来的能力。参见[德]海德格尔:《存在与时间》,陈嘉映译、王庆节译,生活·读书·新知三联书店 2006 年版,第 222 页。

③ "他认为科学或哲学的观念世界的由来在前科学或前哲学的生活世界中有其意义与目的的前提","'生活世界'概念的灵感完全来源于海德格尔在《存在与时间》中对前科学世界的分析"。参见季涛:《法律之思》,浙江大学出版社 2008 年版,第 115 页。

学并没有真正超出笛卡尔的"我思",而后在《欧洲科学危机和超验现象学》中,胡塞尔将生活世界作为前科学的奠基性领域,以凸显出当代欧洲科学危机所造成的碎片与迷失。①

具体而言,第一,生活世界是一个预先存在的世界。在这一维度中,胡塞尔再次将当代由科学、实证所促成的现代性危机归因于生活世界的被掩盖,从伽利略开始,"以数学的方式构成的理念存有的世界开始偷偷摸摸地取代了作为唯一实在的、通过知觉实际地被给予的、被经验到并且能够被经验到的世界,即我们的日常生活世界"。② 也即是在科学的"发现"与"掩盖"中,生活世界这一"第一世界"被掩盖了。于是,对于现代化在当代的表现而言,就要么同韦伯一样保持悲观的态度,承认实证对生活世界的掩盖,任由生活世界逐渐被遗忘;要么通过现象学重新"解蔽"生活世界,认为生活世界是扬弃实证主义的基础。同样,我们可以借助海德格尔的"存在—存在者"发现,生活世界这一维度的特性就是"此在寓于世界之中"的本质表达,它是先验存在的。倪梁康对之总结为"生活世界是一个始终被给予的、始终在先存在着的有效世界",但这种有效不是因为被论题化了之后才被鉴别出的能力,"每个目的都以生活世界为前提,就连那种企图在科学真实性中认识生活世界的普遍目的也以生活世界为前提"。③ 从中也能够发现,预先存在的生活世界之于科学来说即是"前科学之于科学",它本身具有原初

---

① [德]胡塞尔:《胡塞尔选集》(下卷),倪梁康译,上海三联书店 1997 年版,第 1087 页。

② [德]胡塞尔:《胡塞尔选集》(下卷),倪梁康译,上海三联书店 1997 年版,第 1027 页。

③ 参见倪梁康:《现象学及其效应——胡塞尔与当代德国哲学》,生活·读书·新知三联书店 1994 年版,第 131 页。

的自明性,从而能够成为一个不容置疑的前提,海德格尔关于世界生存的开放性与共存性同样也被胡塞尔作为生活世界的特质。

第二,生活世界是发生直观对象的总体与经验总体。可以假设,如果生活世界只单纯位列于科学之前,而不具有其他特性,那么即便是其重新被"解蔽",也不意味着能够改变科学的地位。所以胡塞尔还提出了两个特性来保障生活世界能够成为科学的来源:一方面,生活世界是直观并且可以被感知的,即其"在科学以外实践的直观领域中显现出来",直观就意味着能够同由数字思维所创造出的世界的分离与论题化不同,它以自身本源性的形象出现,同时囊括所有时空组合下能够出现的事物,即"构成物领域"是其一个面向;另一方面,在生活世界中被直观经验所感受到的事物对于我们来说是永久有效的,并且具有无疑的确定性,它简单地陈列在我们面前。① 两方面相加即表现出生活世界对所有人是开放的,不会被某种技术话语所垄断,更不能被作为问题来研究,这就排除了科学对之论题化的可能,每个人都有着自己对生活世界的体悟方式,并且都能够对之进行表达,是绝对平等的,也是绝对自由的,它只是在当前未被集中关注。

第三,生活世界是一个属人的世界,具有主观性与相对性。必须明确,生活世界(包括世界)在现象学中都没有被作为本体论的意义,更不是一个纯粹、静态、客观、不变的世界,而是作为一个相对于主体的视域,并且是相对于主体人有效的世界,这种有效也不是偶然有效,而是关乎有效的经验本身的一般结构与普遍本质。同时,由于这一世界并没有被科学所论题化,也就是意味着我的态

———————

① 参见杨耕:《胡塞尔:从先验自我转向生活世界——从马克思的观点看》,载《吉林大学社会科学学报》2004 年第 5 期。

度、欲望、目的都可以促使我在其中表现出所偏好的趣味,使其被主观化填充。于是它囊括了所有不存在偏狭,是一个承载人的全面且多元的世界。同时胡塞尔并没有抛弃"先验自我",而是将生活世界作为一个供给我往返的共同区域,这样也就同被称为客观的科学有着更深的区别意义,因为只有从我出发的活动才能够具有真正意义,生活中的对象在我的意识中呈现,"生活世界是一个意义世界、一个价值世界、是一个人们生于其中的周围世界,它时时是相对于感知它、体悟它、评判它的主体人而有效的"。① 所以,在这一维度中,我们可以视之为主观的,因为我只能在由我发出的意识流中获得明证,这对于生活世界中的认知而言,是我只能在具体的时空形式中获知被我们直观感知到的、直观呈现的,因而认知具有多样性与差异性;并且由于我与他者的存在,它又是相对的,"世界并不是作为一个实体而存在,而是当复数应用于它时毫无意义的存在","只要我们能够觉察到我们科学家是人,……那么整个科学都与我们一起进入这个——主观、相对的——生活世界之中"。②

于是,胡塞尔所给出的生活世界便成为科学的意义来源,并为科学的有效性提供了保障,科学不能自说自话,而是必须保持同生活世界之间的往来以保证二者的同一,加之现象学本身就不是主客分立的,这便构成了胡塞尔对现代性危机给出的当代形而上的解答。同样,对于前述在主体间性中所发生的矛盾,胡塞尔认为:"在我们的连续流动地对世界的知觉中,我们并不是孤立的,在其

---

① 倪梁康:《现象学及其效应——胡塞尔与当代德国哲学》,生活・读书・新知三联书店 1994 年版,第 332 页。

② 倪梁康:《现象学及其效应——胡塞尔与当代德国哲学》,生活・读书・新知三联书店 1994 年版,第 132 页。

中,我们同时与其他人有联系。"①可是随之而来的问题便是,在先验的环境下,即便主体间性在世界中被包容存在,可是我如何再次将世界作为我意识流的形成物来构成? 胡塞尔给出的答案是悲观的:"这种世界—现象在我的悬搁中只是我的世界—现象","悬搁创造了一种独特的哲学上的孤独状态"。胡塞尔再次回归到了笛卡尔的"我思"之中。②

现象学批判的是以往"只见存在者,不见存在"的形而上思想,但是胡塞尔却重新走到了存在的极端,"生活世界"实际就是在完整演绎箭头 1 中的内容。以更恰当的类比来说,古典自然法将天赋自由、生而平等作为绝对原则,以此来推导出关于法律规范的全部内容,这时的先验发生在存在者层面,而"生活世界"再次先验地作为存在层面的绝对原则,虽然其直观、共存的特质有着平等、自由的表现,但其不仅没有超越古典自然法的演绎逻辑,而且重新复归到了古典自然法的困局之中。

诚如刘怀玉教授所言:"列斐伏尔的日常生活批判理论,界于海德格尔(包括萨特)的存在主义与法兰克福学派的社会批判理论这两种同样悲观主义立场之间,是一种始终对大众社会日常生活抱有顽强的乐观主义与同情理解态度的哲学与社会理论。"③由于在前文中已经表明了批判的具体内容,此处主要考察其日常生活概念是如何接续存在主义的基础,进而成为突破现代异化的力量,

---

① [德]胡塞尔:《欧洲科学的危机与超越论的现象学》,王炳文译,商务印书馆 2005 年版,第 188 页。

② [德]胡塞尔:《欧洲科学的危机与超越论的现象学》,王炳文译,商务印书馆 2005 年版,第 223 页。

③ 参见刘怀玉:《列斐伏尔与 20 世纪西方的几种日常生活批判倾向》,载《求是学刊》2003 年第 5 期。

以及影响日常生活与地方之间的契合度。

在存在主义方面,首先,列斐伏尔赞同胡塞尔、海德格尔中的"前科学—科学"划分,并认为,启蒙运动后出现了"理性"与"感性"的划分,并且前者地位要高于后者,以致后者中的日常生活并没有进入思辨的活动中去。同时,原本前现代中不存在人与自然、生产与消费之间的分立,日常生活是一个综合体,"前现代社会的日常生活与传统(精神)中最高层、最伟大的方面是融为一体的"。[①] 但在被现代分工和专业化之后,日常生活逐渐有了非日常生活作为对立面,并且再次被降格为一种被支配的"物质","原本孕育在前现代日常生活中的想象性与创造性的人类活动日益成为一种商品化的形式"。[②] 日常生活出现了明显的分裂:"人同那些存在的条件相分离,并认为自己是自给自足的,但却在本质上体现为一种被'剥夺'的生活——人与事物疏离开了的生活。这种生活被分裂为了矛盾两极:工作与休息、公共与私人……不可思议的东西与平常事物"。[③] 其次,列斐伏尔拒绝了胡塞尔"生活世界"中的主观性、先验性,但是接受了其有效性与直观性。虽然日常生活在现代社会被分化,哲学、宗教等"高层级"维度日益与日常生活"渐行渐远",但日常生活同样属于一种维度,并且具有基础性,"人类世界不仅是由历史、文化、社会或是意识形态等上层建筑所界定的,且是由

---

① Henri Lefebvre. *Critique of Everyday Life*. Verso Press, 1991, p. 321.

② Henri Lefebvre. *Critique of Everyday Life*. Verso Press, 1991, p. 97.

③ Henri Lefebvre. *Critique of Everyday Life*. Verso Press, 1991, p. 149.

作为中介的日常生活所界定的"。① 这些"高层级"的技术活动以及国家等都是从日常生活中生成的并逐渐形成了自身的论题化特质与专有领域。此时的日常生活与胡塞尔语境中的生活世界一样,是其他一切活动的基础领域。但根本不同的是,先验的生活世界充满了一种不可言说的神秘气息,而列斐伏尔的日常生活充斥着此在"在这之中"的欲望、欢愉、友谊、交往等一切生动真实的活动。

在社会学派方面,列斐伏尔将日常生活作为所有人最为根本和真实的活动集合,"是生计、衣物、家具……在某种程度上可以被称为物质文化"。其具有尼采的"永恒轮回"特点,同时也像海德格尔所言:"惟当生成根植于存在之为存在时,生成才存在,一切皆轮回,这是一个生成世界向存在世界的极度接近。"② 日常生活的重复、沉沦等性质是人生活的客观表现,但同时其又会在"现代性—现代化"的框架内以线性的方式向前运转:"日常生活的本质中蕴涵了丰富的矛盾性……当其被线性的时间所控制时,它又被自然中循环的节奏所更新弥补;当无法忍受其单一性和惯常性时,其又是喜庆、愉悦和嬉戏的。"③ 不过,更为关键的是,列斐伏尔所进行的日常生活批判根植于马克思的"人本主义异化劳动理论","他将这种生产劳动过程的经济异化批判改造成为一种意识形态异化批判,进而泛化为日常生活、文化与国家异化的批判"。④ 其中,一方面,其以客观实在的形式反映"总体人"的正确处境,"只有在日常

---

① Henri Lefebvre. *Critique of Everyday Life*. Verso Press, 1991, p. 45.

② [德]海德格尔:《路标》,孙周兴译,商务印书馆 2000 年版,第 456 页。

③ Henri Lefebvre. *Everyday Life in the Modern World*. Verso Press, 1971, p. 231.

④ 刘怀玉:《现代性的平庸与神奇:列斐伏尔日常生活批判哲学的文本学解读》,中央编译出版社 2006 年版,第 33 页。

生活中,造成人类的和每一个人的存在的社会关系总和,才能以完整的形态与方式体现出来,在现实中发挥出整体作用的这些联系,也只有在日常生活中才能实现与体现出来"。① 另一方面,日常生活始终反映着国家与社会、个人之间的互动结果,尤其是在现代,"国家或政治的异化是现代日常生活中最为严重的问题:中央集权制国家象征着人类异化的神化,在资本主义社会,人的权利与能力逐渐转变成为一种无名的匿名的官僚机构"。② 并且,"上层建筑之所以成为问题,乃是由于上层建筑时时刻刻都是从日常生活和社会实践中产生的——乃是由于上层建筑虽然是上层形成的,却又时时刻刻切入日常生活和社会实践之中"。③

结合这两方面来看,日常生活在列斐伏尔这里,首先,其既不是一种自然规律的无穷运转,也不是心灵的祛魅与世俗化,更不是先验存在的,而是与人的身体实践紧密联系的。"人们无权假设一种先在的系统,比如一个社会的,或者空间的、都市的系统,从而将局部因素纳入其中,而这些局部因素的理性(或是非理性)又来自这个假设……人们也无权去假设一个社会的或者政治的、理论的与意识形态的系统,以及一种先在的逻辑","如果存在着一个系统,那么就应该揭露它",否则又会置身于一种"虚伪的重复"之中了。④ 其次,相对于当下审判活动、立法活动等被技术化所划分的

---

① Henri Lefebvre. *Critique of Everyday Life*. Verso Press, 1991, p. 97.

② 刘怀玉:《现代性的平庸与神奇:列斐伏尔日常生活批判哲学的文本学解读》,中央编译出版社 2006 年版,第 105 页。

③ Henri Lefebvre. *Critique of Everyday Life*. Verso Press, 1991, p. 57.

④ [法]亨利·列斐伏尔:《空间与政治》,李春译,上海人民出版社 2015 年版,第 18—19 页。

活动而言,日常生活是这些活动的剩余物,是每个人日常工作实践所塑造出的带有熟悉性以致常常被人所遗忘的活动,但却又连接着所有技术活动,是技术活动再生产的必然源泉。最后,日常生活是"自然的"(所有那些取之自然的和部分的完全社会化建构物)与"人工的"(所谓来自文化的,仅就相对于自然而又来自并脱离自然这个意义上的文化而言)多重交汇之所在,是需要—欲望、天然—人工、严肃—轻浮、私—公等一系列矛盾与冲突的交汇处。①

列斐伏尔从日常生活转向空间哲学的重要原因就在于人们在体验日常生活时接触的最为直接的现象就是空间的变奏,与国家法律及政策所作用的空间相比,日常生活的空间是具体的、局部的、受制于具体个人的,而非是抽象的、整体性的、建构的。它具体表现在,第一,日常生活的空间相较于"国家"一类的空间而言,不是客观行政区式的划界,而是由多样空间拼凑表达出的生活样态。如当我们言及中国云南的时候,潜意识中所反映的不是云南是中国的一个省份,而是与当地风土人情、生活方式等具体情境密切相关的场域,能够浮现出房屋、山脉等关于人具体活动的空间状况。第二,如前所述,国家是由公民权利让渡所创造出的"利维坦",是一种"意识存在物",有着自身独特的使命,并且是抽象存在的。而日常生活空间对于公民来说,就是每日栖居的具体场所,它不是先验存在的,也不是有意识地创造的,不具有特殊使命,仅是承载了具体人群所有活动的聚合体。第三,国家所象征的知识型是理性主义,而日常生活所代表的知识型则是自下而上生成的,具有重复性、熟悉性,其也必然是国家做出决策时的材料基础。同时,无论

---

① 刘怀玉:《现代性的平庸与神奇:列斐伏尔日常生活批判哲学的文本学解读》,中央编译出版社 2006 年版,第 229 页。

是以往被作为罗马行省的英国,还是"皇权不下县"的中国古代郡县,国家对最基层施行的都是农业、水利等分离层次的调整,而这种被划分的部门并不能拼凑出关于人的完整图景。从一定程度上讲,一方面,日常生活是最抽象的,因为它只能是由一个个具体的人来构成与演绎的,并且在整体上(尤其是在国家决策中)往往被简化为一系列数目或是简短的语句描述;另一方面,日常生活空间对于每个个人来说,又是最为具体的,日常生活境况决定了每个人的生活方式与意识。

当然,可供讨论的是,国家作为一重人造的政治空间并用以囊括其中所有公民的活动,同样可以被作为日常生活的表现之一,但首先,正如大卫·哈维所言,每一重的生产与再生产活动在环节上都会造成基础要素所表达的内涵的损失。从个人到地方再到国家,每一层的递进都意味着对原本由人所表现出的日常生活形态的减损。其次,必须注意到的是,日常生活在现象学语境中既能够作为国家决策内容的来源,更可以被作为抵御国家过度干涉的内容。而以理性主义表征的国家所创造出的技术化、同质化的生活,恰恰也是日常生活所要予以反对的。最后,也如后文还要继续表明的,国家作为一种自上而下的"力",当然会对日常生活造成影响,但是在具体空间上,却表现为一种叠接,换言之,具体的日常生活空间是同时容纳个人与国家的最佳场域,也会是信息传导损耗最小的层级,其同时包容二者,能够同现象学中用以勾连"存在者—存在"的生活世界相一致。

所以,作为日常生活要素的空间,既是进行宏观分析时常常被人遗忘的主体,也是在理性建构时常常被忽略的特殊知识型,它同时接受着技术分化与权力改造,是与每个人联系最紧密也是每个人自我实现最清晰的场域,更应当是检查各项建设成果、考察各种具体行为的最佳角度。① 姚建宗教授认为，生活场景"在很大程度上克服了建构主义的法治理论与实践和进化主义的法治理论与实践在中国社会之应用所各自显现出来的缺陷，纠正了它们在思考中国现时的法治建设问题时对中国现实这一中国法治生成与展开的背景、条件、环境与空间的误解"。②

　　无论追求形式的还是实质的法治，二者都要面对的共同点在于：法律本身是"面向事实"的，必须要回应事实中的哪一部分会最终决定法律的内容，也即是在另一种形式上决定了如何发现法律内容这一根本性问题。实证主义是将权威建立在事实或规则上的。例如奥斯丁认为作为命令的法律必须来自具有政治优势地位的主权者，也只有主权者才能够拥有这种能力。主权者的存在被作为一种事实，"社会中如果存在某个确定的优势者没有服从于其他类似优势者的习惯，而且在既定社会中获得了多数人的习惯性

---

　　① 赫勒认为，"迄今为止人类所建构起的非日常世界主要由两个层次构成：一是政治、技术等有组织的社会活动领域；二是科学、艺术和哲学"，也即是将所有论题化、技术化了的活动排除在日常生活之外。赫勒将日常生活完全视为被给定的活动，将其归于一种原生态的境遇，但论题化的非日常生活则是人造的，于是现代化的过程就被解读为了从日常生活到非日常，超越则是回到日常。但是在列斐伏尔的语境中，日常生活不完全是重复的、熟悉的、平淡无奇的、得心应手的活动，而还包括了技术化对日常的改造，同时日常生活既有轮回的形式，也带有直线性的超越，它本身就是辩证的。所以，其才能够成为带有"革命"的力量来打破异化。参见衣俊卿：《回归生活世界的文化哲学》，黑龙江人民出版社 2000 年版，第 284—300 页。
　　② 姚建宗教授强调的法律中的生活场景很大程度上与列斐伏尔的日常生活概念相似：具有普遍性，包容一切基本活动，是现代化活动（包括技术和非技术）的具体场景与汇聚，是问题的反映区域，也是发展经验的供给区域。参见姚建宗：《生活的场景与法治的向度》，载《吉林大学社会科学学报》2000 年第 1 期。

服从,那么这个优势者便是主权者,这个社会便是政治社会"。① 夏皮罗也认为:"这些规则(民主国家的选举权规则)并非是通过规范性权力的运作而产生的……它们只是既已确立的服从实践的产物,法律体系中的基础性规则是只依赖于社会事实的终极规范。"② 而且,其实自然法所一再改变的本源假定都是为了传达"基于神圣意志意欲此项行动(规范性规定)这一事实,正当理性才要求人们应当去意欲什么"。③ 它总是要基于无穷的类比而将自然法归于理智论或是意志论的形式,但无论如何追溯,都是在"现代性—现代化"背景下做出的人意志对神意志的替换,以此再以事实的形式作为回应性的巩固。

正是这种起点上的同一,使得我们能够再度延续现象学的路径并做进一步的转换:如果再度假设立法者就是一个我,一个胡塞尔语境中的我,而国家与地方是由我出发的意识行为,我在这时空中的立法就为了贯彻源于我的意志,也可被称为统治阶级意识。但我要保证我之于他(守法)能够符合他的需要、他的表现、他的利益,那么我就不能停留在以我为构建的统觉之中,而是我要从生活世界中获得意义。当然,略带牵强地说,哈特关于承认规则的把握——"检验这个规则是否存在的方法,就是去查明这种事实是否存在",直接面对事实在悬置价值判断之后事实本身是否被接受,其中反映出的观念在某种程度上趋向于胡塞尔对生活世界的假

---

① John Austin. *The Province of Jurisprudence Determined*. 中国政法大学出版社 2003 年版,第 194 页。

② Scott J. Shapiro. *Legality*. Belknap Press of Harvard University Press,2011,p. 44.

③ [美]弗朗西斯·奥克利:《自然法、自然法则、自然权利——观念史中的连续与中断》,王涛译,商务印书馆 2015 年版,第 85 页。

定,也即如将生活中发现的视觉规律转化为科学中的显微镜之意义,考察事实是否同人之主观意识具有"契合"的同一性。①

实际上,海德格尔给出的存在的意义,我们在奥斯丁的论断中能够更清晰地发现它能够勾连事实与价值的原因。"它是否存在是一个问题,而是否符合某一假设的标准则是另一个问题,一个实际存在的法律就是法。"②他只是检视法本身是否存在,而这样一种检视方式不仅忽视了法的存在与其存在者是同一的,而且只要法的含义是一种规则,那么它本来就是处于生活之中的,更要接受来自日常生活的检视。海勒认为,"法律与国家理论的危机来自深度的不确定性和不安定性",其给出的方案当然是谋求二者的融合,但却在前提上否认了"人们不能预设必须要求一种绝对的超越的确定性",所以方案是"民主法治国的实践应当使国家成为一种具有内在理性的建构政治体"。③ 也即是当国家成为纯粹理性的"我"时,在向内检视、向外拓展意识流之时必须依赖于日常生活的知识供给才能良好地缓和原本的危机。

而我们看到的相反观点是刘燕谷先生在凯尔森的基础上提出的:凯尔森运用了两次休谟律,一是在同自然法分离上以实然拒绝应然,二是在法本身上以应然拒绝实然,所以"法律是'当为'(sollen)而不是'存在'(sein)"。④ 其将法律等同于塑造力,模糊化

---

①　[英]哈特:《法律的概念》,许家馨、李冠宜译,法律出版社 2006 年版,第 114 页。

②　John Austin. *The Province of Jurisprudence Determined*. 中国政法大学出版社 2003 年版,第 133 页。

③　参见[加]戴岑豪斯:《合法性与正当性:魏玛时代的施米特、凯尔森与海勒》,刘毅译,商务印书馆 2013 年版,第 206—207 页。

④　参见[奥]凯尔森:《纯粹法学》,刘燕谷译,中国文化服务社 1943 年版,第 2 页。

地用"当为"概括了全部。正如戴岑豪斯所言,凯尔森没有"告诉我们决定实证法律的,究竟是活生生的历史性的个人意志还是基本规范",并且要获知基础规范的内容,又必须复归到对事实的认知之中,这无疑陷入了循环论证。① 其实与其说实证法律是为了维护关于法本身的实在性,倒不如说是为了——自然法论者认为"在自然和人的自然存在一种理性秩序,这个秩序可以提供独立于人类意志且可被理解的价值陈述"——在价值陈述与理性秩序之间附加自身规定性而让其能够联系生活世界以获得更为切实的最终选择。②

也即是说,无论是自然法学派还是实证法学派都在用自身理论来帮助法律规范选择性地剪裁日常生活中产出的事实,以致剪裁的结果出现冲突。可是在存在主义中所能获得的是:事实不是规范对之进行一次性剪裁的结果,而是前者始终会在后者之外继续运行,并进一步促成后者的改变。但由于后者一直坚守独特的认识论,其无法完全与前者形成一种有效的往来关系,并且对前者的塑造力也始终是有限的,以致其完全跳出存在框架之后,必然会面临着正当性与有效性的追问。所以,规范与事实之间具有一种强的相关关系。

然而随着法律越发"科学化"(规范化),如果某件地方发生的案件(此时案件的含义就是对日常生活的直观描述)要进入法律程

① 〔加〕戴岑豪斯:《合法性与正当性:魏玛时代的施米特、凯尔森与海勒》,刘毅译,商务印书馆 2013 年版,第 202 页。
② 就像李约瑟本人承认的那样:"在现代科学的世界观那里,'自然法则'中并不存在或存留有关命令和义务的概念"。〔美〕弗朗西斯·奥克利:《自然法、自然法则、自然权利——观念史中的连续与中断》,王涛译,商务印书馆 2015 年版,第 11 页。

序中去解决，必然需要面临将案件事实改为案由，必须根据相关成立要件、因果关系、权利类型去重构诉求，并将之折合为以数字表现的标的（如探视权诉讼中必须将探视僵化地定位每周一上午 9—12 时等时间段），整体过程都对地方发生的案件有着大幅度的剪裁。此时，以"山城麻将案"为例：山城麻将文化蔚然成风，甲是小区中不打麻将的人，但常常被小区其他住户彻夜发出的麻将声影响，以致无法入眠，甲经多方协调无效后，将小区其他居民诉至法院。从该案来看，一方面，甲要进行起诉，则必须对事实进行拆件，以"小区××户侵犯相邻权"为由，而在陈述部分就是"小区××户麻将声过大所致"，这样一来，原本地方日常生活中的差异化"麻将文化"等内容就被祛除了。并且如果甲不会"法言法语"而是将之直接陈述为"小区××户打麻将声音太大影响我休息了"，并将之递交，案件就根本无法进入法律程序中。另一方面，假设法院采纳了甲的诉求，而裁判小区其他人不准于××时间段打麻将，暂且不论法律对日常生活起到的塑造作用，而是只看有效性的话，又不如法院调解出的方案好。两方面相加，对于法而言，因技术操作、正式规定等忽视了日常生活，就不仅使得法律权威难以形成，使之堕为相对僵化的教条，也会影响法本身的有效性。

对此，哈贝马斯认为，一方面，社会的事实性与法律的有效性之间存在着外在张力，关于法律有效性的内容始终同市场经济与科层官僚意识形态相冲突，以及在当前法律中存在着个人主观权利同以公共利益为核心的民主程序的冲突。另一方面，在现代社会存在着两重相对立的维度：一重是以系统和个人利益为基础的战略行动者；另一重是以生活世界和理解为基础的交往行动者。而要缓和两方面的冲突，提供更为融洽、有效的社会整合模式，哈贝马斯给出的方案是以"生活世界""商谈""法律"为三个要素来建构的。其中,向社会整合之条件的重构迈出的第一步,导致了生活世界这个概念。① 其采纳了胡塞尔的先验性与有效性,也使用了帕森斯的结构功能主义来丰富生活世界的构成,以此得来的生活世界在哈贝马斯的理论中占有绝对基础的地位:"生活世界的各个部分,如文化模式、合法制度以及个性结构等,是贯穿在交往行为当中的理解过程,协调行为过程以及社会化过程的浓缩和积淀。"②此外,"在情境相关的视角里,生活世界表现为不可动摇的各样信息的储存库,交往参与者为了合作的解释过程可以利用这些自我理解力和坚定的信念",生活世界为每个人的交往行为提供的是不具有论题化的知识,其能够成为每个相同情境中的人能直观感受到、并且共同使用的知识。③ 可是,"产生并维持生活世界各种成分的,是有效知识的稳定性,群体协同的稳定性以及有能力的行为者的出现"④。但是,良好的交往结果依然是:"一方面,这些规则要作出一些事实性限制,这些限制会改变有关信息,以至于策略行动者觉得有必要对其行为作一种客观上有利的调整;另一方面,这些规则又必须表现出一种社会整合力来,因为它们对其承受者施加了一些义务。"⑤在这种取向下,哈贝马斯构造了从其语用学中产出的"商谈"程序来促使从生活世界出发的行为者能够有效地达成合

---

① [德]哈贝马斯:《在事实与规范之间》,童世骏译,生活·读书·新知三联书店 2003 年版,第 26 页。
② [德]哈贝马斯:《后形而上学思想》,曹卫东、付德根译,译林出版社 2001 年版,第 82 页。
③ [德]哈贝马斯:《交往行为理论》,曹卫东译,上海人民出版社 2004 年版,第 184 页。
④ [德]哈贝马斯:《后形而上学思想》,曹卫东、付德根译,译林出版社 2001 年版,第 82 页。
⑤ [德]哈贝马斯:《在事实与规范之间》,童世骏译,生活·读书·新知三联书店 2003 年版,第 32 页。

意。而法律则是将"商谈"结果,是程序等内容得以固定的规范,其
重新复原了生活世界作为应然、先验层面上理解有效性、行动有效
性的基础,其对事实性与有效性之间的张力独一无二的拉平,"对
策略性互动的规范性调节",为人提供良好、合理的行为预期。① 可
简单地表述为:法的有效性来源于生活世界,法以生活世界为内
容,达到整合生活世界的结果。

　　但是哈贝马斯对胡塞尔"生活世界"的社会化的改变,其实已
经趋同于列斐伏尔的日常生活概念了,刘怀玉教授认为:"列斐伏
尔与哈贝马斯都是从日常生活世界这个微观视角入手来建构社会
批判理论的……列斐伏尔与哈贝马斯一样都是将社会批判的希望
或动力基础寄放在日常生活内在的潜能的重新发挥与重建上"。②
日常生活是列斐伏尔所设计出的人最基本的行为基础与行为结果
的反映,代表了人合理性的来源以及人欲求的客观反映,它是人客
观与主观活动所创造出来的他者,这个他者既真实地反映了人,同
时也成为规范人的力量,它始终是人活动的最佳参照物。更为关
键的是,列斐伏尔为日常生活带来的动态式理解。也即意味着,这
种日常生活不是简单静态、一劳永逸、永不改变的,而是会伴随着
"现代性—现代化"框架不断变化,所以,这就加固了日常生活之于
法律破除自身危机的意义,它始终存在,并且始终需要法律去发扬
与维护。

　　当然,对于法律本身的两重性的讨论其实并不稀奇,因为法律
自诞生以来就要面对社会现实的截取以及由某种理性的主张来确

---

　　①　[德]哈贝马斯:《在事实与规范之间》,童世骏译,生活·读书·新知
三联书店 2003 年版,第 24 页。
　　②　刘怀玉:《现代性的平庸与神奇:列斐伏尔日常生活批判哲学的文本
学解读》,中央编译出版社 2006 年版,第 275 页。

证部分被掩盖的社会现实。但是当后者的重要性在现代日益升高,尤其是休谟问题的加持使得这种两重性跌入某种无法调和的境地之时,就必然需要再次借助某种理论来重新勘定两重性的基本位置,而这基本的起点就像哈贝马斯所做的一样:肯定法律这一带有强制性规范和非人格化决策系统引导集体行为的基础性作用,但是在起点上必须承认存在可以被公民所接受的守法理由。这一理由在本书的语境中是交由日常生活给出的,也即是说地方作为与人们生活关系最密切的空间,关于有效性的规定应当由此生发。

其二,此时,言说日常生活很容易让人联想到习惯法、民间法、"活法"等,但这两方面无法等同,前者常常是指国家法之外的规则体系,而不是法律内容由日常生活中来的意思,且前者包容了后者。首先,习惯法等表示了一长段时间轴上的连续性与重复性,但也正因此其没有融入"现代"的语境中去,以致其常常被归于传统或是偏远地区保留的习俗,抑或是接受现代改造的规范。然而日常生活本身的发生情境就是现代的,是人们在现代语境中被塑造出的真实样态。同时,日常生活既不必然是稳定的,而且带有"瞬间"的力量,瞬间是日常生活的一种拯救,日常生活＝单调性÷在场的瞬间。[①] 单调与瞬间构成了每个人作为"总体人"的完整体。其次,习惯法虽然有着更符合人之预期、易于遵循等设定,但是日常生活除了能够成为国家法律制定的供给来源之外,还能够成为

---

① 刘怀玉:《论列斐伏尔对现代日常生活的瞬间想象与节奏分析》,载《西南大学学报(社会科学版)》2012年第3期。

检查国家法之规定是否正当的整体知识型代表。① "日常生活是一切活动的汇集处，它涵盖了有差异和冲突的一切活动，它是这些活动汇聚的场所，是它们的纽带，它们共同的根基，正是日常生活塑造着人类，表现出关于总体人的所有关系。正是在日常生活中，那些影响现实总体性的关系才得以表现和实现。"②

其三，列斐伏尔进一步深化了对海德格尔理论中"人与世界的关系是为我存在的关系"命题的阐释，其中，法的存在意识就体现在"为人"存在的关系之时，法必须关联到日常生活、源于日常生活。日常生活本身就反映了对事实和价值的筛选，它是对人的"此在"的最好表达，也是发现人的行为及其价值判断的最佳源泉。正如马克思所言："个人力量由于分工而转化为物的力量这一现象，不能靠从头脑里抛开关于这一现象的一般观念的办法来消灭，而

---

①　罗豪才先生认为："（软法）不是颠覆，而是对法的概念进行补充、修正，不然这样做没办法扩展，新的思路难以扩展。我们的主张既不同于自然法学派的观点，也不同于实证法学派的观点，我们提倡研究软法，倡导一种硬法软法合治的整体的法学理念。"具体来看，软法本身的出发点就是要求法的有效性不只是"一厢情愿式"的，而是具有"可接受性"。其中罗豪才先生修改了哈贝马斯对事实和规范的理解："事实指称的是法治化的实证性、实然性，强调的是依靠国家强制力保障法律实施的效力，而规范指称的则是法治化的道德性、应然性，强调的是法律因受尊重而被遵从的可能性。"而要勾连这种事实与规范，除了在观念上要求的基本程式是"参与—理解—认同—遵守"，方式上就是哈贝马斯所谈论的变种。从中来看，在某种程度上，从日常生活中得来的法在很大程度上与软法存在相似性，并且由于这种设定，在形而上的层面中说，其同样是存在主义的，将有效性蕴含在人的主观接受之中。但是总体上看，软法是相对硬法的概念而言的，它从日常生活中获取有效性的法则，还强调对硬法（国家法）的疏导能力。参见罗豪才、宋功德：《行政法的治理逻辑》，载《中国检察官》2011 年第 15 期。

②　Henri Lefebvre. *Critique of Everyday Life*. Verso Press, 1991, p. 97.

只能靠人重新驾驭这些物的力量并消灭分工的办法来消灭。"①人始终是推动变革、发现真相、实践真理的主体。不过,虽然马克思认为跳出现代化异化的最好方式便是革命,从而在共产主义中消灭剥削、消亡法律,但无论是对于现阶段情境来说,还是就人的生活而言,革命始终不是一种长期的活动,而且革命之后也始终要面对"第二天"的日常生活问题,这也就需要依靠法律来进行规范,更需要法律从日常生活中发现人的真实样态。而且,由于法是调整人行为的,所以应当尽量使用"老妪都能懂"的日常生活话语来表达,正如维纳所言:"在法律的许许多多部门中,法律想说的话和法律所考虑的实际情况之间缺乏令人满意的语义方面的一致性。每当这种理论方面的一致性不存在时,我们就生活在一个无人管辖的地区中,其情况好比我们有两种流通货币而没有共同的交换基础一样。"②最后,在以自上而下推进为显著特质的国家法治路径中,往往容易忽略法的主体性要求,而一味地谋求形式合理与形式上的实现。姚建宗教授认为:"强调现实的人的日常生活世界和具体的生活场景对于中国法治的基础与本源意义,也就是强调中国法治的基本向度必须是也必然是现实的中国人自己。"③"现实的人的日常生活世界是法律和法治存在、运行的背景,更是法律和法治存在和运行的产床与土壤、空间与环境。因此,法治的精神意蕴的养成,人们对法的神圣信仰的培育,必须也必然要在现实的人的日常生活世界中展开,必须也必然要在现实的人的具体的生活场景

---

① 《马克思恩格斯选集》(第1卷),人民出版社1972年版,第82页。
② [美]N. 维纳:《人有人的用处——控制论和社会》,陈步译,商务印书馆2011年版,第93页。
③ 姚建宗:《法治的生态环境》,山东人民出版社2003年版,第39页。

中进行。"①如果说在"人民对美好生活的向往,就是我们的奋斗目标"之中,法治只能作为其中的一个部分,而不是整个发展的根基性制度,显然太过偏颇,但将之作为法治建设目标之后,当然要深刻把握人民的既有日常生活,才能够有进一步的跃迁。如果我们真的体悟到"社会主要矛盾已经转化为人民日益增长的美好生活需要和不平衡不充分的发展之间的矛盾"这个论断的本质,那么我们就会意识到,当代的发展不再遵循以往在赶超现代化过程中的"填鸭式"策略:一切均由国家给定、专家规划并精准投放等。而是说(至少对于法律来说),在初步形成的现代格局中,下一步的发展方向不可能再停留在专家发现什么好就供给什么,而是要交由人民自主选择、自主追求、自主创造,这就要求研究与建设都必须建立在发扬每个人的愿景之上,理解日常生活、保障日常生活显然是当代以人为本的法治建设的重大使命。

用一句话表明缓解法现代性危机的方向:法需要从以日常生活具体作用的空间场景之中获得有效性与正当性。正如国家法治中的国家具有实在型与知识型两种基本含义一样,日常生活空间同样有着实在型与知识型两种含义,所以可于理论上得出,让法律与日常生活相互印证,能够缓解整体性法律的危机。

# 第二节　空间正义

德拉尼指出:"我认为,传统的空间想象往往会掩盖不公正,掩盖不公正的偶然性和原因,并将不公正与责任脱钩。传统的法律

---

① 姚建宗:《生活的场景与法治的向度》,载《吉林大学社会科学学报》2000 年第 1 期。

想象通常会使不公正合法化，或者将其视为仅仅是不幸，如果不是应得的命运的话。如果法律的痕迹通常构成了不公正的空间性——支撑着不公正，形成与不公正相关的权力关系，以独特的法律方式赋予空间以意义，那么，法律地理学家所做的大部分工作就是调查空间公正的偶然性和限制。我还提请注意非地理学家最近的工作，越来越多的批判性空间思想渗透到法律学术中，作为预测未来进展的基础。"①即便是在关联性脉络的论述中，对法律实践状态或是具体权力现实状态空间分异的描述，也会因为描述者身处的位置、价值观念不同而呈现出不同的景象。

诚如博登海默所言："正义变幻无常，随时可以呈现出不同形状并具有极不相同的面貌。"②正义由古至今都是学者们谈论的重点，其关涉到"人追求自身本质的最高理想，人的世界、人的关系以及人的行为最高准则与公理，人类发展与完善的价值真理"③。即便是极其重视由商谈促成社会整合，在形式上不涉及任何价值取向的哈贝马斯也小心翼翼地将正义观念"埋藏"在了日常生活之中：一种从尊重、坚持日常生活中发生的，能够同时包容人之多元性与差异性的共识化价值。其构成了哈贝马斯对理论进行自我检测和修正的工具，也是哈贝马斯意欲借助交往理性完成"现代性—现代化"最终推导的目标。对于空间哲学来说，既然空间辩证法所要揭示的是"精神—客观"的整体现实表征与运动，那么其同样能

---

① David Delaney. "Legal Geography I: Constitutivities, Complexities, and Contingencies". *Progress in Human Geography*, 2015, 39(1): 96-102.

② ［美］博登海默：《法理学：法律哲学与法律方法》，邓正来译，中国政法大学出版社 1999 年版，第 252 页。

③ 胡海波、宋禾：《正义、正义观与正义理论》，载《求是学刊》1998 年第 3 期。

够从中发掘出相关的正义观念。

　　哈维与哈贝马斯相仿,将正义作为工具和目标:"我希望达到的结果是,有可能把探寻正义的动员力量作为一种原则性方法而不只是一种范例或机会来运用,借助于那种方法,我们来探讨调节人类关系和我们集体行为的必要性,以便在一个既定的生态、历史和地理条件下实现某种特殊目标。"①可是,与既有正义观(指现代、前现代时期中的主流正义观,如"守法即正义""秩序即正义""自由即正义"等)不同的是,空间论者的正义观念深受马克思主义的影响,并且能够在空间辩证法中给出客观表征,具有实践性。一如马克思在《关于费尔巴哈的提纲》中指出的,以抽象的人与家庭的概念来考察人在家庭中的地位是"以头立地","这些抽象本身离开了现实的历史就没有任何价值",应当通过社会关系来把握人在现实中的空间位置,从而判断其境况。② 既有的正义观念追求应然、普遍,以及要"消除一切社会的和政治的不平等",具有形而上性、先验性以及虚伪性。它们使人脱离现实基础,将之作为一种无阶级差别、一般化的抽象人来看待。③ 由此,哈维认为,"脱离具体的物质环境和政治方案,要说清有关身份、多元文化主义、他性和差异的政治是很困难的",正义在实践角度下,现实地将自身表现为"一组社会地构成的信仰、话语和制度,它表现了社会关系和竞争性权力构型与特定时间内调节和安排地方的物质社会实践之间的密切

---

　　① 参见[美]大卫·哈维:《正义、自然和差异地理学》,胡大平译,上海人民出版社 2015 年版,第 384 页。

　　② 《马克思恩格斯选集》第 1 卷,人民出版社 1995 年版,第 556、526 页。

　　③ 《马克思恩格斯选集》第 1 卷,人民出版社 1995 年版,第 556、526 页。

联系"。①

　　首先,空间论者试图以非正义的表现来把握对正义的感知,"平等仅仅存在于同不平等的对立中,正义仅仅存在于同非正义的对立中"②。"正义概念的作用在于认识明显的、严重的不公"。③马克思认为资本主义在追求现代化的生产方式过程中造成了空间的非正义:资本在全球化的语境中进行无止境的扩张,其不仅创造了"世界历史",而且使得国际层面上的分工表现为发达国家与地区对弱势国家与地区空间的剥夺,造成了不平衡发展的现象。其次,在城市空间与乡村空间的对立之中,"一切发达的、以商品交换为中介的分工的基础,都是城乡分离","城市本身表明了人口、生产工具、资本、享乐和需求的集中;而在乡村里所看到的却是完全相反的情况:孤立和分散"。④并且,乡村空间与城市空间之间存在明显的空间依附,前者需要围绕后者进行生产和不断满足后者对资源的内在需求。最后,地方空间内部表现为一种空间排斥与空间隔离,整个空间被按照穷与富、精英与弱势等阶级划分,分列在空间中的不同位置,并且弱势一方往往以"圈养"式在边缘位置中被安置。"由法国集中计划管理的国家以官僚方式来组织和执行城市建设,没有一丝民主之风或想象力,仅仅把阶级特权和同志关

---

　　① [美]大卫·哈维:《正义、自然和差异地理学》,胡大平译,上海人民出版社 2015 年版,第 385、380 页。

　　② 《马克思恩格斯全集》第 20 卷,人民出版社 1971 年版,第 670 页。

　　③ "正义概念的作用在于界定非正义"。参见[德]伯恩·魏德士:《法理学》,丁晓春、吴越译,法律出版社 2013 年版,第 175 页。

　　④ 《马克思恩格斯全集》第 1 卷,人民出版社 1972 年版,第 56 页。

系镌刻在这座城市特有的建筑环境之中。"①扬将这几个方面转化为了五重空间中的非正义形式：剥削（劳动成果的不平等转移）、边缘化（不让某些人参与政治生活，甚至将之隔离、"消灭"）、无权力（被压迫者在空间之中缺少能够反抗的能力）、文化帝国主义者（空间中穷人等弱势群体中的文化现象与行为往往被空间中的其他群体所拒，并且后者也将之控制在一个相对固定的范围内）、暴力（不带有任何目的或是完全以自身情境与需要出发的对弱势的改造）。②

可是在这种叙事方式之中，正义的空间维度只在一种弱意义的表现形式上被捕捉。虽然正义与非正义都可能会于实践的情境下显现，但空间的含义却被意识形态或是资本掩盖了，极其容易倒回至既有的正义观念（追求宏大叙事、普遍化）之中。于是，空间论者期望在空间辩证法的基础上以地理学想象为表象空间，从而进入空间实践，以一种更为直接、客观的角度来发现日常生活在空间

---

① ［美］大卫·哈维：《叛逆的城市：从城市权利到城市革命》，叶齐茂、倪晓晖译，商务印书馆 2014 年版，第Ⅷ页。恩格斯对空间，尤其是城市空间中的不正义有着生动的描述："纯粹的工人区，像一条平均一英里半宽的带子把商业区围绕起来，在这个带形地区外面，住着高等和中等的资产阶级，中等的资产阶级住在离工人区不远的整齐的街道上……高等资产阶级住在郊外房屋或别墅里，或者住在空气流通的高地上，在新鲜有益的乡村空气里，在华丽舒适的住宅里。"参见《马克思恩格斯选集》第 3 卷，人民出版社 1995 年版，第197 页。

② ［美］大卫·哈维：《正义、自然和差异地理学》，胡大平译，上海人民出版社 2015 年版，第 402 页。略有改动。对之，哈维也曾激进地表现出了关于在空间正义维度内超越与克服这五副面孔的路径：将对劳动力的剥削减少到最低的程度，将被奴役群体从这种独特的压迫形式中解放出来，赋予被压迫者进入政治权力的机会及进行自我表达的能力，对文化帝国主义的问题保持特殊的敏感，抑制日益渐强的个人和体制化暴力，削减社会工程必然引起的生态后果。转引自张佳：《大卫·哈维的空间正义思想探析》，《北京大学学报（哲学社会科学版）》2015 年第 1 期。

之中的正义状态。具体有两种表现形式。一种是苏贾的地理不平衡发展的空间正义观。"从三元辩证法可以推演出一些描述人类生活空间的附加原则,一种使我们更接近理论化空间正义的原则就是普遍存在的地理发展不平衡以及相关空间的不平等","空间位置总会有某种程度上的相对优势或劣势,这样一些地域性的分化会产生很小的后果,但是在其他情况下,就会产生压迫性和剥削性的影响"。① 苏贾通过巴黎郊区中的移民、非正义的选区划分(尤其是在应用电脑程序以后,可以进行区域地理设计,使空间利益最大化)、南非的种族隔离等事件表明"富人总是生活在各种防护之中……城市区和郊区的堡垒化随处可见……社会和空间控制的微技术在日常生活每个角落的大肆蔓延、日积月累后便产生了一种紧密相容并似乎有毒的地理布局"②。另一种则是哈维的动态观念。早期,哈维在《社会正义和城市》一书中借鉴了戴维斯的"领地正义"观念(专注于区域规划的价值观念)而提出地域再分配式的正义,"只有从公共和私人投资的位置或空间格局中获得积极的(对社会有益的)需求或收益增值率,一个地区或区域的资源分配才可以更公正",并在这一角度下不断反思具体且细微的空间生产过程,如为什么昂贵的高速公路建设能比穷人所需求的公共轨道交通服务吸收更多的资金等。③ 但其在之后的《正义、自然和差异地理学》中,将空间潜在地划分出社会空间(或是反映人生活的日

① 参见〔美〕爱德华·W.苏贾:《寻求空间正义》,高春花、强乃社等译,社会科学文献出版社 2016 年版,第 68—69 页。

② 参见〔美〕爱德华·W.苏贾:《寻求空间正义》,高春花、强乃社等译,社会科学文献出版社 2016 年版,第 33—41 页。

③ 参见〔美〕爱德华·W.苏贾:《寻求空间正义》,高春花、强乃社等译,社会科学文献出版社 2016 年版,第 82 页。

常空间)与自然空间(纯粹客观的对象),探索人在两重空间之中的主动改造与被动应对,以及各种活动在自然空间实践时所造成的非正义现象,还有"旧的"地理是如何成为对抗性力量,从而与"新的"资本在同一时空维度中辩证互动。① 在这两重观念之中,空间正义所针对的对象与图景也显现了出来:对生态环境的尊重,对空间排斥、隔离、不平等分布、异化等现象的拒绝。

可以说,空间哲学继承了马克思"改造世界"的理想,因为无论是空间的生产还是关于空间辩证法的发现都是为了能够超越后现代语境中的纯粹"解构",以"再建构"的旨趣促使空间正义的产出。空间正义是在后列斐伏尔时代所提出的一个总体性的实践化视角,来帮助我们在法治建设过程中发现特定空间中出现的不平衡现象,它不是指标式的,而是直观、客观的。此时,一方面,现代法治建设包含了对公平正义、自由平等价值的追索,这些价值具有纠正法治建设实践的功能。而且在商谈语境中来看,虽然它形式化、程序化地提炼出了关于法治建设内容的方法,但是相关价值的存在已经预先设定了大体的方向。另一方面,既有地方法治研究在问题图景上的偏狭导致的研究与实践间有较深的鸿沟,也有如前所述,缺少相关的价值指导研究或是实践去发现真正具有地方特殊性、具体性的问题,是造成鸿沟的主要方面。过去偏重约束政府权力,而没有在地方空间中真正地关涉大众的部分,也就是忽略了限制权力的受益方。所以,地方法治需要以空间正义为指导来修正和补充研究与实践中的不足,由此去感受地方居民在地方空间中的生存状态。

---

① 其也将之称为环境正义或是生态正义。参见[美]大卫·哈维:《正义、自然和差异地理学》,胡大平译,上海人民出版社 2015 年版,第 421 页以后。

从另一层面来看，虽然在论述与空间正义（spatial justice）相关的实然表征中，运用了穷与富、强势与弱势等带有普遍性质划分的概念，并且也从具体空间事件中得出了关于空间隔离、空间排斥等问题存在的结论，但如果我们再次僵化地认为，既然问题已经被揭示，且普遍存在，那么就能够交由国家层面或是交由国家法治路径来完成，那显然是忽视了无论是在哈维的"北卡罗来纳州的哈姆雷特以烤鸡产业为主"，还是在苏贾钟爱的极为多元化的洛杉矶，都反映出相同的问题或结论对应着不同的方式，而这恰恰会导致商谈基础规则内容、对象的不同，以及在调整方式上的不同。它应当是交由地方力量有针对性地进行，是微观的。所以哈维认为，在探索和发掘空间中非正义或是正义的实然表征之时，应当要同时兼顾空间辩证法与商谈的方法来完成。一方面，"我们必须根据辩论或辩论者的情境或位置批判性地评价全部有关社会行动的主张或是社会正义的观念"，对象以及主体的情境（他们的位置）本身是异质的和有差异的，高度依赖在相当不同的时空规模上的运转；另一方面，也不能够以自上而下、等级式的方式来强加这种消极自由，因为原本由"我们"所认为的差异或是非正义可能会是当前情境另一方面的诉求（例如富人要求在他们的空间视野中驱逐出穷人），但是必须易于进行持续的谈判；再一方面，空间辩证的使用要求有一种底线式的（在法律中体现为基本的原则或是诸如社会主义核心价值观、党的领导等绝对理念）判准来辨别重要的和不重要的差异或他性的能够表述差异的认识论，能够理解情境性、位置、他性等的建构过程。① 就像"精准扶贫"政策一般，国家认识到了自身的

--------

① 参见［美］大卫·哈维：《正义、自然和差异地理学》，胡大平译，上海人民出版社 2015 年版，第 418 页。

局限性,只能试图在源头上激发地方积极性和规定地方的大方向。而对于具体的贫困村来说,地方要如何准确识别到类似"悬崖村"的村落,以及在新疆、云南、四川等少数民族聚居地"精准"、不再造民族矛盾地进行扶贫呢？而如果方案不同,那么每个地方如何保证地方官员不追求短期效益？如何在地方上建立适合于自身情境的规范(如地方配套与国家下拨资金如何管理,如何在村际范围内公开政策与方案,扶贫方案如何制订,由地方官员制订还是政府与扶贫对象协商,协商范围多大,具体方案是否只是将之迁徙至县城或是建立大棚后就可一走了之等)？如果暂时摘去地方在形而上中日常生活的含义来看地方法治,其本质就是一种"精准"法治,要求真正贴合地方实际情况,建设出能够被绝大多数地方居民所遵守的、能够起到有效制约作用的法律规范,这也是在法治中国愿景中对法治建设有效性、真实性要求的回应。

同时,关于空间正义的内容,不仅能够从反面(非正义)得出,还应当看到,空间正义相对于既有正义观念存在以下方面的特殊性,这不仅是与空间辩证法相匹配的,而且从中也能够显示出空间哲学以及以此为基础的地方法治同其他范畴之间的差异。

第一,空间正义是一种生产正义。米勒认为:"当制度是得体的时候,相应的标准就得到确定,而当人们依据这些标准得到应得的东西,正义就实现了。"①既有正义论的得出往往依赖于某种确定标准的形成,不同正义论之间的冲突也是由于应得标准的设定而发生的,而标准的基本面向就在于明确有限的资源在无限的需要中的具体分配形式。马克思认为:"消费资料的任何一种分配,都

①　参见[美]戴维·米勒:《社会正义原则》,应奇译,江苏人民出版社2005年版,第170页。

不过是生产条件本身分配的结果;而生产条件的分配,则表现生产方式本身的性质。"①当然,空间正义并没有跳出分配,但其更趋向于以一种生产和再生产的形式改变非正义空间的分布,从而让人的日常生活能够回归到一种无歧视、相融通的发展基础之中。也就像马克思认为的,"按劳分配"原则没有"按需分配"原则来得正义,前者往往会因为种种限制而不得不遮蔽人的动能,后者则更有助于人的全面发展,支持后者优于前者的判断也是出于其直接针对了正义原则引发的在有限与无限之间的基本矛盾,所以实现正义的关键点在马克思那里就体现为生产力的跃升。哈维因此也认为,关于分配正义,尤其是在揭露了空间的生产能力之后,在空间中谈论既往的分配正义就不能简单地看成是一种设立标准的创设性活动,而应当依赖于对生产方式进行发现和研讨的形式,生产之于分配,是更为前提性的内容。② 同时,扬认为,"需要的不是融化差异,而是这样一些机构,它们无压迫地促进团体差异的再生产,并尊重它们"③。从这一角度上来看,也可以说空间正义具有动态性。因为其察觉到,在应得正义论中,往往是对一些空间中"基本好"或是"公认好"的资源进行分配,而资源库(教育、机会、工作、财富等)的评价本身是受制于历史条件与历史标准的,不变的只是人是否在相对和谐的范围内进行社会关系的互动,而这种变化性会

---

① 《马克思恩格斯选集》第 3 卷,人民出版社 1995 年版,第 306 页。

② 参见[美]大卫·哈维:《正义、自然和差异地理学》,胡大平译,上海人民出版社 2015 年版,第 5—8 页。

③ 参见[美]大卫·哈维:《正义、自然和差异地理学》,胡大平译,上海人民出版社 2015 年版,第 401 页。

在空间的生产与再生产的过程中表露出来。①

　　第二,空间正义是一种差异正义。对当前正义观念影响最深的当属罗尔斯在"无知之幕"基础上所得出的两条正义原则:(1)"每个人都有同等的权利拥有最大程度的基本自由。一个人所拥有的自由与他人拥有相同的自由能够相容";(2)社会与经济上的不平等将通过公平机会的平等原则和差异原则这两条来保证每个人能有机会获得平等,并且社会利益要向最不利的成员倾斜。②此时,罗尔斯在假设的情境中删改了现实中由差异导致的不平等,并在结果中又肯定了未来可能出现的差异正当性,在两头将差异转化为一种可被接受的正义内涵。可是,一方面,苏贾认为,"就法律条件下理论化的正义而言,人所处的地域就显得不那么重要了",可偏偏"分配的不平等源于地域空间进入一个容易接受特定和纯粹的社会分层结构中",罗尔斯的假定缺少了对不平等差异存在原因的思考,以致其结果中出现的差异性质很难被确定。③ 另一方面,既有空间实践中的主要特色是资本描绘出的同质性,而空间正义是将之视为反面的,也即是肯定差异在空间中存在,因为差异

---

　　① 苏贾进一步表明了为什么会说资本主义生产方式会与空间非正义存在勾连关系:"资本主义工业城市不仅是一台产生不平等和不公正的机器,也是一个产生危机的导火索。在这里,他不仅暗含了一种解释,即为什么世界各地的城市在 20 世纪 60 年代迅猛增长,也说明了部分资本如何通过规划师和国家官僚的干涉而进一步复杂化,使得以下各种需要面对的事情之间形成竞争:城市中心区的衰弱、种族贫民区激增、贫困加剧、都市政治分裂、城市扩张、公共服务短缺。"参见[美]爱德华·W.苏贾:《寻求空间正义》,高春花、强乃社等译,社会科学文献出版社 2016 年版,第 86 页。

　　② 参见[美]约翰·罗尔斯:《正义论》,何怀宏、何包钢、廖申白译,中国社会科学出版社 1988 年版,第 60 页。

　　③ [美]爱德华·W.苏贾:《寻求空间正义》,高春花、强乃社等译,社会科学文献出版社 2016 年版,第 73 页。

意味着多元,也意味着人在日常生活中异化情境的解除。哈维认为:"在一个无限异质和开放的世界中从事正义事业,在一开始就承认后结构主义这一根本目标的严肃性是很重要的。"①对此,陈忠教授也提出"流动差异正义"来进一步深化空间正义中的差异性。一方面,主体在土地、住宅等空间权利上及社会权利等范畴中,必然也必须存在差异,没有差异便没有竞争,没有差异便无法烘托出个人的主观能动性。另一方面,人们在空间中的权利差异却又不能够被固化,而是可以在开放的环境中凭借自身去做出改变。再一方面,"正义的目标不在于取消空间等权利的差异性,而在于将空间等各类差异性保持在有一定弹性、有张力的范围之中",它是具体的差异,也同每个人在空间中能够被直观感知位置的设定相关。② 而这也就是说,罗尔斯在前端所要消除的差异,其实在空间论者看来不是空间正义的任务,其任务应当是,承认与尊重差异,从而尽可能地使空间在罗尔斯第二项原则中运转,并且这种考量还要依托于空间中阶层、性别、种族等不同方面的具体表现形式,它是多元的,不同的利益应当按照不同理由和相对应的具体规则来分配。这种繁杂的要求不是理性主义能够以一己之力承担的,而是要交由商谈来完成,也就是"具体情况,具体分析,具体对待,具体改造"。

但必须注意的是,差异对于自身而言也是差异的,"它永远不

---

① [美]大卫·哈维:《正义、自然和差异地理学》,胡大平译,上海人民出版社 2015 年版,第 399 页。

② 陈忠:《城市正义的差异性问题——自城市哲学与城市批评史的视角》,载《东岳论丛》2013 年第 5 期。

可能被刻画成'绝对的他性',关系或共性的一种完全缺乏"①。换言之,例如同种类的空间排斥(如中国的城中村与西方的贫民窟)虽然有着基本的相似性,但是依旧应当在"发现相似性的基础之上(而不去假定同一性)去揭示表面上看来根本不同的集团之间联盟结构的基础"②。正义观念不仅随着时间和空间而变化,而且如果考量延伸到时空之中,具体指涉人员也会存在不同。

　　第三,空间正义是一种社会正义。空间具有社会性,社会关系互动中的不公正现象必然会在空间中得到显现,其也必然是不公正现象发生的场域。"社会行为与特定的空间形式是结合在一起的,而且一种空间形式产生出来之后,它就会在某些方面决定社会过程变迁的差异。"在图书馆空间中的喧哗和在海边的吵闹,在家中的吸烟与在公共场所中的吸烟等在不同空间中的不同行为都与特定的空间形式相关,其包含了相关的评价标准。③　因此,空间正义同既有正义观念不同,它不是以一种先验的形象出现在视野中,进而作为一个绝对的标准来告诉我们哪些就是正当的,而是分层次、分领域的,这也是由其实践性品格而决定的。苏贾认为:"社会正义与空间正义没有本质的不同,我们应该称之为社会空间正义,正义具有社会维度。"④哈维也认为:"空间绝非绝对的、同其自身相关的东西,而是依赖于环境的事实,因此社会关系与城市空间存在

---

　　①　[美]大卫·哈维:《正义、自然和差异地理学》,胡大平译,上海人民出版社 2015 年版,第 415 页。

　　②　[美]大卫·哈维:《正义、自然和差异地理学》,胡大平译,上海人民出版社 2015 年版,第 415 页。

　　③　David Harvey. *Social Justice and the City*. Blackwell Press,1973,p. 27.

　　④　参见陈忠、爱德华·苏贾:《空间与城市正义:理论张力和现实可能》,载《苏州大学学报(社会科学版)》2012 年第 1 期。

着密切的关联。"①从另一方面来看,社会正义在空间哲学的语境中表现为以空间为对象的占有、分配等,"社会正义总是需要一个有活力的空间维度"。② 这就同戴维·米勒的社会正义观念相仿,存在三种社会环境:团结社群、工具性社群和公民社群。其分别对应不同的原则:需要、应得、平等。社会正义强调着一种正义原则使用的"精准性","把分配正义的原则运用到现存的社会安排中去"。③ 空间正义不是一条或几条僵化的标准,不具有永恒性,它是建立在空间辩证法与商谈的基础之上,需要不断地把握社会具体情况来做出评价与修正。

比克斯曾言:"他们可能知道富勒的内在道德、凯尔森的基本规范⋯⋯但不知道为什么人们提出这些异乎寻常的反直觉观点。"理解一种理论,必须在"理论背景"与"试图回应的问题"所构成的语境中进行。④ 与发掘关联性的法律地理现象不同,当前多数法律地理学者的研究,都集中在空间正义这一价值维度下对规则的空间状态进行探索。例如在 2014 年的法律地理学研究合集《扩展的法律空间:及时的法律地理》中,有关于北约在阿富汗持久自由行动的交战规则的章节、关于禁止激进分子诉诸法院的各种程序性"交战规则"、关于对墨西哥城街头摊贩的管制、关于从印度—巴基斯坦到以色列—巴勒斯坦的财产征收制度的转移,以及美国雇佣

---

① David Harvey. *Social Justice and the City.* Blackwell Press, 1973, p. 16.

② 参见陈忠、爱德华·苏贾:《空间与城市正义:理论张力和现实可能》,载《苏州大学学报(社会科学版)》2012 年第 1 期。

③ [美]戴维·米勒:《社会正义原则》,应奇译,江苏人民出版社 2008 年版,第 112 页。

④ [美]布赖恩·比克斯:《法理学:理论与语境》,邱昭继译,法律出版社 2007 年版,第 6 页。

法中的"随意"原则在"生产"社会空间中的作用的研究。① 法律地理学家带我们走进"工作室",在那里,空间、法律和正义是共同生产的手段。它们常常以细致入微的细节向我们展示了地理位置的不公正性以及潜在的不公正性。但是,改变法律、重新配置空间和改善不公正之间的关系并不是线性的或直接的。法律、地理、政治、权力及其动态的相互交织更加复杂。因此,法律地理学也有助于辨别这些复杂、错误和颠倒的情况。但这绝不意味着法律地理学只对这一点有利。

所以本书从空间性而不是采用对不同空间下规则状态的类别来介绍法律地理学的原因就在于,坚持法律地理学在当代出现的核心,是对当代生产关系与生产方式下不公正现象发生逻辑的揭示。而列斐伏尔、苏贾等哲学家、地理学家也恰如其分地与法律地理学学者形成理论上的共振,尤其是苏贾被列为《斯坦福大学法律评论》法律地理学专刊的评论员。空间哲学、人文地理学以及法律地理学学者所面临的社会背景是一致的,面对的都是在理性主义下的技术化分工后,日常生活被各项技术拆解得"鸡零狗碎",研究内容无法同人真正的需要相对应,甚至加重了人在具体空间中处于被隔离状态的不公正现象。此时的空间正义主要集中在地方空间资源分配方面,"社会阶层的状况、地位的差别、财富的分配方式,必然表现出空间资源与产品占有多少,空间权力(利)获得大小等等",而非通常意义上的民事案件裁判不公正。②

① 参见 Irus Braverman, Nicholas Blomley, David Delaney, Alexandre Kedar. *The Expanding Spaces of Law: A Timely Legal Geography*. Stanford Law Books,2014.
② 任政:《正义范式的转换:从社会正义到城市正义》,载《东岳论丛》2013 年第 5 期。

空间正义可以成为一项"兜底"性的价值。在国家法治中,自由、平等、公平等价值无疑是其内在追求,但是在它因毫无节制地传播而地位下降时,不仅用途会减少,而且还会带来这个概念本身遭到嘲笑的风险。① 而空间正义不仅不与之冲突,而且因为自身带有马克思主义的血统,极为关注其在现实日常生活中的具体形态,带有实践性。"宏观正义有其历史合理性,但也有着其深层的问题……面对仍基本处于无语状态的真实基层生活,一直坚忍延续的普通人世界、微观世界,更需要一种基点明确、逻辑彻底的微观正义。"②而面向具体空间内的正义观分别在属人关系、权利、权力与动力四个方面实现了微观化。③ 所以,空间正义不仅不同平时所言的"大词"相冲突,更传达了一种对具体、微观情境的关切。

苏贾在《寻求空间正义》一书中提及了一个相关的例子:在20世纪洛杉矶和主要大城市的地理居住环境中存在地方投资鸿沟,"一方面是道路和高速公路的修建和维护,另一方面是所有其他形式的公共交通工具的建设,这是一种社会性和空间性的歧视过程,其后果就是不公正城市交通地理的产生,它只有利于处在城郊圈子的富人和拥有多辆轿车的人,而多数在城市的内部中心区聚居的移民以及更急切依赖公交的穷忙族则处于不利的地位",并且"每人每次城际轨道交通旅行至少补贴21美元,而日常生活中被

---

① 雷蒙德原文是对人权过于滥用的讨论,此处做了改动。参见[英]雷蒙德·瓦克斯:《读懂法理学》,杨天江译,广西师范大学出版社2016年版,第405页。
② 参见陈忠:《走向微观正义——一种城市哲学与城市批评史的视角》,载《学术月刊》2012年第12期。
③ 参见陈忠:《走向微观正义——一种城市哲学与城市批评史的视角》,载《学术月刊》2012年第12期。陈忠教授还进一步把这种微观化对应为普通公民在城市空间中的共享、共治、共存与共在。

弱势群体广泛使用的巴士交通的每人每次补贴仅仅 1 美元"。[1] 这时相关弱势群体提出反对,要求交通局能够提供较现在更为便利的公共交通。如果交通局反对,并且继续维持资本与权力的关系,使公共交通路线完全在"富人区"穿梭,那么无疑就回到了空间排斥的问题上去了。苏贾认为,在巴士联盟和交通局之间存在"两种不同的平等和正义的观念之间的碰撞"。其中,对于交通局而言,其出于职责所划定的公共交通线路是符合规划以及交通正义的,"只是平等概念与巴士乘客联盟大有不同",同时"它受到了总体上保守的、具有优越感的白种人和城郊督查委员会的强烈影响,主要根据行政与区域来界定平等";而对于巴士联盟中的穷人来说,区域性的交通平等和正义的观点"根植于一种平面的视角"。[2] 于是,这种带有冲突(交通局和公民联盟都有法律上的正当性来提出自身诉求)的事件,其实不仅是一种对地方法治需要法治化什么的考问,而且是对于这一空间下的具体事务的整体性裁量标准的质疑。而这种标准就是空间正义。

对空间正义的追求也是法治建设的必然选择。正如哈维所言,既然我们承认了特殊性在具体地理空间中的存在,在空间生产的作用下,同时也就意味着整个发展的过程不会是一个无差别的同质化过程,而是在普遍与特殊之间的辩证统一。[3] 它所要实现的是在保留人在具体空间中的差异性以及尊重各具体地方空间差异

---

① ［美］爱德华·W.苏贾:《寻求空间正义》,高春花、强乃社等译,社会科学文献出版社 2016 年版,第6—8页。

② ［美］爱德华·W.苏贾:《寻求空间正义》,高春花、强乃社等译,社会科学文献出版社 2016 年版,第7页。

③ ［美］大卫·哈维:《正义、自然和差异地理学》,胡大平译,上海人民出版社 2015 年版,第6页。

性的基础上做到"公正的地理差异的公正生产"。如果将特定民族国家作为世界范围下的具体地方，则可以对之有更好的理解，因为缓解世界范围内的贫困问题的模式不存在一套普遍适用的模板，而是需要结合特定民族国家所具有的特殊要素来生产。对应国家而言的地方，同样要在此模式下生产出更为贴合人的正义空间，真正实现法治建设的效果。

/ 第四章 /

# 法律地理学的运行论范畴

> 如果我们能改变真实的人生
> (life)、生活(living)与行为的方式,那么
> 我们就能够在工作与代表的转换中去
> 表达自己。①
>
> ——亨利·列斐伏尔

在中国,"地理"一词最早出现是在公元前 4 世纪成文的《易经·系辞》中,里面有"仰以观于天文,俯以察于地理"的文句。东汉思想家王充对天文、地理有相当深入的研究,他的解释是:"天有日月星辰谓之文,地有山川陵谷谓之理。"现代地理学蕴含着一系列方法(论),例如,研究地区的差异性以及由此而来的社会多样性,研究复杂现象的统一性,"地理学是一个有系统地提供区域综合的学科",认为"现象的多样性及其相互关联性,决定了地区的特点",等等。② 这里已经揭示了地理学方法(论)的特性——差异性、关联性、系统性、综合性或整体性。具有这些特性的方法(论)恰恰

---

① Henri Lefebvre. *Critique of Everyday Life*, Vol 1. Verso Press, 1991, p. 555.

② 参见[美]R. 哈特向:《地理学性质的透视》,黎樵译,商务印书馆 1963 年版,第 13、28、29 页。

是法律所特别需要的,甚至就是法律方法(论)。地理环境本身决定着解决地理环境所决定或带来的问题的方法,其中最典型的就是因地制宜。这对于法律来说具有特别重要的方法论意义,因为法律本质上就是一种因地制宜的方法。

## 第一节 空间的生产

一方面,马克思在《共产党宣言》中曾提到:"资产阶级使农村屈服于城市的统治。"这涉及了空间之间的权力关系,但马克思没有继续深入,仅在"商品拜物教"(fetishism of commodities)的隐喻内,把空间作为生产方式及资本所需要跨越的距离或是一种劳动时间在物理环境中横向扩张的可能性。① 列斐伏尔认为正是因为马克思未能在"社会—历史"的关系中加入空间,使得马克思主义对于当前来说只能列举与描述空间、就空间而言空间,无法正视社会关系经过当代再生产过程之后的转向,重新回到了"拜物教"泥潭。并且,虽然在马克思那里,空间隐约带有了生产的性质,但之后在斯大林等人的作用下,被转化为一种"技术专家政治论思维和严格的经济因果关系决定论",空间被简单化了。

另一方面,苏贾认为:"在激烈竞争的工业资本条件下,机器、商品和劳动力在具体的社会法规和具有剥削性的国家机器的控制

---

① 参见《马克思恩格斯选集》第 1 卷,人民出版社 1995 年版,第 276 页。在马克思看来,空间是资本扩张时需要竭力消除的对象,"由于加速或减少流通时间——流通过程——而可能发生的一切,都归结为由资本本性所造成的限制的减少",这种消除的过程"在一定距离内运输商品所需要的死劳动和活劳动量越小,劳动生产力就越大","商品在空间上的流通,即实际的移动,就是商品的运输"。参见《马克思恩格斯全集》第 46 卷下,人民出版社 1980 年版,第 16、39 页。

下得到了再生产。"而空间具有社会性,其会随着生产的转化而变化,并且当前资本主义在暂时性与空间性上的转变,使得基本方向呈现为"工业造就了城市化,而现在却被城市化所塑造",空间在当前成为生产的核心对象。① 列斐伏尔进一步认为,马克思曾揭示出的资本主义社会旧有矛盾中的部分已然被削弱,其他部分的矛盾则被增强,矛盾整体有了新的意义。"资本主义取得了发展……它的手段是:占有空间并生产空间",因此必须将空间本身从消费空间、设计空间、生存空间等纷繁杂乱的主观化空间中剥离出来,才能够感知到空间缘何失去了原本"培育民主"与"诗性"的氛围,并沦为了一种产品。同时,主权国家是对人民行使权力,而不是对事务。"国家是在其自身内部并通过自身而构建出来的,作为一个真正的抽象概念,除了受统治的组织机构与人群之外,没有具体的支撑……这些关系都需要空间的支持,政治理论必须空间化……这个空间化理论要考虑到地方和区域、差异和多样性的关联,对土地的依附,要对各种变动因素和稳定因素进行考虑,简单来说,就是空间的生产与再生产。"②

结合这两方面的变化以及空间的社会性,列斐伏尔指出:"(社会)空间是(社会的)产物",在空间与生产、空间与社会关系之间存

---

① 工业化的生产是以机器为基础的,但是在机器生产趋近于一种饱和的情况下,必然需要新形式:城市化将带来新形式的以空间集聚为特征的生产关系。城市化将整个空间按照生产力与生产关系的要求来改变城市,产生消费、生产、福利等多重功能,从而保证资本进一步扩张的可能性。参见[美]爱德华·W.苏贾:《后现代地理学——重申社会批判理论中的空间》,王文斌译,商务印书馆 2004 年版,第 135 页。

② Neil Brenner, Stuart Elden. "Henri Lefebvre on State, Space, Territory". *International Political Sociology*,2009,3(4):353-377.

在着双向互释的联系。① 应当指明的是,前述马克思语境中的生产被作为一种空间中的生产,主要还是表达生产关系下主体与对象是如何跨越不同空间,从而被不同空间内的规则组织体系影响的。而列斐伏尔的生产是空间本身的生产,其所反映的是空间的动态特质,在这个语境之中,空间生产是社会关系互动的实践,且不意味着一种位置或地点意义上的跨越,而是将空间与生产融为一体。此外,在空间与生产方面,列斐伏尔区分了"生产"在马克思语境中的广义与狭义两重含义,广义生产指的是自然创造以及人类生产出自己的意识与世界,是具有自发性与独特性的、不以目的为取向的活动;狭义生产则单指劳动本身,在"谁生产""如何生产""生产什么""为什么生产"的追问下缺乏足够的创造力。② 从指向某个具体生产对象的生产活动开始,空间内物质与语言、指令等一系列要素都被调动起来,然而生产无法与其所指向的目标分离,空间本身就是行动的源头,社会空间也不是内含于事物中的事物,而是包含了事物以及事物之间并存性、同时性以及有序或无序的相互关系。③ 揭示"产物—生产"的辩证意义在于把空间从先验的、容器的地位转化为独立的、具有特殊属性的对象。在空间与社会关系方面,"空间本身到处都充斥着社会关系,空间不仅被社会关系所支持,也被其生产"④。列斐伏尔借用了马克思具体化抽象以及"可感

---

① Henri Lefebvre. *The Production of Space*. Blackwell Publishing Ltd,1991,p.16.

② Henri Lefebvre. *The Production of Space*. Blackwell Publishing Ltd,1991,p.68.

③ Henri Lefebvre. *The Production of Space*. Blackwell Publishing Ltd,1991,p.72.

④ Henri Lefebvre. *The Production of Space*. Blackwell Publishing Ltd,1991,p.165.

觉而又超感觉之物"的思想来描述威尼斯、托斯卡尼等空间在政治、文化、经济等多方面互动下所形成的过程,以说明空间如何在各种社会关系的作用下转化为一种抽象的统治形式来控制具体的力量,以及借当前资本主义社会中空间表现出威权主义和冷酷无情的事实来说明社会关系需要以空间作为基础和载体来摆脱纯粹的抽象领域。① 这些事实表述出社会关系依靠空间性而存在,它将自身镌刻在空间之中,空间也是一个社会关系重组与社会实践性建构的产物。

　　具体而言,列斐伏尔的空间生产命题包含四项基本的规则。第一,自然空间虽然正在消逝,但"自然仍然是社会过程的起源",只是其被降低为"社会生产力所操弄的物质"了。② 从法律上来看,自然的消逝体现在此时法范围内的一切自然资源都有了一种不同于纯粹自然(第一自然)的含义,如私人土地与国有土地、农村土地与城市土地、自然保护区与国家公园、中央与地方等。此外,在整体角度下,更明显的例子就是旅游、农家乐等活动的出现。这时,原本有着特殊性的自然景观被划定为旅游空间,供人消费参观,并且还需要以部分历史传说、故事或是神话来赋予树、房屋、山等景观特殊意义,或是以玻璃栈道、缆车等方式来帮助自然向人呈现出自身的独特样貌。在这之中,"自然并没有简单地从场景中消逝",它仍然会以背景的形式出现,但是在不同的生产力与生产关系下,它的意义是不同的,自然必须符合生产力的需要,并且随着需要的变化而改变,"当新的需要出来的时候,自然必须会以发展出新的

---

　　① 例如威尼斯并非在大海中陡然而生,而是基于贸易目的,先在寡头与其他利益集团的互动中形成了对整个城市的规划,进而现实化。参见 Henri Lefebvre. *The Production of Space*. Blackwell Publishing,1991,pp. 320-340.

　　② [法]亨利·列斐伏尔:《空间:社会产物与使用价值》,转引自包亚明主编:《现代性与空间的生产》,上海教育出版社 2003 年版,第 48 页。

维度与形式来满足它们"。① 在平面维度上看,自然在各个地方空间中分布的不同就会造成结果上的相异,例如同属自然资源保护区的湖泊与森林就对应着不同种类的保护方式,并且幅员、资源特色也决定了其在转化为一种产品时所要依赖的技术。

第二,无论哪一种社会及生产方式都会生产出具有自身特点的空间(抽象空间、绝对空间、透明空间等),空间之中包含着生产及再生产关系,并为它们配备了相应的场所。例如以开放性、多元性、平等性等特征为核心的网络技术使得不少世界主义者及狂热的自由主义者在承认共识的同时,又看到了排除主权、政府、法律等元素进行治理的可能性。雷斯格(Lawrence Lessig)认为,"网络空间中,代码(code)即法律(law)","代码既决定着网络空间技术层次的架构,更决定了人们使用互联网的方式"。② 并且这些特质也造成了网络空间中的社会关系与实体空间中的差异,例如在淘宝网上购买物品时所要遵守的规则以及养成的消费习惯都与在实体店购买时存在差异。

第三,关于空间的理论要从对空间内部事物的思考转向对空间生产过程的复刻,因为在这之中包含了各层社会关系间的互动。一方面,既然社会关系需要在空间中被固化,那么也即意味着生产出了空间本身,但此时空间无法被视作一种产物,而是把社会关系生产出的事物加以归类,其祛除了事物的历时维度,将事物与关系共时并

---

① Henri Lefebvre. *The Production of Space*. Blackwell Publishing Ltd,1991,p. 105.

② 雷斯格认为,当前决定网络空间结构的就是 TCP/IP 协议,而其他一系列代码直接决定了网络空间具体的连接方式与互动方式,所有的行动必然按照代码所设计出的方式进行运转。目前所出现的"互联网+"创新都是在互联网边缘的节点上进行的,所以当前的核心在于对宪法等法律进行代码式转化以过渡到互联网空间中。参见 Lawrence Lessig. *Code and Other Laws of Cyberspace*. Basic Books,1999,p. 140.

在的关联性展露了出来;另一方面,对空间生产过程的复刻意味着一种对日常生活中或是特定空间景观中的具体事物做空间化的解码活动,"这些读者的身体充满了各个变位及主语位置,各个单元所构成的巨大文本适用于城市语法或更为宏大的地理语法"①。

第四,既然空间是一种产物并对应了不同的社会模式,那么在社会模式转换之时,就必然会创造出新的空间,对这种转换的识别就是辨别和推动空间变革的钥匙。②

于是,这四方面就构成了图 4-1 的表现程式。换言之,空间的生产属性实际上反映出空间在多层次、多维度上的动态过程,各重社会关系在其中不断地生产出具体的空间景观,并因研究者所使用的符码识别规范不同而呈现出不同样貌。多琳·马西又用以下三个命题来表现:"第一,我们认为空间是相互关系的产物,是经由大到地球,小到苍蝇的事物相互作用构成的;第二,我们将空间理解为在同期多元化意义上多样性存在的可能性领域,不同轨迹共存的领域,因而也是异质性同时共存的领域","没有空间,就没有多样性;没有多样性就没有空间,如果空间的确是相互关系的产物,那么它必然基于多元性,多样性和空间是互为构造的";"第三,我们认为空间总是处在建构之中,空间关系必然嵌入在物质实践中,空间也总是处在被构造的过程之中,它从来不会结束,也不会封闭"。③

这是关于空间生产的基本内容,而进阶内容则有以下几点。

---

① ［美］迈克·迪尔:《后现代血统:从列斐伏尔到詹姆逊》,转引自包亚明主编:《现代性与空间的生产》,上海教育出版社 2003 年版,第 101 页。

② 参见［美］迈克·迪尔:《后现代血统:从列斐伏尔到詹姆逊》,转引自包亚明主编:《现代性与空间的生产》,上海教育出版社 2003 年版,第 87—88 页。

③ ［英］多琳·马西:《保卫空间》,王爱松译,江苏教育出版社 2013 年版,第 13 页。

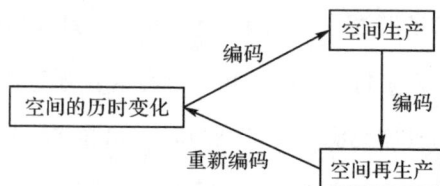

图 4-1　空间生产的互动图式

(1)空间的问题框架把都市领域(城市及其扩张)与日常生活(受控的消费科层社会)问题纳入其中,而取代工业化问题,这样做并没有取消早期的问题系列,从前所公认的社会关系问题,现在仍然具有公认的意义,新问题乃是社会关系的再生产问题。(2)生产不是对空间中的物的分析,而是对空间本身的分析,空间是相互关联的,同时也因为其能够被生产,所以必须克制住既往"科学化"的做法——陈列计算空间所包括的事物,而将某一空间作为另一更大空间的内在存在物——这又会回到陈旧的商品拜物教中去。(3)空间既然已被生产,那么该问题的本身就是由生产力的增长与生产关系变动引起的,现代技术现在可以介入任何一个层次的空间——无论是地方的、区域的还是国家的,但是其本身的中心点(最初的起点)还是在自然空间与身体空间之间的互动关系之中。①
(4)如同马克思发现生产力—生产关系的辩证关系一样,资本主义将会向共产主义转变,而空间既然成为被生产的对象,那么其中同样存在一种可能性:有一个回溯性的,也是展望性的开端,来发现未来可能出现的因素。②

---

① Henri Lefebvre. *The Production of Space*. Blackwell Publishing Ltd,1991,p. 102.

② Henri Lefebvre. *The Production of Space*. Blackwell Publishing Ltd,1991,p. 104.

# 第二节　空间的三元辩证法

列斐伏尔认为,之所以一直未能注意到"社会—历史—空间"之间的关系,是由于"透明幻想"与"现实幻想"的遮蔽。[①] 其中前者是静态地将空间作为纯粹客观的展现,即空间就是空间,后者则赋予空间某种神性与不可知性(尤其是康德),强调空间远比主体要有着更多的含义。[②] 但既然空间被作为社会的产物,其首先应当是客观、可被感知的;其次,由于生产的动态以及叠接的静态,"空间以建筑物、纪念碑和艺术作品的形式将权力关系纳入其中。这些关系在台前的(frontales)(因而也是野蛮地)表达,并没有和盘托出它们更秘密、更地下的种种方面"[③]。于是列斐伏尔提出了自己的空间三元辩证法来认识从原始社会发展至今的绝对空间、神圣空间、差异性空间等历史性空间与客观存在的空间景观中已经覆灭或现存的社会关系与社会结构。在列斐伏尔看来,空间哲学如果要真正能够以一种总体性的姿态对过去的空间本体论进行替换,那么也就必然需要有着同时勾连空间生产、空间、空间社会性与历史性的认识论出现,即意味着当一个空间呈现在人们眼前,被作为认识对象时,可以排斥以往的认识方法,而在空间哲学的情境中展

---

[①] "透明幻想"是文艺复兴时期的一种美学思想,即用玻璃与视觉之间的锥形区域来展现玻璃后的景象,当代认为这种展现手法无法完美复刻所要描绘的景象,依旧带有主观性;"现实幻想"即指以本质性、自然性和空间不透明之幻觉滋养着自身的神秘论。

[②] Henri Lefebvre. *The Production of Space*. Blackwell Publishing Ltd,1991,p. 57.

[③] Henri Lefebvre. *The Production of Space*. Blackwell Publishing Ltd,1991,p. 60.

开认知。具体而言,列斐伏尔以空间实践、空间表象以及表征性空间作为构造三元辩证的核心范畴。

### (一)空间实践

"社会空间实践分泌(secrete)出社会空间;社会空间实践摆出(pose)并预设(suppose)了社会空间,它们之间存在着一种辩证的关系。空间实践在征服与使用社会空间之时,将其缓慢地、确确实实地生产出来。从这种分析的立场来看,某一社会的空间实践是通过对其空间的解谜才展现出来的。

"什么是新资本主义条件下的空间实践?它表现为一个封闭的联合体,处于知觉性空间之中,介于日常现实(日常惯例)与城市现实(和那些供工作、私人生活和休闲之用的场所联系在一起的道路与网络)之间。这种联合是一个悖论,因为它包括对那些由它连为一体的地点的最彻底的分离。每个社会成员的特有的空间性资质与述行只能进行经验性地进行评价。'现代的'空间实践因此可以用一种极端但也是有重要意义的情形为例来界定——如以一位居住在政府给予补助与规划的高层建筑中的租户的日常生活为例。当然这并不意味着高速公路与飞机场的政治问题可以逃脱出我们的讨论视线。空间实践肯定有一定的严整性,但这并不意味着它就是由知性创造出来的或具有逻辑构造意义上的严整性。"①

空间实践也就是对空间生产与再生产过程的直接表达,其连续性地标注了整个空间形态中的各个点(包括每个人的身体实践空间)在整个过程之中的客观互动。

---

① Henri Lefebvre. *The Production of Space*. Blackwell Publishing Ltd,1991,p. 64.

### （二）空间表象

空间表象有时也被译作表象空间或是空间的表达。"被概念化（conçu/conceptualized）的空间，即科学家们的、规划师们的、城市学家们的、技术官僚式的'地块划分商们'（découpeurs/subdividers）的与社会工程师们的空间，以及那些具有特殊的科学癖好类型的艺术家们的空间——他们中的所有人都把所谓的有生命的与所知觉之物等同于被构思之物（如在神秘的数字思辨中，有关于黄金数字、模量与'窠臼'这样的说法，倾向于让这样的事物观永恒存在）。这是在任何一个社会（或生产方式）中占统治地位的空间。空间的概念——有些特殊的例外我回头来谈——倾向于一种词语（因此是思想设计出来的）符号的体系。"[1]

因此，其本身带有了某种专业性与技术性，是已然被创造出的符号，分别对应不同领域的需要与分割，并且符号也是同台前的客观形象与行为联系在一起的。对之，列斐伏尔也补充道："这种建筑与其说是有着客观形象、特殊结构的纪念碑，倒不如说是体现于空间语境与组织结构中的一种规划，它要求一种再现而不至于消失于象征或想象的领域。"简言之，就是把我们想要的、所欲求的对象在空间中予以表现出来。[2] 法律就处于这一层级之中，举一个简单的例子来看：在某个城市中的道路上所有车辆靠右行驶所呈现出的空间景观，就是经由法律规划后的再现，是一种已经被承认和实现的理论与实践的结合形式。

---

[1]　Henri Lefebvre. *The Production of Space*. Blackwell Publishing Ltd, 1991, p. 64.

[2]　Henri Lefebvre. *The Production of Space*. Blackwell Publishing Ltd, 1991, p. 67.

### (三)表征性空间

这是一种和图像与象征物相关的、直接生动(vécu/directly lived)的空间,因此也是"居民"与"用户"的空间,但也是某些艺术家,或许还有少数作家与哲学家的空间,他们渴望的是只限于描述这种空间。这是一种被支配的——也就是被消极体验到的——空间,想象力试图在其中改变与使用这种空间。它象征性地利用了它的对象物,而遮盖了自然空间,因此,表征性空间虽说也会有些特殊的例外,但或多或少还是倾向于那些非词语性的(non-verbal)象征物与符号的连贯体系。[1] 这同列斐伏尔从日常生活到空间哲学的转向联系紧紧地在一起,其一方面浓缩了列斐伏尔对在空间里"艺术地栖居"以及对生活瞬时的感悟,认为其中蕴涵着每个人在当前情境下进一步发扬自身主观能动性、展现自我的可能性;另一方面,在表征性空间中也是空间实践与空间表象必须注意到的方面,甚至是基础,其就是作为推动变革、成为知识有效性来源的日常生活在三位一体辩证法中的表达。

叶超教授认为,"列斐伏尔的哲学意味更强,其实证研究似乎并不集中和系统",其辩证法同时涵盖了"社会科学的很多门类,其理念包括自然观、节奏观、女性观、资本主义观、美学观、国家观"等。[2] 也即是将列斐伏尔的空间三位一体辩证法视为一种无所不包、玄而又玄的方法。可实际上,如陈忠教授所进一步描述的,所谓空间实践,可以将之理解为人依靠自身欲求或是某种指令性计

---

① Henri Lefebvre. *The Production of Space*. Blackwell Publishing Ltd,1991,p. 64.

② 参见叶超:《社会空间辩证法的由来》,载《自然辩证法研究》2012 年第 2 期。

划对空间进行的改造,其既包括了人在具体地方空间中的自身身体空间(如禁止染发、禁止高声喧哗,一个更易见到的例子便是有些酒店门前树立的标牌"衣衫不整,恕不接待",其中反映出了空间实践规则对个人身体空间的塑造),也包括了人的"操劳"活动以及对自然的改造活动。而空间表象与表征性空间,如列斐伏尔自己在对秘鲁安第斯山区的夏文遗址的分析中作的进一步说明:"它的空间表象可以由其庙宇和宫殿的规划佐证,而其表征性空间则体现在他们的艺术作品、书写体例、建筑肌理等之中",这两方面所要反映的是"什么入侵并占有了空间表象与表征性空间之间的空隙?是文化吗?……但根本问题还是去发现'由谁'和'如何'创造出来的……以及'为何'和'为谁'"等问题。① 也即是说,前者可以理解为具体空间景观是由何种技术被依据何种目的所设计出来的,即表达了那种主导性的生产关系,法律、政治、经济等带有技术化色彩的治理方式是如何在空间中规划出人们的日常生活的;而后者可以被理解为包含在日常生活中的每个人,是被前者所支配的对象,但是其中还带有破除和改造前两方面的力量,"对更合理空间、新的可能性空间的希望、乌托邦、想象的向往……对前者进行内部改造,代表着一种潜能"②。

对此,热兰尼认为列斐伏尔受黑格尔辩证法(正—反—合)的影响,并按照此种逻辑提出的空间三位一体辩证法,也是由此三方面构成的:作为正题的空间实践是一种有着绝对客观表征、可以被量化及有着固定物理位置的东西;作为反题的空间表象是一种动

---

① Henri Lefebvre. *The Production of Space*. Blackwell Publishing Ltd,1991,p. 67.

② 参见陈忠:《空间辩证法、空间正义与集体行动的逻辑》,载《哲学动态》2010 年第 6 期。

态表达空间生产内在社会关系互动的表现；作为合题的表征性空间则既包含了静态的空间景观，也带有动态的空间生产及再生产的可能性。① 可是在这种解读之下，原本以一种立体形式呈现出的三元辩证，却转化为了一种平面、直线式的递进，并且也更为倾向于苏贾的"第三空间"了。苏贾本身毫不掩饰地承认并且推崇列斐伏尔对空间特质以及本体论哲学的发掘，空间辩证法的存在使得"我们比任何时候都能够更加注意到自己在根本上是空间性的存在者"，"在本体论、方法论意义上对'社会—时间—空间'的再发现"，能够全面地展现关于人日常生活的真实样态，以及更加明确地表现出人的"生存之谜"。② 同时，只有把握住关于空间的辩证法，才能够获知进一步发展的动能与方向，"这种空间性利用差异构架出一个新的斗争场所，人们可以在此建构出一个新的彼此联系、互不排斥的社会"③。一方面，苏贾认为，"三位一体"中的"三"实际代表了三种对空间的理解方式：偏重对空间进行形式化与客观化认识的"第一空间"（物质化空间）；注重强调对客观世界进行对抗的（包括主体对抗客体、艺术对抗科学等）、带有构想性质的"第二空间"（精神空间）；"第三空间"则"源于对第一空间—第二空间二元论的肯定性解构与启发性重构，是他者化的又一个方面"，其被作为"他者"或是"存在者—存在"中的整体的又一维度，是一

---

① 参见 Andrzjy Zielence："Space and Social Theory"，转引自陈忠：《空间辩证法、空间正义与集体行动的逻辑》，载《哲学动态》2010 年第 6 期。

② 参见［美］爱德华·苏贾：《后大都市：城市和区域的批判性研究》，李钧等译，上海教育出版社 2006 年版，第 10—15 页。

③ ［美］爱德华·苏贾：《第三空间——去往洛杉矶和其他真实和想象地方的旅程》，陆扬等译，上海教育出版社 2005 年版，第 121 页。

种社会性空间。① 另一方面,空间辩证法所打破的是主客体二元论的辩证逻辑,其发掘出空间的社会性并将其导入了整个辩证的循环,包含时间—空间、社会—时间、社会—空间等方式。第三空间超脱了原本二元化的辩证,但这并不意味着任何一方的优先,而是说三者相互渗透,共同对世界产生影响。

在追求总体性的视角下,空间辩证法之于法律的首要功能当然是辨识出法律在整体塑造(同经济、政治)空间时所起到的功能(法选择了什么、规定了什么、达到了何种空间效果),但同样,将法律作为一个地方空间中的专业化空间,也能够对之做进一步的分析。例如洛克为英国人占领印第安人土地做的辩护词中就暗含了空间与规则之间的关系,他认为,"自然和土地只提供本身几乎没有价值的资料","对于他能以他的劳动予以影响的一切东西,他都享有财产权","劳动的财产权应该能够胜过土地的共有状态",正是因为印第安人的劳动效率远远低于英国人的劳动效率,所以其并不天然拥有那里的土地。这样,洛克就通过修改空间中的规则为资本进驻打开了大门,此时的法律空间就不是自然所有制的空间,而是劳动所有制的空间。② 而 Clark、Blomley、Brenner 等人则受列斐伏尔的启发,认为"公寓里的一个房间、市场、商店、公共空间等日常话语用词都代表相对应的用法,以及对空间的描述方式(根据何种特征来对空间进行分类)",在法律中,公共空间、禁烟场所、图书馆、高速路、城市快速路等都代表着某一权力在不同空间中不同的规则用法以及表现。于是他们进一步在空间哲学的基础

---

① 参见[美]爱德华·苏贾:《第三空间——去往洛杉矶和其他真实和想象地方的旅程》,陆扬等译,上海教育出版社 2005 年版,第 89—94 页。

② [英]洛克:《政府论》(下篇),叶启芳、瞿菊农译,商务印书馆 1964 年版,第 20—27 页。

上发展出了空间法理学(法律地理学),旨在分析城市中的空间分布、种族隔离等现象,以及考察财产权、选举权等传统权利在城市中的实然表征,进而对法律的既有规定做出修正及重新阐释。[①] 这也包括了吉登斯等人借助空间哲学将权力划分为传统表达服从的主体主义权力观与作为实现社会共同利益媒介的客体主义权力观等。[②]

可见空间哲学为法学至少提供了两条基本路径:一是按照空间辩证法所揭示的规律,进一步研究法律规则如塑造具体空间;二是类似于时下的社科法学研究路径,旨在发现散落在地方空间中的各类法律知识在空间中如何被塑造,进而加深对法学基本范畴的理解。

## 第三节　空间尺度与尺度转换

国内学界认为,布隆里在法律地理学上的创造性贡献为其将"法律—空间"的关系定位为"叠接"。但笔者认为,"叠接"概念本身实际上出自政治地理学中一个较为成熟的范畴:"尺度"。换言之,布隆里之"叠接"实际上是"尺度"在"法律—空间"的应用,用以表达二者之间的结构化关系。并且,在"叠接""规范圈"等叙事中,研究者都只注重对规范空间这一个层面的阐发,而没有关注到社会空间或更多的层面。

---

① 参见 Nicholas K. Blomely, Gordon L. Clark. "Law, Theory and Geography". *Urban Geography*, 1990(2); Nicholas K. Blomely. "The Boundaries of Property: Complexity, Relationality and Spatiality". *Law And Society Review*, 2016, 50(1); Neil Brenner, Nik Theodore. "Cities and the Geographies of 'Actually Existing Neoliberalism'". *Antipode*, 2002, 34(3).

② 参见 Anthony Giddens. *Central Problems in Social Theory*. University of California Press, 1979.

"尺度"有多种定义。如泰勒认为,尺度是概念化的动态结构[①];丹尼尔认为,尺度是一种将现实情况框架化的方式[②];豪威客认为,尺度是网络的隐喻化[③];等等。笔者认为,尺度是一种对地理过程和层次进行划分、表现所形成的概念化的结构。正因为不同研究者的视角不同、方法不同、对象不同,所以对尺度的理解存在差异,如曼森按照分析层次的不同将尺度逻辑图谱涵盖了实证主义、相对主义等。[④] 但不变的是,尺度必然首先是主观的,它依据研究者的重点对连续、整体的现实世界进行切割,用以排除影响对象,形成以研究对象为核心的尺度框架,所以其并非客观的,而是由行动者创造出来的;其次,尺度所丈量的是研究对象本身的"位置"与"运动",而非真实客观的"大小"或"方位",如自由权的尺度研究不是为了丈量自由权在客观空间中能够具体延伸到哪个街道,而是要表达自由权在主体、权力互动中所处的位置,它是否会因为冲突等方面而造成规范内容在现实空间中的缩小、扩大,以及这一结果是受到何种尺度干预形成的,等等;最后,尺度分析时必然存在层级、序列,或在动态层面中表现为等级性或不均衡性,否则其就不属于尺度,而仅仅是一种对客观社会的地图化描绘,尺度必然需要在空间的交互、重叠中显现,不存在单一尺度的自我表

① ［美］科林·弗林特、［英］皮特·泰勒:《政治地理学:世界—经济、民族—国家与地方》,刘云刚译,商务印书馆 2016 年版,第 361 页。

② 参见 Delaney D, Leitner H T. "The Political Construction of Scale". *Political Geography*, 1997, 16(2):93.

③ 参见 Howitt R. "Scale as Relation: Musical Metaphors of Geographical Scale". *Area*, 1998, 30(1):49.

④ 参见 Manson S M. "Does Scale Exist? An Epistemological Scale Continuum for Complex Human-Environment Systems". *Geoforum*, 2008, 39 (2):776.

达。而其同惯常所使用的"行为逻辑"等范畴的区别在于,由于尺度承认主观性,它所能够涉及的范围取决于研究者前期对空间及空间内行动者的划定,极具灵活性,但由于它是"复数"的、动态的,这种灵活性本身又受限于具体的空间结果,呈现为一种对前行为的倒推描述。用尺度来描述特定空间中的法律规范性与事实性状态,意味着不是把特定的规则或法律事实作为一个特定的行为模式来概念化,而是基于一个充满活动力的、能够影响社会空间实践的立场,通过其在一个有模式有规律的社会空间相互依存关系的广泛的框架内的关系嵌入和定位变化来识别它们。

古代中国的五服图其实就是权力尺度分析的一个很好的模板图,其既反映了不同权力的分布空间,也表明了不同空间中权力之间的关系,而巡视制度或是藩王割据等就是特定空间中权力尺度的转移。布隆里等人在思考"法律—空间"的尺度关系时,实际上参照了考克斯对本地政治发生的地方基础(依赖空间尺度)与发挥地方功能的策略性建构(参照空间尺度)的划分。用法之规范文本作为规范空间尺度,法之社会实效作为现实空间尺度,两重尺度之间的关系也就是"叠接"。与政治地理学不同的是,当前法律地理学中并没有开发出更深的尺度空间类型,例如"叠接"本身仅仅针对的是法律的显现和未现。布隆里将法律显现作为法本身的完成,采用的是狭义的法概念,并且尤其注重司法裁判承认后的规则,而对于未完成的部分,布隆里没有深入分析。但笔者认为,还可以做进一步区分,即"书本上的法"被现实生活改造后实施的空间同样也能够被视为一种形式的"叠接"。布隆里过于样板化的分析模型实际上只适用于严格的大陆法系国家,它都无法囊括普通法系的实践,更无法追踪如"兜底条款"、民法里的公平责任等开放式的规范实践。

但与政治地理学相同的是,如图 4-2 所示,法律地理学的尺度分析有着最为基本的架构。首先,图的左上区域所表示的是研究者所期望洞悉的空间(研究对象)本身所内含的基本组成结构,由于尺度总是复数的,那么对同一空间中所容纳的不同尺度的描述维度就是范围、层级和大小。其次,图的右上区域所表示的是具体尺度所涉及的内部组成形态,它是怎么分布以及是如何向外同其他尺度发生关系的。最后,如果用三个层次代表行动尺度、法律(文本)尺度和实践尺度的话,那么行动如何通过法律实践来反映互动的基本形态,它所产生的结果就可以被简单地体现为显现和未现。在动态的意义上而言,左上部分可以视为特定空间中所存在的如弱势方、强势方之间的基本结构,而右上部分则是具体尺度运作所依赖的图形,它们的组成结构是通过边界限定或是斗争、动员等方式来实现自身尺度的上移或者下推,最后在结果上表现为尺度的转换。

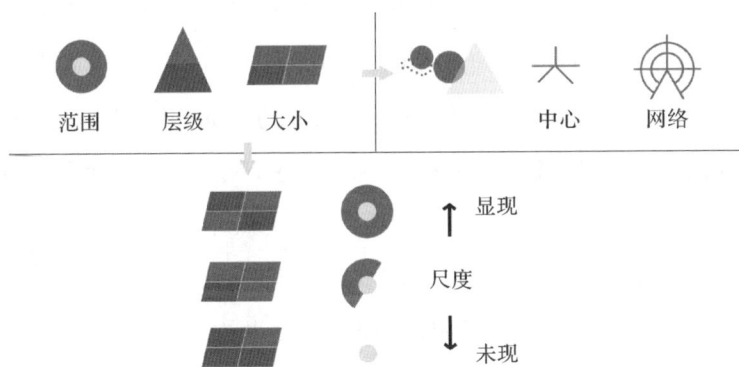

**图 4-2　尺度分析的基本框架**

## 第四节　法律对空间的建构:"二次想象"

人类自行创造了历史,但创造行为并不在他们自行选择的环境中。同样,人们创设了法律,但很多情况下却并不完全生活在法的框架里。迪尔认为,具体的空间景观是通过知性行为者(或行为主体)在特定社会文化下进行作用而创造的。结构—行动者的相互关系由一系列既相互促进又相互制约的制度安排为媒介。① 其中,结构包括了统治日常生活长期的以及深层次的实践,例如法律和家庭,而制度表述了结构的现象化形式,行为主体则促成了所有社会互动的精确而又可观察的结果。更具体地说,要察觉出法律在空间中的"表演"必须用"法律—空间"以及空间本身中拆解出的关于"行动—结构"的二元性来进行分析。

一方面,就空间本身来说,我们可以将法律所调整的对象,例如森林、土地、人乃至特定的信息(恐怖主义、淫秽等)视为一种间隔化的安置,每个客体有着其进入空间、发生功效的基本起点,归属于特定的位置。而后,通过行为者的感知、记忆等知识将这些间隔化的客体推至"象征性空间"中,将各种不同位置上的客体组合为统一的空间,从而使其具有意义。例如"闹市中的人群"和"汽车"分属于不同的位置,但是当汽车在闹市中的人群中冲撞的时候,二者就被联合成一个统一的、有意义的空间,并触发了法律。列斐伏尔认为,"对象"建构起一个体系,每个对象在商品世界中获得它的意义体系,同时又充当着商品世界的媒介,它把它的意义体系传达给每个行动。② 此时,其联合起来就是一个完整的社会关系(包括法律关系)的投射,特定的知识筛选了每次"联合"的方式。

另一方面,当这种联合方式超越个体行动依旧生效的时候,就可以认为空间被制度化了,因为它体现了常规的反映。当空间的构成,即社会物品或人的安排,或者物品、人对空间的联合被写入

---

① [美]保罗·诺克斯、史蒂文·平奇:《城市社会地理学导论》,柴彦威、张景秋等译,商务印书馆 2005 年版,第 244 页。

② [法]亨利·列斐伏尔:《都市革命》,刘怀玉、张笑夷、郑劲超译,首都师范大学出版社 2018 年版,第 96 页。

了规则中,并递归地纳入独立于时间地点的机构资源保障的时候,就具有了可被分析的结构。这样一个形成过程反映了原位置点客体本身的象征性,还有行动者的习惯、身体能力。不同主体进入结构中,既会受其制约,也会被改变行动。具体互动如图4-3所示:

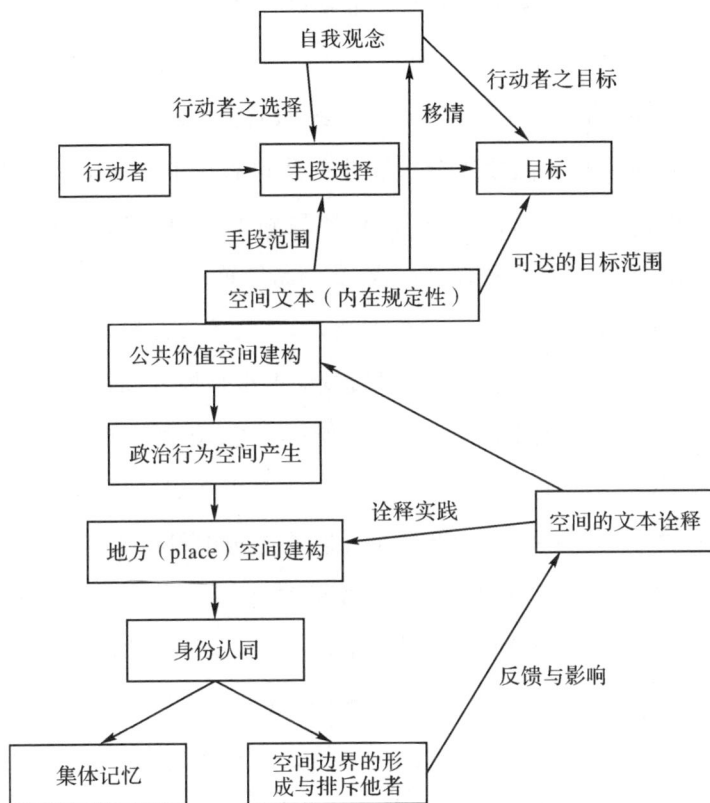

图 4-3 基本的空间结构生产层次

两个方面可以结合在一起被用来分析关于某一具体空间的"横聚合维度",包括空间的组成成分之间的关系。例如2019年杭州市为整合、提升发展资源,新设钱塘新区,整合了下沙、萧山等区划,此时原本的"网格化"管理体制、社区、新区管理委员会、萧山区政府等在同一空间中聚合,如何保证各种权力在同一空间中的安置、运行,以及当地居民在功能区与行政区重合叠加时所面对的权利实现问题等,都会在空间中显现出具体的空间景观。此时就需要从更进一步的景观开始,深入分析其"行为—结构"中所展现的权利(力)。并且对于同一结构,能够在"纵聚合维度"里去分析其是受到了哪些阶段性因素的影响而造成了当下的空间形态。

同时,两重维度之间又能够结合起来一起分析。例如德拉尼在"规范圈"概念的基础上提出了"规范轨迹"(nomic traces)的概念,二者结合在一起用来分析法律的移动和产生。德拉尼认为,1961 年"玫瑰行动"建立起的柏林墙,直到 1989 年才被推倒,对其中反映出的对空间合法性进行认识,不是简单地要跨越时间,它本身还会随着时间的推移而内生变化,从而脱离它曾经产生的空间物质环境。东西德之间除了有物理墙,更多是规范"墙"塑造出的东西迥异且冲突的生活景象。此时所形成的"流空间网络"是由社会、法律和空间在一次次具体互动中生产出来的,所以德拉尼认为,法律地理学的任务应当是在合理的架构中找出所有影响"法律—社会—空间"景观的要素。[1] 本顿在对 1900 年前欧洲对其他领土的主权扩张的分析中也指出,这种权力范围变化的活动从来不会是归属于某单一维度的、平滑的过程,而是局部、混乱、偶然的,其中充满了法律对行为的影响。[2] 这时整个分析结构不会是由 A 至 B 式的简单因果关系,而是一种类似于魔方的空间矩阵,编绘出由 A 到 B 所经历的不同纵横面互动群。

这是一个基本的分析空间关系的"行动—结构"框架。安东

---

① 参见 Delaney D. "The Spatial, the Legal and the Pragmatics of World-Making: Nomospheric Investigations". *Routledge*, 2010, p. 163.

② 参见 Bennett J. *Vibrant Matter—A Political Ecology of Things*. Duke University Press, 2010.

尼·吉登斯在此基础上更进了一步,其将前述的纵横面互动群作为一套基本的日常接触空间安排(spacing),一方面对应"各个身体在面对面交往区域内外彼此相对的位置安排",另一方面对应"在序列性或轮次方面的对日常接触的序列性空间安排"。① 由此出发,这种横纵向的基本结构一方面对应吉登斯不将法律、科层规章等以言辞表述形式出现的形式化规则作为规则本身,在悬置了这类形式化规则的附加特性之后,仅仅将之作为规则的法则化解释,而规则最基本的就是公式,是一种可以"一般化的程序"②。它是社会生活中较为持久的特性,能够赋予跨越较大的时空范围以坚固性。此外,它们会在行动过程中涉及一系列的各种转换和中介关系,也即形成"结构丛",是社会系统在转化过程中可观察到的潜在"切换开关"。③ 最后,两方面相加就是吉登斯深化发展出的"结构化理论",它关注"以社会行动的生产和再生产为根基的规则和资源同时也是系统再生产的媒介"在组织社会总体行动时呈现出的原则及其在跨越时空系统时所产生的制度化特征。

在既有的法学理论中,想象被称为拟制。④ 卢曼认为,法律拟制乃是法律稳定系统结构中的自我再生产。⑤ 申言之,法律拟制基

① ［英］安东尼·吉登斯:《社会的构成:结构化理论纲要》,李康、李猛译,中国人民大学出版社 2016 年版,第 71 页。

② ［英］安东尼·吉登斯:《社会的构成:结构化理论纲要》,李康、李猛译,中国人民大学出版社 2016 年版,第 19 页。

③ ［英］安东尼·吉登斯:《社会的构成:结构化理论纲要》,李康、李猛译,中国人民大学出版社 2016 年版,第 22 页。

④ 谢晖教授又区分了法律拟制和法律虚拟,分别对应立法拟制和司法拟制。参见谢晖:《论法律拟制、法律虚拟与制度修辞》,载《现代法学》2016 年第 5 期。

⑤ 转引自谢潇:《法律拟制的哲学基础》,载《法制与社会发展》2018 年第 1 期。

于法规范之间存在的递进、推理、演绎上的缺失,通过一次想象来完成规则融贯,并以类推的方式使拟制本身获得正当性。但是,这一拟制从何而来?无论是立法还是司法活动中的拟制,能够脱离客观而纯粹为了法的融贯性去虚拟创造一个非客观实在的内容吗?布隆里认为,法律拟制是法律实践的核心,但它只是通过简单地否认障碍的存在来克服障碍。同时,这种"简单地否认"忽略了整个法律框架同社会效果之间连接时的复杂性和异质性,也忽略了一个分离过程可以与之同时进行的方式。在布隆里的理解中,法律拟制所做的第一次想象的本质其实是在于分类,即法律不是单单考虑它所要调整对象的规则表现形式就可以,而是同时在一个规范空间中包含主题(目标)、对象和结果。换言之,布隆里将整个法律都视为一种拟制的规范空间,它排除了影响它实现的伦理、生态等要素从而使得自身具有了特殊性。第一次想象的方式不在于为法律从现有社会中寻找界限,而是从界限本身开始,明确人们如何把各种关于法律的边界连接成了法律本身。这就如同布迪厄所言的"合法分配原则"的斗争,将法律作为保存或改造权力而进行的不可分割的理论和实践斗争,进而维护其场域的稳定性,保证法律结果能够通过稳定的结构流出。在排除了这些干预后,法律所进行的第二次想象过程就是把特定事项的预期社会效果所联系到的集合要素导入具体的规范空间中去,它包括工具、专业知识、实践。布隆里认为,第二次想象过程带有明显的技术特征以及社会性效果,意味着对特定的意识形态重新编码,进而表现出法律独特的作用方式。

换个角度来看,法律拟制本身代表着一种认识法律的方式,尤其突出了一种人们意图以理性来逾越非理性之藩篱,将推理所需要的真理性知识替换为理性对客观世界所假定出的有效性假设,进而逐步实现对客观世界的控制。姚建宗教授明确指出："法律的存在及其实践在事实上和逻辑上都是离不开想象的,人的法律生活不能没有法律想象。"①在这重意义上,拉伦茨认为,德国《民法典》上的"人"在进入法律职业者思考的时候不带有任何鲜明、可以被认知的形象,而是法律为其想象出了一个虚构的"类型"。而第二步,便是类型之间的过渡,它用以维护整体的有效性,并且这种结构是如"液体般流动的"。如是,拉伦茨的思考方式已经带有了存在主义的特征,即认为特定民族国家内的法典是带有自身意志的对外界客观事物的想象构建,而这种构建在法律上形成对事物的类型化区分,虽然同一事物会同时夹带多种类型,但是类型与类型之间的拓扑结构就是规范空间整体同客观空间整体的互动方式。② 正如考夫曼所言:"当代德国法哲学中的事物本质之理解并非理性主义独断论所理解的实体",而是在"存在主义哲学转向之后,事物本质成为了意义与价值相关联的概念"。③

同样,地理想象中直接展现的是人地关系中的主客角色,它不仅是人对实体或转译的地理环境的感知,也是对地理世界的再现/表征。地理想象是社会事实也是社会建构,其中隐含的是历史、社会、政治、知识的权力关系,可以理解成是主体对客体的凝视。地理想象的建构既为社会实践、感知体验、认同尺度、再现方式、话语

---

① 姚建宗:《法律想象论纲》,载《东北师大学报(哲学社会科学版)》2021年第3期。

② 转引自谢潇:《法律拟制的哲学基础》,载《法制与社会发展》2018年第1期。

③ 转引自谢潇:《法律拟制的哲学基础》,载《法制与社会发展》2018年第1期。

生产等所影响,亦在一定程度上影响地方、景观、空间的塑造。① 对应的是法学中的再现性想象和创造性想象。② 但无论是哪一种类型的想象,主体都将想象内容组织成他们所定位的"世界状态",而这不是一种唯心式的思考,是建立在存在主义基础上的观察与被观察者的合一。哈维指出:"地理想象能够使……个人去认识空间和地区在他们自己经历过程中的作用……以及去正确评价由他人创造的空间形式的意义。"③法律想象与地理想象在空间性的基础上往往是合一的,例如古代中国所假想的男耕女织、亲疏有别、长幼有序的礼治农耕社会状态与西方国家所假想的异邦林立、自由通商的规范社会之间就存在差异。

如是,法律地理学者关于法自身及其同空间的关系的思考方式其实同现代法学家的思路相似,"如今我们不再把空间理解为一个单纯的有纵深的维度,清空了任何可想象的内容,相反,空间变成了能量、行动和建功立业的力量源"④。笔者认为,这种相似性正是一种可用以分析的方法,即"二次想象"。该方式既思考法同客观空间的关系,也想象法自身融贯的方式。具体而言,在考虑法与客观空间的关系时,第一次想象主要解决的是客观空间的背景信息(区位、大小),以及基本的要素之间的流动、边界等,尤其是要解决法律文本语词在现实空间状态的对应能力,使法言法语能够完

---

① 林耿、潘凯峰:《地理想象:主客之镜像与建构》,载《地理科学》2015年第 2 期。

② 姚建宗:《法律想象论纲》,载《东北师大学报(哲学社会科学版)》2021年第 3 期。

③ 参见[美]R.J.约翰斯顿:《人文地理学词典》,柴彦威等译,商务印书馆 2004 年版,第 57 页。

④ [德]卡尔·施米特:《陆地与海洋——世界史的考察》,林国基译,上海三联书店 2018 年版,第 67 页。

整表述和定位出现实的或是创造出的空间情境；第二次想象则解决认识主体同客观空间之间所建立起的抽象关系，它包括划分、组合、变换等。从整体的层面上来看，"二次想象"的方法偏向于静态的方法，用以帮助研究者进入空间的抽象层面，其帮助前述范畴形成"事实—权力（利）、法律关系、法律行为（等传统法学范畴）—尺度、边界"这三重之间基本的对应关系。而后，在"行为—结构"的动态分析中构成关于研究对象的矩阵，进而捕捉法律显现的瞬间。

# 第五章

# 法律地理学的范畴体系构建

## ——以地方法治与城市权利为例

> 建构一个引入空间变量关系的区
> 域法治发展理论系统,这是当代中国法
> 学界拟应努力以赴的一项重要的学术
> 任务。①
>
> ——公丕祥

如果纯粹按照逻辑化的方式,三类范畴的基本关系为:尺度是
规范空间里具体主体的行为逻辑,不同主体间的尺度互动促成了
边界的即时状态,而后者进一步巩固规范空间的稳定;反向同样成
立。例如,施米特认为,"大地的法"起点逻辑是"与占取和筑城相
连的,往往是对可利用之土地最初的丈量和分配,如此便产生了最
初的尺度",尺度间的作用首先催生了稳定的民族国家。但囿于空
间限制,层次化规范空间会形成各自的内在正义与和平准则。而
当"大地的法"作为一种整体尺度作用在海洋之上时,虽然划界意
识依旧存在,但是在具体尺度运行方式上已经发生了改变,边界变

---

① 公丕祥:《还是区域法治概念好些——也与张彪博士、周叶中教授讨
论》,载《南京师大学报(社会科学版)》2016 年第 1 期。

得流动不居,完全依赖于海洋国家规范空间内在的连贯性。这就
促成了国际法的产生。① 而其他当代西方法律地理学者将拉采尔、
麦金德的地理模型进一步导入范畴之间的逻辑联系中,作为推动
具体空间尺度变化的动力,影响规范空间的变化与边界推移。或
是用来解读"一带一路"可能带来的规范空间变化、完全城市化假
定下的城市居民权利尺度设定、"邻避运动"中是何种层次的规范
空间占优等具体问题,但是三类范畴在学科内的基本位置没有发
生变化。于是,本章将选择"地方法治"与"城市权利(法治)"作为
分析对象以展现法律地理学中的范畴互动关系,前者对应的是在
建构维度下所创设出的行政区内法治建设如何有效同区域内本土
资源对接,并且同其他行政区之间保持良性的互动关系,进而维护
国家法治的整体一致;后者对应的是在演进维度下人们在现代生
活方式所创造的日常生活空间内如何有效处置和实现法律的空间
正义。

## 第一节　地方差异与地方法治

　　当前学界在使用地方法治这一概念时,各有侧重,以致该概念
同国家法治、央地分权(央地关系)、地方立法、司法地方化、地方自
治等概念纠葛过深,又与依法治省、先行法治化、区域法治、法治地
方、地方法制等表述之间存在极大的相关性与相似性。综观当下
在中国所产生法治概念,如法治中国、法治社会、法治思维、法治能
力、法治方式、法治实践、具体法治、法治战略等,它们形成的路径

---

　　① ［德］卡尔·施米特:《陆地与海洋——世界史的考察》,林国基译. 华
东师范大学出版社 2006 年版,第 45 页。

有二:一是直接由党政机关(此处党政机关为广义含义,包括中央与地方)经由内部程序进行论证,以决议或决定等形式予以公布,再交由学者做进一步的释明,作为党政机关今后的办事重点并影响到其他领域与层次;二是国内学者将前一方面在实践中的阻力与日常中所暴露出的法治问题,联系相应的法治理论进行论证,后被其他学者所接受,进而成为具有"范式"意义的概念。但是两种路径所形成的新概念又被不加甄别地交替使用,甚至再创造,导致概念所指向的对象重新变得含混、模糊及口号化。于是,在这一背景下,无论是对法治进行何种方面的考察或是证明,都必然要先拨开"概念之网",沿着清晰的逻辑路线发现概念所指向的基本问题、基本共识、基本理论。

地方法治遵循着第一条路径。在地方法治研究的第一个阶段,杨解君教授批判"依法治×"(法治××)的滥用现象存在创造法治单元体、形成地方法治割据等隐忧,随后提出"地方法制化"对"隐忧"进行立法、执法、司法三方面的限制。在这之中,"隐忧"的存在完全立基于杨解君教授所假定的一种极端化语境:地方普遍具有了类似中国香港或是联邦体制下地方的规则制定权,在"特殊性优位于普遍性"思想而非操作原则的影响下会造成地方全面改造国家法等情况。然而在 2006 年,浙江发布《关于建设"法治浙江"的决定》后,浙江本土学者对"法治浙江"的正当性、内容、意义等进行了阐释,在这之中却忽略了杨解君教授所假定的极端化语境与其给出的修正方案,直接将"隐忧"作为一种实然成立的状态进行批判,然而后者仅是担忧因地方会滥用法治建设相关权力,而造成其同其他行政区域之间存在制度壁垒,并扭曲国家法治的实施效果。然而,关于权力边界的问题,在当前央地权力配置中未有完全明确的条款说明,并且区域间的制度壁垒难以测算评估。事实上,针对"法治浙江"战略的提出,时任浙江省委书记的习近平同志在"八八战略"之下有系统解答,其思路是,一方面浙江省较之国内其他省份具有经济先行、尚理文化等特点,"先发地区必然遭遇先发问题,某些方面走在前列并不意味着所有问题都能迎刃而解",不能使"癣疥之疾"变成"心腹之患",对社会转轨期内的各项问题应当高度重视,认真解决。① 另一方面,既强调国家法治原则在地方法治建设中的底线属性,又明确将地方空间作为最能反映和惠及基层群众日常生活需要的重要空间。"建设'法治浙江',就是要在坚持中国特色社会主义民主政治方向的前提下,……把人民群众的民主要求,包括人的权利、人的利益、人的安全、人的自由、人的平等、人的发展等,全面纳入法治化轨道。"②简而言之,"法治浙江"的基础是立足浙江、理解浙江、发展浙江,明确作为"地方"的浙江需要什么、发展什么。

葛洪义教授在这一逻辑的基础上,更为抽象地将"地方法治"放置在"国家—市民社会"的框架内做进一步提升,但却存在两方面的语境矛盾。第一,从法律自身的合法性与正当性出发,葛洪义教授认为国家法治不能够纯粹、独立地存在,而必须受到其他方面的制约,并且在这之中,社会力量是现代法治合法性的根本来源。但在随后的地方法制意义中,葛洪义教授没有对地方做概念上的进一步处理,而是将其作为政治意义上与中央相对的政治范畴,这

---

① 习近平同志指出,彼时浙江省存在城乡居民收入差距加大、生产要素供给日趋紧张、生态环境问题比较突出、社会发展相对落后、安全生产和公共安全方面的形势严峻、市场经济秩序不够规范等问题。参见习近平:《干在实处 走在前列——推进浙江新发展的思考与实践》,中共中央党校出版社 2006 年版,第 45、235 页。

② 习近平:《干在实处 走在前列——推进浙江新发展的思考与实践》,中共中央党校出版社 2006 年版,第 355 页。

样一来,地方与社会在概念上的差异就无法兼容。换句话说,"国家—社会"框架同"中央—地方"框架在没有理论做进一步勾连的情况下,无法相互转化。第二,从法治的内在要求出发,葛洪义教授认为法治需要实施,但实施必然不是在国家或是中央层面的,而是必须视角下沉,"法治可以是抽象的,法制则必须是具体的"。① 其中,一方面,法律不会是一个封闭的体系,而必须从实践中发现相应的需要与矛盾来修补法律本身的内在缺陷;另一方面,法律必须直接面对具体的地方问题,"需要直接立足于各级地方的规则与制度建设"。于是,在"国家—社会"的框架内,葛洪义教授创设了一个封闭化、教条化的假想:"中心—边缘"的既有模式与法律的内在理论相悖,国家法治是一个不贴实际、不具体的法治模式。同时,由于法律源于社会,"那么国家权力的体制与法律也就没有绝对必然的联系"。② 概而言之,其整体路径表现为:(1)法律源于社会,良好的法律应充分反映社会需要;(2)当前法律没有源于社会;(3)地方法治具有正当性。这一论证路径被广为接受,但存在的问题是,"地方"如何被法律所定义,又如何对日常生活及法律产生影响? 而这恰是法律地理学需要解决的"地方法治"的本体论问题。

## (一)国家空间与地方空间的关系

列斐伏尔认为,国家权力的运转目的是保证使某些少数者的利益,或是某些阶级或者阶级的部分利益被强加于社会之上——"如此有效的影响使得这些利益无法与普遍的利益区别开来……

---

① 参见葛洪义:《中心与边缘:"地方法制"及其意义》,载《学术研究》2011 年第 4 期。

② 参见葛洪义:《中心与边缘:"地方法制"及其意义》,载《学术研究》2011 年第 4 期。

但是我们一定不要忘记,上述的这种构架就是空间的构架……没有空间的概念和空间生产,权力的构架(无论是作为事实还是抽象)都不可能轻而易举地实现具体化"①。"伴随着空间的产生,它的产物,就是所谓的国家领土,国家转而将目标转向本国的历史状况和民族历史,并改造它们。随后,国家在空间内部产生出社会关系。正如它所展示的那样,它延伸到更远的地方。它创造出一个支撑物,一个属于它自己的空间,这就是它自身的复杂性,这个空间在一个世界空间的中心管理并组织着一个分裂的国家空间。"②在列斐伏尔这里,空间既然是社会性、政治性的,又可被作为动态历史性的生产对象与主体,那么就必然还会存在关于国家的空间政治史。列斐伏尔将之明确划分为从绝对空间到抽象空间的过程,并且在这之中,国家(中心化)空间是列斐伏尔论述空间史时所采用的基本单元。

具体而言,绝对空间的起源(如果非要用这个词的话)是田园—牧歌空间的片段,是一系列被农民或游牧民族或半游牧民族命名和开发的地方。从有统治者和征服者活动的那一刻开始,该空间的一部分便被赋予了新的角色,并从此呈现出超验的、神圣的(也就是说在那里存在着神圣的力量)、神奇的和广袤无垠的特征。但矛盾的是,绝对空间仍继续被视为自然的一部分。而且,其神秘和神圣(或被诅咒的)的特征被归结为天威的作用——即使事实上是政治权力硬将这一区域从自然背景中掰下来,其新的意义是完

---

① Henri Lefebvre. *The Production of Space*. Blackwell Publishing Ltd,1991,p. 243.

② 参见 Neil Brenner, Stuart Elden. "Henri Lefebvre on State, Space, Territory". *International Political Sociology*,2009,3(4):353-377.

全是以这种政治活动为基础的。① 其中,一方面,游牧国家与领土
国家的根本区别在于后者具有了中心化的力量来收摄周边地区,
甚至收摄自然;另一方面,绝对空间是一种不完全的状态,其中心
与其说是国家,不如说是代表着一种城市—乡村的简单形态,前者
意味着有着基本决事功能的场所(议会所)与人交往的场所(市
场),后者是原始的聚落,分布在前者的周围。而绝对空间之所以
被视为国家空间的早期形态则是由于在后一方面中并没有出现专
业化、规范化的同质化工具(仅是自然而然形成的血缘同质形
态)——占有这种空间的政治社会力量也有其自身的行政管理与
军事管辖的范围:法律学家与军事人员在这幅画面中发挥着举足
轻重的作用——并且国家权能的产出是以自然为模板的,此时勉
强地体现为一种"存在者—存在"的共在。②

列斐伏尔认为,在古罗马时期,绝对空间构成下的国家空间出
现进展——"对空间的(社会的)和精神的管理由此诞生了,而它又
将会引起西方社会(及其意识形态)的产生——也就是(罗马)法
律、法的概念,以及世袭的概念、司法和道德父权的概念等的产
生"③。父权将裁判法(法律)强加于母权,这一做法使得抽象观念
跻身到了思想和法律的行列。抽象观念是由父亲所提出与设定
的,他对土地、财产、孩子、仆人和奴隶及妇女行使着统治权。④ 当

---

① Henri Lefebvre. *The Production of Space*. Blackwell Publishing
Ltd,1991,p. 208.

② Henri Lefebvre. *The Production of Space*. Blackwell Publishing
Ltd,1991,p. 71.

③ Henri Lefebvre. *The Production of Space*. Blackwell Publishing
Ltd,1991,p. 209.

④ Henri Lefebvre. *The Production of Space*. Blackwell Publishing
Ltd,1991,p. 209.

寡头或者是国王可以宣布自己力量存在的那个时刻,空间的转换就是势在必行的了,因为当政治的力量控制了整体,那么有机体就会放弃原本属于自身决断下的存在,而必然让位于政治原则。[①] 此时,法律及其行使组织的出现意味着国家空间出现了超越自然,甚至割裂自然与人日常生活的可能,国家空间内政治意志能够因此宰制秩序,并创造出其所期望的空间规则与空间形态——"连同逻各斯和逻辑一起,法律也被重建,契约的(规定的)关系取代了风俗和习惯性的限制苛求"。

列斐伏尔在讨论国家空间与国家的空间结构之时,没有遗忘对现代情境的描述,尤其是在马克思将当代西方国家生产方式称为资本主义之时,空间既然作为生产的替换,也被列斐伏尔赋予了一个独特阶段的含义:抽象空间。这一类型的国家空间是在 16 世纪之后,也即是"现代性—现代化"互动程式崭露头角之后,国家凭借自身理性主义的发扬,裹挟法律等管理工具,开始逐步出现并完善自身,其意味着一种政治化、同质化特质充满了整个国家空间。

首先,这是一个有着合法暴力统治的空间。列斐伏尔回溯了博丹以及霍布斯的国家理论后认为:"国家'自由论'主张中,国家是公民的'普遍的善'的体现和对公民冲突的公平仲裁;而'权威'理论则强调,要用'普遍意志',用一种统一合理性作为论证中央集权力量的合法性的根据,也作为论证官僚政治的系统及政治机构的存在和重要意义的根据。除了上文罗列的抽象空间生产的方方面面之外,也许还要加上一则适用于历史和层累领域的普遍性隐喻,也就是把这些领域转变成为一个暴力被理性遮蔽、统一的合理

---

① Henri Lefebvre. *The Production of Space*. Blackwell Publishing Ltd,1991,p. 237.

性被用来证明暴力是正当的之空间。结果是，这种走向同质化的趋势决非如表面上看起来的那样，与之相反，它只能通过这样的隐喻——舆论、议会民主、霸权或者国家理性才能被察觉到。或者可以看作一个企业，在每一个真正特别的反馈机制中，知识和权力之间的交易、空间和权力话语之间的交易，变得花样翻新，并且控制有序。"①正在讨论中的"分配"在自由和平等的面具下，甚至在博爱和正义的旗帜下展开。法律的职能是编纂规则，"最完善的法律就是最非法的"（Summum jus, summa injuria）。②

其次，这是一个统一的、均质化的，甚至也可以是封闭的空间。列斐伏尔认为，在积累的抽象空间中，国家的"极权使命"成形，它倾向于把政治的生活及其存在看作优越于其他所谓的"社会"和"文化"实践形式，同时把所有那些政治存在物集中于一身，并且在此基础上宣称主权的原则，也就是它自己所拥有的主权的原则。在这里，国家作为一个既虚幻又真实、既抽象又具体的"存在"而建立起来——除了那些由权力所派生出来的关系限制，它被认为是没有任何限制的。③

在国家空间下的政治维度中，空间与空间之间除了会表现出

① Henri Lefebvre. *The Production of Space*. Blackwell Publishing Ltd, 1991, pp. 243-244.

② 对此，刘怀玉教授进一步印证道：这句格言是"古罗马思想家西塞罗语，亦可译作'最大的正义即最大的不义、至公正即至不公正等'"。参见 Henri Lefebvre. *The Production of Space*. Blackwell Publishing Ltd, 1991, p. 278.

③ Henri Lefebvre. *The Production of Space*. Blackwell Publishing Ltd, 1991, p. 242.

前述的叠接之外,在地方空间与国家空间之间,还存在两层性质。①

第一,地方空间是被国家空间支配的空间。

列斐伏尔认为,国家在世界范围内正在得到巩固和加强,它全力以赴地向社会施加重压:借助知识与技术或利用类似的强迫手段,"合理性"地规划与组织社会,也不去考虑政治意识形态和历史性的背景,或者那些执政者的阶级起源。国家靠把各种差异简化为各种重复或各种循环(被赋予均衡、反馈、自我调节等称号)来碾碎实践,现代国家明确地把自身推进并强加为国家中的各种社会团体与各种空间的一个稳定中心,国家把社会与文化领域都平面化了,它强化了一个将各种冲突与矛盾终结的逻辑。② 国家空间的内在逻辑是强化版的绝对空间,以主权为核心的国家支配一切,并且其不会去考虑一个基本的历史性的传递,而是每每呈现出一种"部分断裂"与重新组织的特征。"每一个国家新的形式都以自己特殊的方式描绘出了被分割的空间,并引进了它独有的关于空间的话语、关于空间中的事物和人口的分门别类的管理方法……每一个这样的形式都要求空间满足它的目的",这也使得有可能产生一种特定的非批判性思维模式,以便于只是对于作为结果而发生

① 列斐伏尔认为,民族国家必然要依附在一片领土之上,领土构成了空间的轮廓,而国家则是这一空间的管理者,作为主导性的力量来谋划空间的走向……并以此贯穿各个阶级……整个国家空间及国家空间之中的各空间都被国家本身———一种叠接的形式来管理,并迸发出不同的状态,每个特殊、独立的小空间也会逐步地映射出与国家空间即时构造所不同的力量。参见 Neil Brenner, Stuart Elden. "Henri Lefebvre on State, Space, Territory". *International Political Sociology*,2009,3(4):353-377.

② Henri Lefebvre. *The Production of Space*. Blackwell Publishing Ltd,1991,p.52.

的"现实"进行表达,并且接受其表面上的价值。① 此时,地方空间即是一种在由国家主导的技术、实践、意志等范畴下被改造的空间,作为符合国家理性要求的空间,其被国家空间所支配。尤其是,应当认识到列斐伏尔在谈论国家空间、地方空间时,其实已然带有了关于空间的政治维度的讨论,政治被其作为一条"引线"串联起了这两种空间。

第二,地方空间是国家空间的取用性空间。

社会空间的场合非常不同于自然空间的场合,后者往往表现为一种既定的、客观的生态循环与交融,所以二者之间不能够简单地相提并论,但它们是可以彼此介入、互相合并或是彼此依存的——"随之发生的是,地方(或点状,从被特定的点所决定的意义上来说)不会消失,……国家与区域高度接纳了无数个'地方';国家空间包括区域;而世界空间不仅仅容纳了国家空间,甚至(至少从目前情况来看)通过引人注目的分裂的过程促进了新的国家空间的形成,所有这些空间,都被千变万化的趋势所塑造,既有冲突,也有渗透与促进"②。地方空间在平面上表现为拼接积木式的搭建,若干个地方空间拼接成了现代语境(抽象空间)性质的国家空间,而国家空间不能完全吸纳地方空间,后者之于前者既有"在……之中"的含义,也有着取用性空间的意蕴:"对一个自然空间的改造是为了满足社会群体的需要与可能提出的要求,也就是被该

---

① 此处所言的"部分断裂",是因为列斐伏尔认为国家决策所采用的理性主义路径实际上是一种计算,而这种计算是在"技术—目的"维度下生成的,也即是以国家目的为指向的技术化运用,其所代表的是对历史要素的选择性使用,而非完全遵从。但其中依旧无法完全排除决策者也即是国家本身的思维路径会受到历史要素的影响,所以此处称之为"部分断裂"。

② Henri Lefebvre. *The Production of Space*. Blackwell Publishing Ltd,1991,p. 101.

社会群体所使用。"也即后者之于前者还有"用以（被作为）……"的含义。①

但是列斐伏尔提醒道，"取用"关系只有加上"被谁和为谁使用"才能够完整。在国家空间与地方空间的范畴中，地方空间是被国家空间用来为国民服务的取用空间。当然，在异化的情境下，地方空间则是被国家空间用来进行自身扩展与统治服务的取用空间。在进一步的批判中，列斐伏尔指出："因为国家的理性化，以及种种技术、计划与规划设计的理性化，激发了反对的力量。这就是在地方空间之中，更为确切地说，是由地方居民日常生活及实践塑造出的空间景观。"②地方空间有着弥补追求同质化分配的国家空间缺陷的功能。

**（二）空间角度下地方法治与国家法治的关系**

虽然前述已然提及了地方法治的出现、功能等方面都与国家法治有着千丝万缕的联系，但在进一步阐释空间特质、地方空间与国家空间之间关系的基础上，还应对当前一些不必要的争论与误解进行澄清。

第一，地方法治与国家法治之间的结构关系是叠接。

当前地方法治研究中一个普遍存在的"过失"在于谈论地方法治就意味着观察和指导地方权力对地方事务法治化建设的活动，而僵化地排除了国家法治在地方法治的作用。事实上，只要承认地方法治的任务是要缓解国家法治中的困局，那么也就意味着国

---

① Henri Lefebvre. *The Production of Space*. Blackwell Publishing Ltd,1991,p. 157.

② Henri Lefebvre. *The Production of Space*. Blackwell Publishing Ltd,1991,p. 52.

家法治必然会对地方法治产生影响。一方面,从《立法法》中所规定的权力范围来看,第八条规定了应由全国人大及其常委会立法的事项,并且通过立法审查制度来限制地方立法行为。而第七十二条规定:"省、自治区、直辖市的人民代表大会及其常务委员会根据本行政区域的具体情况和实际需要,在不同宪法、法律、行政法规相抵触的前提下,可以制定地方性法规。"该规定不光意味着地方仅享有受限制的立法权,也意味着地方立法必须遵从国家法律的规定,也即在地方空间中至少是由法律、行政法规、部门规章、地方性法规等规则体系对日常生活进行集体作用,而不单纯是地方性法规在地方法治中有着主导性的作用。另一方面,以《道路交通安全法》为例,该法第六十七条规定:"行人、非机动车、拖拉机、轮式专用机械车、铰接式客车、全挂拖斗车以及其他设计最高时速低于七十公里的机动车,不得进入高速公路。高速公路限速标志标明的最高时速不得超过一百二十公里。"而《广东省道路交通安全条例》第三十四条规定:"低速载货汽车、三轮汽车、拖拉机不得进入高速公路、城市快速路,也不得在大中城市中心城区内的道路通行。其他限制拖拉机通行的道路,由地级以上市人民政府根据当地实际情况规定,并报省人民政府批准。"其中,后者没有完全陈述前者所规定的禁止在高速路上行驶的车种,却在前者规定的基础上进一步加入了其他车种以及道路种类,这时如果只见后者不见前者,那么显然是偏颇的,地方上是由二者共同作用的。同时,在广东省所颁布的该条例中,还有着大量地方情境内所可能出现(或是可以出现)的驾驶行为,如电动车不得超过一点五米、电动车有安全座椅的可以载一名身高一点二米以下儿童等规定。这些规定就构成了地方空间内的交通景观:一点五米以内的电瓶车可在广东省内行驶等。所以,地方法治与国家法治之间的结构关系就是叠接,二者共同对日常生活产生影响。

而差异之处就在于,地方法治所要法治化的对象以及其法规的内容是由下至上生成的,是在充分客观地感知到当地空间景观后得出的,其可以具有特殊性,而国家法治必然是国家空间范围内对应于普遍性调整对象的规定、对法益的承认等,其不可避免地会由于立法技术、立法内容的限制而对日常生活自上而下地进行发现与剪裁,而地方法治则是在国家法治所裁剪掉的碎片中,再度发掘适合自身的、能够满足地方需要的内容。

第二,地方法治不会割裂国家法治的整体性。

当前,地方法治论者首先面临的指责是:宣扬地方法治会损害国家主权,甚至滥造出法治单元体来。关于主权,博丹借用亚里士多德政治理论中的两个观点来为主权的出现进行铺垫。一是沿用"个人—家庭—国家"的进化脉络,强调秩序良好的国家之于个人的重要性,将国家定义为:"一个拥有主权的,由若干家庭和那些体现他们共同事务所组成的正义之政府。"①二是将父子、财产、主奴、婚姻等共同体内烦乱杂多的社会关系完全转化为以服从为基础的"君臣关系"。博丹认为主权国家内部的联合是基于强力的威权主义模式,各类权力在本质上可以通约,但存在绝对的高低、大小之别,次级权力的合理合法性源于并且服从于最高权力。于是,主权倾向于早期政治式维度,具体是一种由"共同体所有的绝对且永久的权力",共同体内个人政治化为公民的标志在于对一个共同主权者的服从。②但是博丹没有对"服从"做更深入的解读,而是将重点

①　[法]让·博丹:《主权论》,李卫海、钱俊文译,北京大学出版社 2008 年版,第 26 页。

②　[法]让·博丹:《主权论》,李卫海、钱俊文译,北京大学出版社 2008 年版,第 25 页。

放在对主权绝对性、永久性、不可分割性的解读之上。随后，在霍布斯、奥斯丁等人的强调下，"服从"成为一个衡量主权的主要标准，也即是说主权者—臣民之间是绝对的服从关系。但这却演化为了一种僵化的思想：绝对的服从关系意味着所有行动都要从主权者的指令中得来，未经过主权者的明确表达，任何自主化行为都将被视为一种僭越。对此，地方法治论者（包括支持地方立法权的学者）都认为，主权在当前形势下不再面对着彼时西方"群雄割据"的局面，而是在一个相对稳定的国家内，主权决定着根本性事项（政治体制等），日常运转则交由主权之下的治权完成，而治权是可分的，于是，地方法治不会是一种僭越。① 然而，在这种证成路径中，我们可以转化到另一层面上看：中央与地方是行政建制上的上下级关系，而另一层上下级关系则在于各部委（或各农业、水利等专门领域）实际上也有着同中央之间的分权，于是又可以再次滥造出"农业法治""公安法治"等无特殊意义的表述。

可实际情况是，一方面，因为我们在起点处就缺失了地方法治化对象以及地方的问题图景，根本不知道所要法治化的对象是什么，试想，在现有体制下，某一地方直接规定省级直选代表制、规定地方人大享有全部立法权，这种法律能够通过审查吗？会有足额的民众投票赞同这类法律规定吗？另一方面，按照列斐伏尔对国家空间特质的描述，某一空间要在当下被作为国家空间来看待，其至少要具有成熟的理性决策系统、完善的组织机构、足够的暴力机构及基本自足的财权来塑造出一个能够相对自我封闭、自我流畅运转的空间结构，而这对于当下的某省来说，也不具有可能性。再

---

① 参见倪斐：《地方法治概念证成——基于治权自主的法理阐释》，载《法学家》2017 年第 4 期。

一方面,由于缺失地方法治的相关任务,即不知晓地方法治的意义到底是什么,以致根本无法获知进行地方法治到底要什么权、要多大权。

所以,认为国家范围内的某个地方在当前既有权限框架内能够创造出全新的法治单元体,无疑是一种"痴人说梦""杯弓蛇影"的想法。虽然中国港澳地区、台湾地区与内地存在较大差别,但在《立法法》《地方各级人民代表大会和地方政府组织法》《选举法》等法律法规的约束下,内陆某省根本不可能通过"法治"的方式使自己成为另一个"香港"。况且,香港地区同样要受到《中华人民共和国香港特别行政区基本法》的约束,与其说其延续英美法传统是"地方制造",不如说其是在空间观念下,由国家空间对该地方空间进行技术化地处理与分配而形成的。而台湾地区同其他地区的相异之处则在于现时国家空间对之的影响表现在一种弱层面上。

事实上,这种证明方式是一种弱相关的证明,假设危害主权的现象存在,那么这种程度和标准是法治能够进行表达的吗? 运转着不同法系的地方会是危害(港澳是英美法系,内地是大陆法系)主权的吗? 还是因为有着某种权力就意味着危害的出现呢? 然而,对于国家与地方而言,前者由于理性主义的困局,根本无法全权、事无巨细地指挥、监管到所有权力,而必然会出现权力的让渡与权力行使的自主空间,如果此时,我们认为地方同国家之间的关系是地方等同于地方政府,其是自上而下的组织机构衍生,那么地方政府所具有的权力就不是一种独立的权力,而仅仅是代理权。而如果认为地方政府(地方)是自下而上形成的,是"分权"中的分,意味着原本社会契约给予国家的权力被国家再次分给地方,使其能够成为一个相对独立自决的权力主体,那么此时无论是从来源还是从行使时所要遵守的程序条件来看,地方空间都不具有僭越成为国家空间的可能性。

第三,地方法治对国家法治的功能是促进。

正如前述所言,叠接所表达的是共时性特质,具体是一种空间之间的相互重叠与渗透(当然还包括一些冲突,但冲突是会在重叠之后被解决的),也即是一种平面上的相互补充。地方空间不是地方政府塑造的空间,国家空间也不是国家机关的空间,而是由空间内居民与权力、资本机构相互作用塑造出的。同时,地方空间之于国家空间而言是取用性空间,即日常生活的历史性表现会在地方空间中得到明确体现,于是国家法治在塑造国家空间之时,需要从地方空间中获取相关的具体内容来支持决策的正当性与有效性。尤其是地方空间同样具有生产的功能时,由于其更为贴近日常生活,所以能够在原本的"国家—个人""个人—个人"的社会契约框架中,减少相应的信息损耗,而成为直接表现、贴合人们日常生活的场域,此时国家法治就能够从中获取相关有益的内容再做推广。所以,地方法治之于国家法治的关系不是"替代"而是"补充",地方法治需要弥补国家法治在"现代性—现代化"架构中日益增加的理性主义计算负担,而谋求一种直接在地方空间发现和产出的日常生活直观,鼓励个人能够在最为贴合自身身体实践的地方空间中最大化地表达自身偏好、增加自身参与国家政治生活的可能性并培育相关能力,从而跃升为整个国家空间内的以日常生活为主要内容、真正以每个人为对象的法治建设活动,提高其有效性。

第四,地方之间的差异性通常是在生产关系发展阶段中表现出来的。

地方之间确实存在着不同程度上的特殊性,但这一方面与地方本身所处的发展阶段有关,例如广东省之所以有着"土地第一拍"、率先提出商事主体之规定、提高违反《道路交通安全法》罚款金额等创新或是先发的法治现象,原因就在于广东省更早地进行社会主义市场经济建设,与其他省份相比处于领先的发展阶段;另一方面,发展阶段也取决于地方空间本身的社会关系互动,例如以酿酒闻名的四川省就最先颁布《四川省酒类管理条例》,民间资本活跃的温州地区率先成为民间融资改革的试点等行为的背后都是空间中权力关系、资本关系与地方居民文化关系之间的互动,其中既要考量从中央分派的发展任务,又要衡量本地所拥有的资源优势。如果继续观察资本逻辑,还可以发现,既然资本需要借助重重空间化的生产来打破自身极限,那么资本还会对空间进行初步的筛选,将空间划分为"发展"与"欠发展"空间,而后一空间往往具有充足的劳动力储备与补充性市场,进而用以弥补"资本主义生产力的间歇性与矛盾性发展"。也即是说,"资本主义存在本身还要以地理上的不平衡发展的支撑性存在和极其重要的工具性作为先决条件",资本加固了地理不平等来谋求超利润率,差异必然存在,但却在整体范围内表现出利润率的平均化。[①]

更具体言之,秦朝时地方的空间生产活动不具有强大的资本扩张动力,仅以简单的日常行为作为主要内容,以"家庭、宗族为基准的乡村社区只需要凭借土地就能够实现自给自足,内在包含了再生产和扩大生产的一切条件,缺乏进一步分化的动力"[②]。此种背景之下,地方内部的空间结构一方面是在"犬牙相入"和"山川形便"的地理划分标准下,以家庭为核心的经济体通过小商品经济在县域建立起的松散联合,并且因家庭内部"析产不分家",始终保持稳定的血缘联系。另一方面按照宗法礼制的规定,每个人身处于

---

① ［美］爱德华·W.苏贾:《后现代地理学——重申社会批判理论中的空间》,王文斌译,商务印书馆 2004 年版,第 150—160 页。

② ［英］安东尼·吉登斯:《资本主义与现代社会理论:对马克思、涂尔干和韦伯著作的分析》,郭忠华、潘华凌译,上海译文出版社 2013 年版,第 35 页。

礼制下的家庭结构中,依据长幼亲疏对行为准则进行分类规定,同时又将人按照贵贱、良贱、主奴进行划分,以对应不同的社会地位与不同的刑罚。① 而中世纪城市则相反,纯粹的小农经济无法满足所有需求,皇廷以及大的领主在十五世纪以前都要不断地在其领土内从一处周游到另一处,才能收到供养家臣的租金。② 此种环境下,国王与领主争夺同一空间中的利益,于是国王往往越过领主而直接向城市颁布特许状以换取相应的对价,城市就通过货币经济盈利的手段从不自由的地方上升到自由的地方。③ 在国王与城市之间,特许状具有社会契约的形式,是"一类进入某种身份的协议,即进入一种其条件由法律规定并且不能由任何一方意志所更改的关系之中的协议";在城市与城市市民之间,特许状具有城市宪法的性质,不仅免除了许多封建劳役和赋税,还包含对王室特权的限制。④ 从城市空间规划来看,教堂及其毗邻的市场及市民广场是整个空间的中心,其他部分从中心放射出去,呈圆形分布。⑤ 也就是说城市居民在身份等级上不存在较大差异,城内贵族被城市空间外的骑士所嘲笑,乃至不能同城外贵族通婚,并且在这个社区里,自己作为法院里的裁判者,参与赋予市民权利的客观法修订,多数

---

① 瞿同祖:《中国法律与中国社会》,商务印书馆 2010 年版,第 253 页。

② [美]刘易斯·芒福德:《城市发展史——起源、演变和前景》,倪文彦、宋俊岭译,中国建筑工业出版社 1989 年版,第 266 页。

③ [德]马克斯·韦伯:《经济与社会》(下卷),林荣远译,商务印书馆1997 年版,第 593 页。

④ [美]伯尔曼:《法律与革命——西方法律传统的形成》(第一卷),贺卫方、高鸿钧等译,法律出版社 2008 年版,第 388 页。

⑤ [美]刘易斯·芒福德:《城市发展史——起源、演变和前景》,倪文彦、宋俊岭译,中国建筑工业出版社 1989 年版,第 233 页。

居民都拥有参与政治生活的诉求与可能。① 在当代任何一种情形中,新的地方网络诞生后,即被构造成嵌入大地上的固定资本和组织化的社会关系、制度等构型。通过资本投资不平衡的简单逻辑、大量涌现的劳动力、地理分工与不断增长的碎片化再生产行为,"特殊"与"他性"在地方空间中被生产出来。当某一发展阶段所塑造的地理景观成为进一步积累资本的障碍时,受地方限制的固定性和资本的空间流动性之间的张力相互作用,便会爆发一般性危机。因此必须围绕新的基础设置、生产中心,以及改进了的治理体系和对地方的调节目的,对地方的地理构型进行重塑。在交通成本下降的时候,地方固有权力大大削弱,人们能够更加自由地选择地点,进而又使得资本更多地而不是更少地利用地方间在资源质量、数量、成本和便利实施方面的细微差别,资本对地方性质已经变得越来越敏感。尤其是资本积累在城市化网络的不同地方表现出来的吸引和排斥的特殊辩证法在时空上是不同的,也随着其所涉及的资本派系而变化。当前,"不同的地方对应着金融资本、商业资本、工业—制造资本、财产和土地资本、国家资本以及农业综合企业资本,都有着完全不同的需求,以及完全不同的为资本积累而开发城市的方式,张力便在不同中产生,并且这种张力往往在一国之内表现为对抗性的,各个地方都在争取吸引资本注入"。

　　虽然地方具有贫富差距、隔离、排斥是一个普遍现象,但不同地方在出现这些现象之时所承受的互动力量配比不同,使得地方问题在程度上以及在具体的分布与成因上都不尽相同。例如哈维用奥斯曼巴黎城市改造规划的实例来说明隔离的成因,这一改造

---

① ［德］马克斯·韦伯:《经济与社会》(下卷),林荣远译,商务印书馆1997年版,第646页。

虽然是要通过设立不同的分区来整合并再规划城市中的道路与具体区域的具体功能,但分区的结果却造成了人的分离,以此显露出"你是谁、你的工作、你的追求、你的背景以及你的目标",区域与区域之间的有形距离进一步内化为某种道德距离,将阶级分割开来,而在美国的"城市更新计划"中,不同的资本、权力与社会之间的力量互动却是呈现出另一番景象。[①]从空间哲学所描绘的整体图景来看,以往的国家法治活动所带来的只是对技术细节上的改善——例如大量移植或是统筹推进,它们都是在被称为"专业""成熟"的理念下塑造出来的规则体系,各个地方只是被作为整体的"一盘棋"。而这样一来,面临问题的特殊形态或是新兴表现时,法律就让位于政策,也脱离了更具体的生活。

在图 5-1 中,原本对警务工作的治理逻辑是地方与地方之间不存在权力的勾连,地方警务权仅通过自下而上的路径逐层归到公安部,然而在三亚市、哈尔滨市却设立了跨地区警务站拟处理当地哈尔滨人(户籍地)的相关问题。在这之中,形成了"黑龙江省三亚市"的戏称,且很直观的联想是:东三省在冬季的气温约为零下 20 摄氏度,而三亚在最冷的 1 月至 2 月,平均温度都达到了 16—24 摄氏度,哈尔滨人为躲避冬季的寒冷而前往三亚过冬。2015 年海南省统计年鉴表明"候鸟人口"有 115 万,到了 2016 年,则达到了 121 万,占常住人口的 13.2%,其中多是北方人口。可是,更深层次的逻辑却是:(1)于空间上的基本反映是"炸烟囱"。东三省作为 20世纪 90 年代之前的国有经济重镇,一直引领着全国经济发展,可与经济地位冲突的是,国企运转的内部化以及利益分配不透明使

---

① 参见[美]大卫·哈维:《巴黎城记:现代性之都的诞生》,黄煜文译,广西师范大学出版社 2010 年版,导论。

图 5-1　在三亚设立的哈尔滨市公安局警务站

得基层工人无法分享到相关红利,日常生活中流传着"工人拼命干,赚了几十万,买个乌龟壳,坐个王八蛋"等顺口溜来讽刺彼时的官僚作风,而在市场经济改革、国有企业改革、精简机构改革之后,引发了"下岗潮",大批工人下岗(东三省下岗人数在 1997 年底达到了大约 259 万,约占全国下岗人数的 22%),东三省为应对市场经济转型大量拆迁、破产以往的企业,城中随处高耸的烟囱被拆除。① 但东三省此后却并未在中央的扶持下恢复以往的经济地位,2010 年的全国第六次人口普查显示,东三省人口净流出 180 万。不过,应注意的是,彼时东三省下岗职工与其他地方的下岗职工相比,多为素养较高的下岗技工和城镇人口,不再以农田为依赖,这

———————

① 彼时单位制下的东北,许多工人已经上了数十年的班,日常生活中的一切都在既定轨道上运转,察觉不到外面的世界正在不断地改变,也即是海德格尔所言的"沉沦"。这种日常生活不仅丧失了创造力,而且一切制度都是围绕单位制的良好运转而发生的(包括体制外的纠纷处理机制:由单位领导牵头和解,甚至由单位领导代为裁判)。当既有轨道被打破,原本系统内的工人都将面临新的体制机制及"操劳"活动。所以,法治、法律内容与重心都发生了较大的变化。

也使得其更具有"迁徙"的倾向。(2)"东北村(小区)"的形成。1991年国务院发布《关于全面推进城镇住房制度改革的意见》推动房改,加之1992年"南方谈话"加速房改,数千亿元资金涌入海南,使得彼时总人数不过160万人的海岛上出现了2万多家房地产公司,并且整体开发面积仅海口就达到了800万平方米。而国务院于1993年开始调控房地产行业,导致海南楼市泡沫破裂,全省"烂尾楼"达600多栋,闲置土地18834公顷,迫使海南成立发展银行并发布相关刺激地产行业的规定来解决这一问题。而这引来了大批获取了安置费的东三省下岗职工涌入,促进了"东北村"的形成。所以,至少海南的楼市政策及地方规定与其他地方存在根本的不同:必须满足"旅游地产""候鸟楼市""库存高企"等特质。[1] 从根本上讲,在旅游业发达的海南,空间就已经成为被生产的产品,海南本地不断以打造"旅游城市"为核心对景观和空间加以改造,形成了各项旅游产业及与之相配的餐饮、住宿行业。而景点周边经营"农家乐"的个人也随之调整了自身的生产生活方式。因此,《海南经济特区反不正当竞争条例》第二条对《反不正当竞争法》的调整范围作了扩充,将主体扩大到从事与市场竞争有关活动的非经营者,就不难理解了。

图5-2左侧是位于杭州市余杭区星桥街道的"天都城"(全称广厦天都城,又名"中国第一卫星城"),从中可见,天都城的各项景观均与法国巴黎惊人地相似。其当然反映出彼时"受消费控制的科层社会"之倾向:对于2000年而言,大国自信以及杭州对自身能力的信心都没有建立起来,而法国巴黎作为成功的世界城市,使得人

---

[1] 参见《海南房地产如何避免重蹈覆辙》,http://gz. house. 163. com/special/gz_guojilvyoudao2/,最后访问日期:2018年2月16日。

们认为这就是"好"的,于是直接进行复刻并将自身(天都城)转化为"世界名城"的路径就是资本简单选择与盲目信从的结果。对于开发天都城的浙江广厦公司而言,其虽然于彼时获得了杭州市政府的大力支持,期望其同万科一道,分别开发天都城与良渚文化村,树立杭州房地产行业的新景象,但"随着政策调整,1 号线穿城(地铁)计划泡汤,政府配套化为云烟……2009 年左右,天都城成为杭州市房地产行业的反面案例",甚至被称为"鬼城",直到 2015 年政策重新调整,为其规划了地铁 3 号线以及相关的教育配套之后,天都城才逐渐"回暖"。在 2002—2007 年间,天都城获得了各种荣誉:"全国人居建设规划设计方案竞赛建筑金奖""杭州十佳人气楼盘""杭州十大最具性价比楼盘""浙江人居经典"等。现实空间中的"鬼城"形态与称号根本不匹配,这之中也透露出了地方政府在进行科学城市规划、塑造城市名片过程中的资本异化倾向,政策的肆意变动直接导致地方整个城市产业布局、生活区布局等方面的改变。① 而原天都城的居民乃至周边居民对这一项目的开放,包括今后相关的所有配套,都无任何决定权乃至参与权,公交线路、地铁线路、学校设置等都无从参与,居民只能跟着资本的需要而迁徙,也因之获得了高昂的拆迁补偿款,使得其能够较早迁入靠近杭州市中心的地区,从而完全改变以往的日常生活。整体的社会关系互动程式中,地方居民乃至企业都完全被地方政府政策"操控"。

---

　　① 当然,这些"名不副实"的荣誉本身也是社会关系作用的结果,是政府为了促进天都城的开发,而赋予了楼盘这些荣誉,期望能够刺激消费者,但显然并不成功。

图 5-2　杭州天都城(左)与法国巴黎(右)的对比

　　所以,这即是地方特殊性之所在,其不是来自简单的静态分析,而是一系列社会关系在政治、经济逻辑的促进下交由资本所通达而形成的。此前,部分学者所指出的地方法治特殊性完全会在全球化背景下被逐渐消融是正确的。但在这种论断中,特殊性暗指文化习俗方面中的特殊,其会逐渐被现代化进程中的政治、经济、文化等多重方面所改造,从而形成一种在形式上趋向于"现代化"的同一。可是"现代化"下的特殊性依旧普遍存在,具体而言有以下几点。

　　1.现代化之前的既有要素(经济成分、地方格局)影响

　　例如长三角、珠三角等经济区内的城市之所以可以联动,虽然有上海、珠海作为已发的经济中心形成带动效应的原因,但经济区

之形成,则是因为彼此在地理上存在相邻关系。又如杭州市与宁波市在自然环境上存在差异:宁波市由岩河、跃进河等河流所分割,而杭州市则是以西湖为中心的分散扩建。所以两个城市在现代化下所形成的城市格局与产业分布存在根本性的差异。自然资源要素也决定了资本的去留,例如在共享单车行业的发展中,仅摩拜单车、ofo单车在2017年的投放量就接近了2000万辆,产能预计可达3000万辆,但是共享产业的兴起所引发的对如何用制度化手段治理单车私用、单车乱停放等问题的讨论,仅在全国部分城市存在,像长春等天气寒冷的城市根本不存在共享单车,无须面临治理难题。再一个则是由当地传统导致的,东北地区较之其他地区而言,显得十分典型。一方面,东北地区气候寒冷,冬季不宜外出,于是多是家族、朋友之间串门"唠嗑"来"抱团取暖"共度寒冬;另一方面,作为老工业基地,东北地区受单位制"包办一切福利""小事不出家属院"的影响,也更为强调交际圈在日常生活中的重要性。所以东北地区无论何种产业都能够发现被"交际圈"分割、融入的现象。例如在当前的互联网时代,"滴滴打车""外卖"等新生经济所导致的问题成为时代热点。可是在东北,"曾一夜间覆盖东北的互联网产业,正在这样一个平静的舞台上快速消退,乃至于濒临真空"。"滴滴打车"被当地形成的"小规模局域网"化的出租车联盟所替代,网络平台所起到的信息传递作用则被"对讲系统"所替代。这使得东北地区的互联网经济比重较之其他地区为少,对相关互联网规则的遵守要求也较低,但更为关键的是,"拒载""半路换车"等不良现象变得更为猖獗,需要更为"精准"的规则来治理。

多琳·马西认为,其有一方面表现为专门面向本土地理要素所形成的"地形政治学",这"不求助于一种简单的对伊甸园式的过去的怀旧,他们关系的是未来的'农场'……'本土性'是制造出来的,其部分来自原自然内部的变化,在政治上可接受的与自然的协商应当涉及本土在节奏(自然节奏)上的变化"①;另一方面,"需要与地方建造过程中的另一参与方'非人类'建立一种创造性的关系,地方不只是人类的构造物",相反,在可生活的地方的创造中,生物物理环境是一种基本元素,"虽然是自然的,而不是社会的",但在生产的过程中却会被打上各种类型的符码,进而对人之日常生活产生影响。②

2. 由具体地方中的资本扩张与资本形式决定

例如杭州市作为电商巨头阿里巴巴的"大本营",全城时下对"未来科技城"等区域的规划完全是以阿里巴巴的产业为基础的,甚至当地居民的日常生活都率先进入了"无现金""移动支付"的时代,这也导致杭州市调整了相关的支付规则、银行管理规则等。在"敢为人先"的深圳,2016 年的常住外来人口有 786 万人,常住户籍人口则仅有 405 万人,这同原本"小渔村"的土生土长式的人口分布比存在根本性的差异,这就使深圳始终有着一种类似美国的"多元文化",在调和当地冲突或是在制度创新方面也更为强调包容与协商。同时,由于深圳本身获得了来自中央的政策支持,其创新也主要是以"经济发展"为第一要义,所以既要在产业选择上求新,如腾讯、网易等多家互联网巨头均在此地"生根",也要在规则方面以促进企业、工厂发展和保障中小企业为主要核心。

3. 资本与政治合谋创设特殊空间

这一趋势实际上是前一点的衍生。对之,最为典型的是当前

---

① [英]多琳·马西:《保卫空间》,王爱松译,江苏教育出版社 2013 年版,第 232 页。

② [英]多琳·马西:《保卫空间》,王爱松译,江苏教育出版社 2013 年版,第 245 页。

的"雄安新区"战略。目前我国正在进行的雄安新区建设以三项原则为指导：一是绝不搞土地财政；二是要考虑百姓的长远利益；三是绝不搞形象工程，即要变土地平衡为城市平衡，变政府争利为让市民获利，变产权少数人拥有为社会共有。① 在这之中，至少有三种力量的运转。其一，对于公民力量而言，习近平曾叮嘱道："设立雄安新区，一定要让老百姓得到更多的实惠，要有实实在在的获得感。"其中"实实在在的获得感"所强调的是要雄安新区原居民发挥主人翁意识配合相关新区建设，可却被地方转译为仅保证原居民在拆迁补偿、房产交易上的利益份额。尤其是在整体规划中，"京津冀协同发展领导小组牵头组织研究论证设立集中承载地有关工作……本着认真、谨慎、科学、民主的原则，新区选址综合考虑区位、交通、土地、水资源等因素"，"《京津冀协同发展规划纲要》也明确提出要深入研究、科学论证，规划建设具有相当规模、与疏解地发展环境相当的集中承载地"。② 一方面，民主不光是按照《宪法》所规定的人大议事制度，由人民群众直接或是被代表地提出意见来对之出谋划策；另一方面，科学规划的要求其实是建立在专业技术的门槛之上，排除了普通民众的相关建议，完全以相关数据、理论、模型、功能需要为依赖。这两方面相加，地方居民只能够被动接受雄安的变化，而流入人口则多是随着资本流动而进驻的，不具有自主性。③ 其二，对于资本而言，北京地区虽然集结了当前国内

---

① 彭飞：《雄安"三变"，能否突破城市发展瓶颈》，载《人民日报》2017年9月20日第5版。

② 参见《详解雄安新区决策、选址经过》，http://china.caixin.com/2017-04-13/101078135.html，最后访问日期：2018年2月17日。

③ 习近平总书记也始终强调："城市规划建设做得好不好，最终要用人民的满意度来衡量。"

最为优秀的资源,但是新资本或是既有资本的进一步扩张却难以在北京继续完成:高额的地价、交通拥挤等带来的流转成本提高都缩小了相关边际效益。这就不得不谋求更为便利、低廉的空间来承载其扩张需求,而雄安具有自身的区位优势:与北京、天津构成一个等边三角形,且已经有了一定规模的交通网,开发度不高,"核心区人口尚不足 10 万人,仅相当于北京的一个社区,可开发建设的土地较为充裕且可塑性强",能够缓解北京的困局。① 其三,对于政策安排而言,在京津冀协同发展的方案中就已然透露出了地方存在产业结构与水平上的差异,而需要互相补充来完成,但是一方面,北京原定于在 2020 年实现人口为 1800 万左右的控制目标,但是在 2014 年底,北京的常住人口就达到了 2151.6 万人,庞大的人口基数与有限的资源供给使得北京出现了交通拥堵、能源紧缺、环境污染等"大城市病",其固然与北京承载了首都功能之外的经济发展功能有关,但改善现状对于北京市政府的治理成本与能力来说是极大的挑战,其必须通过再设新区的形式来迁徙不必要的地方职能进行缓解。② 另一方面,雄安新区承载着同其他地方所不同的期望,目标在于实现智慧城市、绿色城市等新兴城市理念,"要坚持生态优先、绿色发展,划定开发边界和生态红线,实现两线合一,着力建设绿色、森林、智慧、水城一体的新区"。这三方面相加,就足以使得雄安新区所需要的法治建设,无论是在规划设定程序(是完全开放和民主,还是科学论证后的开放民主,抑或是科学论证中的民主对于新区建设要更为适合呢?)上,还是在新兴城市所需要

---

① 参见《详解雄安新区决策、选址经过》,http://china.caixin.com/2017-04-13/101078135.html,最后访问日期:2018 年 2 月 17 日。

② 从北京城市的规划中可以再次发现,对于人口控制等技术,其本身是无法经过科学论证来完成的,用古话来说,即是"计划赶不上变化"。

的制度上（例如智慧城市建设需要解决"智能化"设施、方式等可能对人们隐私造成侵犯的问题），都与其他地区的法治建设重点内容存在差异。

就当前表现而言，特殊空间成了证明地方特殊性之存在，只是这种特殊性要远比"外嫁女""走婚"等特殊风俗有着更强的说服力。并且其也不是某种"玄乎"的分析或是令人"津津乐道"的趣闻，只要是人在地区间发生"流动"，就能够从中得到直观感受。更简单而言，空间是任何人在日常生活中都要触及的，而如果视角从"空间中的生产"转向思考"空间的生产"，那么这些具体景观都既是地方独具特殊性资源互动的结果，而且结果本身也是空间之间的差异。从中进行筛选不仅是于结果、静态意义上发现空间的景观特色，还能发现地方空间在动态生产过程中所出现的问题，这便构成了地方法治所需要应对的主要内容之一，其不是由国家层面或是法的现代化层面中自上而下强加到地方之上的，而是地方在经历现代化历程时自下而上展现出来的、对人日常生活有着深刻影响的过程。

总的来看：第一，国家在以理性主义强制推行普遍化策略时，不可避免地生产出同质性而排斥了异质性，然而异质性的存在最符合每个人在现代化情境下的多元需要；第二，国家在追求同质性的过程中不可避免地会被技术话语操控，只能以抽象的方式决断，忽视了客观内容在微观上的差异，导致投入或是行动无法"精准"；第三，在当前生产力—生产关系的视域下，国家的建设方案（哪怕是一心为民的方案）都不可避免地会被资本裹挟，加剧了地方之间及在地方之中景观形成的差异与不平等。所以地方法治与空间哲学都面临着共同的任务，即发现特殊性及地方空间中具体景观的含义，从而获知地方到底发生了什么，以及发扬地方内含的异质性的正当方向。如果不能发现与识别,而只能从众地有感于"山杠爷""秋菊"等特殊要求,那么地方法治之于国家法治来说也就没有那么深层的含义了。甚至可以说,其本身就是国家法治路径下所形成的"异化品"之一,是要重新改造的。从辩证的角度来看,普遍性与差异性本身就不能够互为掩盖,一味地在普遍性下追求精准化程度,是一种工业化生产的手法,是一种绝对化的产物,而差异性也不能丢失普遍性,其必须同普遍性一道才能保证多元化不会转变为"肆意的狂欢"。

## 第二节 空间正义观念下的城市权利实践

回望世界城市化进程,城市在适应工业化生产带来经济发展的同时总是伴随着城市异化问题。例如英国、美国分别在 1851 年和 1920 年步入"城市社会"之后,都因为城市空间内部的社会矛盾而相继爆发"宪章运动""民权运动"等。又如拉丁美洲国家虽具有较高城市化率,2005 年委内瑞拉就达到了 88%,阿根廷则为 89%,但都堕入"中等收入陷阱",普遍存在失业率高、贫民窟多等"过度城市化"问题。①

从时间点上看,我国于改革开放时启动城市化进程,具有相对落后的农业文明、相对独立完备的工业文明与最先进的科学技术文明"并联式"发展的特点,虽然从 1981 年的城镇化率只有 20.1% 跃升到 2018 年的 59.58%,用短短四十年的时间实现了西方国家百余年历程,但在赶超型经济的主基调下,城市空间治理问题被悬

---

① 俞金尧:《20 世纪发展中国家城市化历史反思——以拉丁美洲和印度为主要对象的分析》,载《世界历史》2011 年第 3 期。

置,多重因素在城市空间中集聚、摩擦、冲突,同样爆发了前述城市异化问题。① 具体表现在以下几点。第一,城市与城市之间的空间失衡。据测算,"胡焕庸线"东南地区45%的国土面积容纳了全国城区总人口的94.3%,而西北地区55%的国土面积仅分布68座城市,城区人口仅占全国的5.7%。② 集聚的差异更直接转化为城市之间资源与机会的不平等,出现"跨域掠夺"。部分中小城市一味"摊大饼"式发展,而出现"空城""鬼城",造成资源极大浪费。第二,城市与人之间的空间阻隔。在高房价、交通拥堵等"城市病"困扰下,"有85%的进城务工人员没有转化为城镇户口"。"拔地而起的一栋栋新楼硬生生地把内部开放的城市分割成孤岛状的、碎片化的封闭单元",出现"被城市化"的人造风险,城市居民深感"城市大了,生活难了"。③ 第三,城市与自然之间的空间破败。例如在2016年,北京空气质量达标天数仅占全年的54%,有39天达到重度污染,上海、天津等城市同样存在雾霾问题。不仅如此,大城市及特大城市的资源承载能力超负,如2011年北京水资源总量只能供应市人口数量的33%,深圳等地的排污量远超环境容量。④ 第四,城市居民之间的空间排斥与摩擦。"进城"不代表能够平等享有城市空间内的教育、交通、医疗等公共资源,并且第六次人口普查的数据显示,不同职业阶层在空间上有明显的分野,而不同收入

---

　　① 刘怀玉:《"城市马克思主义"的问题域、辩证法与中国道路》,载《华东师范大学学报(哲学社会科学版)》2019年第5期。

　　② 参见关心良、魏后凯、鲁莎莎、邓羽:《中国城镇化进程中的空间集聚、机理及其科学问题》,载《地理研究》2016年第2期。

　　③ 陈进华:《中国城市风险化:空间与治理》,载《中国社会科学》2017年第8期。

　　④ 任致远:《关于我国城镇化发展问题的思考》,载《城市发展研究》2013年第12期。

阶层也使城市空间里形成了"富人区"与城市边缘地带的"城中村""棚户区",后者居住环境恶劣。对于城市管理者而言,也潜在地将治安差等社会问题归结到外来人口多上,直接通过转移人群的方式来治理城市。①

对于前述城镇化问题,法学界分别通过对国土规划制度、土地制度、户籍制度、环境保护制度、公共服务制度等具体方面来进行矫正。② 但一方面,城市异化问题的形成与发展是多因素纠缠重合的系统性问题,具体问题之间具有关联性。虽然我们有丰富的理论来处理城市当中发生的事,但缺少对城市空间本身的认识就无法切中要害。这恰如陈进华教授所言:"任何企图使用一种分析工具的线性思维,去机械拆解城市型风险问题难免徒劳或炒作喧嚣于一时。"③应当坚持一种关于城市问题的总体性意识,尽量把城市化与整个生产阶段的空间取用关系联系起来;把城市中人的境况同阶级斗争、国家权力、文化意识联系起来;把城市与整个现代化生活的营造联系起来。另一方面,在具体问题之下,目前推崇的是一种对策观念,不可避免地存在头痛医头脚痛医脚的误区。况且任何问题的对策都隐藏了一套价值判断标准,综合后就难免存在冲突,缓解这一困境的路径必然是建立在对城市社会所造成的结

---

① 参见白天亮:《谁是城市多余的人?》,载《人民日报》2010年9月30日第17版。

② 参见郭洁:《土地关系宏观调控规范若干问题探讨》,载《政法论坛》2004年第1期;程雪阳:《"城市的土地属于国家所有"的规范内涵》,载《政治与法律》2017年第3期;张力:《地权变动视角下户籍制度改革的法律规制》,载《法学》2012年第9期等。同时,对于正文中所列举的诸项制度而言,当前法学相关的研究成果都要远少于社会学、经济学、规划学等学科。这也从侧面反映出法学研究在方法、价值衡量等方面的缺失。

③ 陈进华:《中国城市风险化:空间与治理》,载《中国社会科学》2017年第8期。

构根本性与整体性变化的理解上。需要以"城市空间—城市法"为基础,依托具体的方法论与价值观来系统诊疗城市问题。

### (一)现代都市的空间性

在列斐伏尔看来,"城市异化"的发生总是伴随着"城市幻象"的存在,后者是"错误的城市认识,本质是片面化、单一化的城市知识",它造成城市居民成为被动的沉默者。① 为能深刻认识城市问题本质,列斐伏尔首先在哲学层面开始了空间转向,提出"(社会)空间是(社会的)产物"②。这一命题又可进一步分为三个子命题。分别是"空间的社会化""社会的空间化"与"空间的动态化"。前两个命题表明社会实践都以改变、塑造特定的空间为基础,无论哪一种社会生产方式都会生产出具有自身特点的空间,同时特定空间形式又会规定、塑形社会实践。格雷戈里将之概括为:"离开社会结构,空间结构就不可能得到理论上的阐述……而离开空间结构,社会结构就不可能得到实践。"③第三个命题则表明空间是历史的,会根据生产方式的变化发生阶段性变化,同时具体社会关系或社会目的又能够生产出特定的空间。例如,封建社会和工业社会中的城市空间是不同的,城墙的存在、大小又依赖于具体阶段的生产关系与生产需要。

以此为基础,列斐伏尔捕捉到马克思所谈论的大工业大机器生产大幅提高当时生产效率并塑造出了工厂空间里的工人异化,

---

① 参见陈忠:《城市异化与空间拜物教——城市哲学与城市批评史视角的探讨》,载《马克思主义与现实》2013 年第 3 期。

② Henri Lefebvre. *The Production of Space*. Blackwell Publishing Ltd,1991,p16.

③ 转引自[美]爱德华·W. 苏贾:《后现代地理学——重申批判社会理论中的空间》,王文斌译,商务印书馆 2017 年版,第 88 页。

而时下工厂空间已无法再度满足资本扩张的需要,这时资本进一步在表达集聚的城市空间中再生产出一系列具体的人造景观来获得满足。① 哈维用"三级循环"的模型详细说明了当前主导城市空间的资本运转逻辑:资本的第一级循环(工业的),即维持一定的劳动生产率,对商品和剩余价值进行生产以满足各个阶级的需要,并通过工资的形式保证再生产形式;但由于过度生产、利润率降低使得资本过度积累而造成资本与劳动力闲置,于是需要谋求在城市空间中进行第二级循环(金融的):资本进一步投向房地产、道路等固定资产及商场、园区等消费项目,通过各种人造景观为资本的再次有效积累提供空间;而当第二级循环也走向饱和之后,为克服人造景观与具体生产目的之间的内在钳制,需要进行保障住房建设、教育投资、医疗投资等旨在维持社会平衡与提高劳动生产率的第三级循环(时间修复)。② 同时,第一级循环可以进一步阐释为是对"第一自然"的生产,而第二级循环开始就是列斐伏尔极其强调的"空间再生产"。后者"通过城市化和具有非同寻常的广度和复杂化的人为环境创造了一种'第二自然',它也通过意识的城市化、社会空间的生产、不同意识形成的场所的相互关联结构生产了一种新的人性",并与前者共同构成一个完整的空间城市化过程。③ 于

---

① 对此,哈维以巴黎为例,详细阐释了在 1850 年左右巴黎在面对资本增值困境的时候是如何通过"改造计划"来得到缓解和发展的,在巴黎的不断发展中,巴黎城市内的地理空间、社会交往空间、文化心理空间等都随之被资本异化了。参见[美]大卫·哈维:《巴黎城记:现代性之都的诞生》,黄煜文译,广西师范大学出版社 2010 年版,第 100—125 页。

② Harvey D. *The Urbanization of Capital*. The Johns Hopkins University Press,1985,p. 16.

③ Harvey D. *Consciousness and the Urban Experience*. The Johns Hopkins University Press,1985,p. 273.

是,城市成为由雇佣(从各地吸引、汇聚劳动力)到保障资本循环增值进程的空间载体,城市里每一处具体空间都成为商品,都会被衡量交换价值,其应由谁来使用、如何使用等使用价值已经被替换。而如此对工业社会结构和阶级群体进行的重新空间组合便是当代城市资本主义新的压迫形式,这是一种对政治、文化、社会结构等方面的总体化控制。

一方面表现为社会极化。各级循环不是阶段性的特征,而是持续、反复的过程。借助在城市的空间生产,郊区的蔓延式发展会不断侵蚀掉乡村的空间,主动把城市空间的交往逻辑强加在原本的乡村之上,而老城区的"大拆大建",也总是在不断清理城市内部的人员布局。列斐伏尔就将"奥斯曼巴黎改造计划"称为是在用"机关枪当梳子"。① 资本在城市里跳起"地理学的舞蹈",将工人阶级等弱势群体、贫困人口不断地排挤到边缘,形成"中心—边缘"的布局。而即便是同一阶层,由于彼此的文化观念、习俗等之间存在差异,容易产生摩擦,主体间的社会隔阂加重。不同空间对应着资本运转中不同的人群,"今天,统治阶级把空间当成了一种工具来用……分散工人阶级,把他们重新分配到指定地点,组织各种各样的流动,让这些流动服从'规章'"②。

另一方面表现为权力的资本化。列斐伏尔认为,空间是政治性的,资本主义政治必须让空间服从权力,通过技术来设定具体空间战略,进而管理整个社会,使其能够容纳资本主义生产关系。③ 权力借

---

① Henri Lefebvre. *Writings on Cities*. Wiley-Blackwell,1996,p.76.

② 参见[法]亨利·列斐伏尔:《空间与政治》,李春译,人民出版社 2015
年版,序言第 10 页。

③ 参见[法]亨利·列斐伏尔:《空间与政治》,李春译,人民出版社 2015
年版,序言第 10 页。

助各种学科,如经济的、规划的等来实现对空间和对人的分类,然后通过法律、政策来更改空间规则以达到精准化控制,或是通过生产距离来限制特定主体活动区域。例如区分城市与农村,并提高低素质人口在城市中享受社会福利的门槛。这之中,"分离和切分只是为了统一;瓜分只是为了包容;分割只是为了综合;闭合只是为了同质化;个体化只是为了消除差异和不同性"①。记载在《人权宣言》、宪法之上的承诺性权利实际上构成了一种同质化的策略,资本主义国家能够借此轻松处理由空间控制机制造成的不满。

最后一方面表现为公共伦理的淡化与日常生活符号化。公共伦理不会在村落中心出现,而是在商场、楼宇之间。这种空间区隔将大量人口从对弱势群体的责任感中解放了出来,因为资本积累所形成的地位和占有的空间不同,他们不再彼此靠近。尽管人与人之间还会有彼此的礼貌,以及"传统文化""传统道德观念"等存在,但由于缺少共同的经历以及公共生活的场所,他们只能够在再生产的环节中发生,由"私交""情感"等方面聚合起来的团体不存在了,只留下了不同利益偏好所形成的共同体。包括我们当下所经历的"5·20""11·11"等日子都是被生产出来以推动空间再生产的符号。列斐伏尔在《日常生活批判》(第二卷)中进一步将之系统化为"语义场",它包括"象征、形象、符号和信号",而"在城市里,自然消失了……所有的事物都成了信号,开始工作的信号,所有事物都成了动作,维持劳动力的劳动和动作"。②

在《日常生活批判》(第三卷)里,列斐伏尔尝试为前述三方面

① [美]爱德华·W.苏贾:《后现代地理学——重申批判社会理论中的空间》,王文斌译,商务印书馆2004年版,第195页。

② [法]亨利·列斐伏尔:《日常生活批判》(第二卷),叶齐茂、倪晓晖译,社会科学文献出版社2018年版,第455页。

204

描绘了一个粗略的结构性框架,并提出"日常生活受到层次结构的约束,层级结构同时规定和实施"①。具体有:第一,同一化。法律、技术官僚理性等通过规定的表达来固化行为的一致性和内聚力,并相互叠置来强化控制的有效性,在不断重复中维持整个群体在抽象上的同一。第二,碎片化。按照天然的或是技术的标准分割空间,以地块的方式出售并筛选进入空间的群体,弱化各自的内在阶级分类与阶级之间的冲突。第三,结构化。借助权力与技术所形成的登记制度,按照"功能、劳动、收入多形式的层次,从底部到顶端",延伸至物体、区位、个人和群体认定品质的层次结构,将整个生活设定成为一个平面网状的但又附着在金字塔式的层次等级里的结构。②

### (二)空间正义对城市异化状态的矫正

如图 5-3 所示,基于前述空间哲学的命题,列斐伏尔依据空间生产方式划分出两个基本的人类社会发展阶段。第一个阶段是发生在 16 世纪前后的,从农业社会向工业社会的转变。第二阶段是存在一个"0—100%"的完全城市化假设,工业社会将向都市社会转变。列斐伏尔认为,虽然工业社会引发了城市化,但二者内在逻辑完全不同,并且"主导型的工业会变成都市现实的从属"。③ 所以,完全城市化的结果代表了一种质的变化,意味着工业社会步入了都市社会。这也意味着工业社会中空间的城市化所造成的资本宰制与"役物"逻辑会充分地转变为"化人",即形成有效的城市联

---

① ［法］亨利·列斐伏尔:《日常生活批判》(第三卷),叶齐茂、倪晓晖译,社会科学文献出版社 2018 年版,第 612 页。

② ［法］亨利·列斐伏尔:《日常生活批判》(第三卷),叶齐茂、倪晓晖译,社会科学文献出版社 2018 年版,第 614 页。

③ 参见［法］亨利·列斐伏尔:《都市革命》,刘怀玉、张笑夷、郑劲超译,首都师范大学出版社 2018 年版,第 101 页。

结机制,完全实现人的城市化。这时的城市空间不再单纯偏向于城市经营的维度,而会同时存在普惠型的权益体系以满足人的需要。

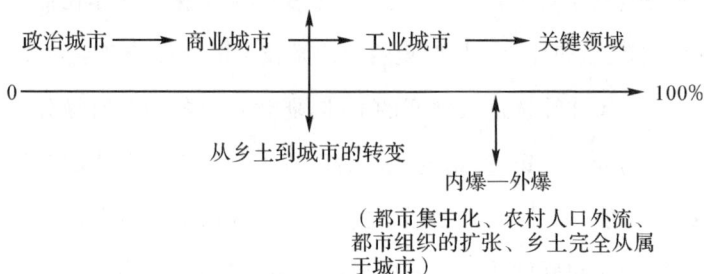

政治城市 ——→ 商业城市 ——————→ 工业城市 ——→ 关键领域

0 ————————————————————————————→ 100%

从乡土到城市的转变

内爆—外爆

（都市集中化、农村人口外流、
都市组织的扩张、乡土完全从属
于城市）

**图 5-3　城市化的阶段发展①**

列斐伏尔继续提醒道:"从此处开始,我指的不再是城市而是都市了。"②引导我们解决问题的方向就是都市社会的诸项特点,它是共产主义社会的"都市版"。在概念上,当前国内学界通常会使用城市权利、城市中的权利(the right in the city)等概念去指涉列斐伏尔所言的权利。③ 但基于前述论述来看,列斐伏尔所言的城市

---

① 参见[法]亨利·列斐伏尔:《都市革命》,刘怀玉、张笑夷、郑劲超译,首都师范大学出版社 2018 年版,第 17 页。

② 参见[法]亨利·列斐伏尔:《都市革命》,刘怀玉、张笑夷、郑劲超译,首都师范大学出版社 2018 年版,第 51 页。

③ 例如赵哲通过对历史城市的法律构造来得出城市权利,而这就存在城市中的权利、城市权利等概念的混同使用。参见赵哲:《城市权利及其法律构造》,载《苏州大学学报(哲学社会科学版)》2017 年第 3 期。又如姚尚建教授基于对我国城市化问题的透视,借鉴了城市权利表述,使其包括文化、经济等各个方面,又比附了族群权利、集体权利等。参见姚尚建:《城市权利:解释及分类》,载《哈尔滨工业大学学报(社会科学版)》2015 年第 2 期。此外,有如陈忠、董慧等学者站在政治经济学或是哲学的角度探讨城市权利,但是整体上,法学对城市权利的关注较少。参见陈忠:《城市权利:全球视野与中国问题——基于城市哲学与城市批评史的研究视角》,载《中国社会科学》2014 年第 1 期。

权利在本质上是通过打破资本无止境扩张的内在逻辑,消融中心与边缘群体在生产能力上的差异,让边缘群体都能够参与到所有的空间活动与空间管理中,进而重新调整城市空间生产的交换价值与使用价值之间关系的权利,实现城市空间利益的普惠。它是动态的、功能性的,是带有明确目的性的范畴。并且它会造成权利内容在质与量上的改变,而不是依靠简单的历史积累所形成的,不是对中世纪城市、农业社会里带有自由、平等想象的城市权利的重复,故其不能够被称为城市中的权利,正如列斐伏尔所言:"城市权利源于现阶段的问题与需要(a cry and a demand)","它并不是一种回到传统城市中的权利"。① "通往都市的权利"是对列斐伏尔这一概念的最好翻译,但是基于学界的使用习惯,本书依旧沿用城市权利这一表述。

从内容上看,列斐伏尔认为:"城市权利由差异权和占有权组成,这两种权利能够让公民成为真正的、完整的城市市民。"② 城市权利是围绕"城市居民"(主体)与"城市空间"(对象)这两个关键范畴所形成的权利束。其中涉及两个基本的方向。一是要让城市居民在任何的时间节点上都能够平等地占有空间,至少有一个基本的形体空间去安放自身。这种占有不是简单的、量上的占有,而是要在质上是适合居住的。在此设想下,尽管每个居民都是差异化的个体,但是在整个城市空间中会表现出优势总体性的集聚,所有个体具有"形式上同时性的特征",他们在空间上的表征都会是整体的。③ 二是要保证城市居民能够在城市空间的发展中具有提出

---

① Henri Lefebvre. *Writings on Cities*. Wiley-Blackwell,1996,p. 158.

② Henri Lefebvre. *Writings on Cities*. Wiley-Blackwell,1995,p. 158.

③ 刘怀玉:《社会主义如何让人栖居于现代都市?——列斐伏尔〈都市革命〉一书再读》,载《马克思主义与现实》2017 年第 1 期。

声明与更新群体的权利。① 应当解除产权导致的对城市居民使用城市空间的限制,"空间必须以一种使全部使用成为可能的方式产生",保证城市居民在日常生活中能够充分利用城市空间,拥有能够影响城市空间再生产的话语符号。"这种(空间)使用权不仅是静态的——包括城市居民物理形式的居住、参与、工作、代表、描述和占领城市空间的权利,而且包括在动态上要及时满足居民的需求。"②与之相配套,参与决策和获知信息的权利同样是必要的。即要保证城市居民在社区变迁、整合、改造等所有空间活动中都能够起到决定性的作用,对城市空间资本的使用和分配有一定的控制能力,保证居民对城市景观变化具有向心力,而不被边缘化。

列斐伏尔没有对城市权利言之更细,当前的研究都共享着这"寥寥数语",但却忽略了《空间与政治》一书中,列斐伏尔对城市权利与当前现实权利之间的关联论述。列斐伏尔指出:"(城市权利)并不是那种法律意义上的权利,而是类似于奠定了民主的基础的著名的《人权宣言》中所规定的那些权利。这些权利还没有完全实现,然而,人们始终可以参照它们,以明确自己在社会中的地位。……我建议还要在此列表加上'城市权利',以及'差异的权利'。"③综合来看,笔者认为,列斐伏尔的城市权利具有如下性质:

第一,城市权利是一种集体权利。列斐伏尔无法忘却社会运

---

① 参见 Henri Lefebvre. *Writings on Cities*. Wiley-Blackwell,1996,p. 158.

② Mark Purcell. "Excavating Lefebvre: The Right to the City and its Urban Politics of the Inhabitant". *Geojournal*,2002,58(2-3):99-108.

③ [法]亨利·列斐伏尔:《空间与政治》,李春译,人民出版社 2015 年版,第 101 页。

动所体现的团体力量,所以他依旧辩证地看待"中心性"。① 在他看来,每一个时代都有一个中心(中世纪的教堂是宗教中心,雅典的集会是政治中心),并且这种中心都试图在总体上运行,它包容了一切。而巴黎公社运动时,工人阶级占领巴黎中心象征着对整个工业社会中心的否定,城市权利就是要帮助被边缘化、隔离化的群体重新夺取城市的中心。这种中心是构成性中心,要求当前阶段被边缘化的群体能够聚集起来进入决策之中,促进城市围绕他们而非资本进行构建。哈维认为,当前的城市空间生产"简单地把阶级权力回归于一小撮 CEO 和精英金融家",城市权利需要集体努力,需要围绕社会团体进行集体政治的塑造。② 这之中,集体是对个体而言的,"城市权利的内容要弱化基于私人所有这一事实而产生的对占有和使用的压制"③。这种集体不是卢梭意义上被化约为"众意"的政治人,而是在城市居民共同围绕城市空间取用这一实践活动里所产生的公共性意志。

第二,差异权利是城市权利的补充。列斐伏尔意识到在"总体性"原则下去阐释差异、肯定差异不能够退变为一种庸俗的文本演示,例如文化学、人种学等学科对特定地区人之特殊性的描述。而应当在"超出书面和规定之外被充分肯定,在公认为社会关系基础的实践中被充分肯定"④。换言之,在列斐伏尔看来,都市为差异提供了一个必要的空间条件,差异是必然具有的,但是要强调差异的

---

① ［法］亨利·列斐伏尔:《空间与政治》,李春译,人民出版社 2015 年版,第 83 页。

② ［美］彼得·马库塞:《寻找正义之城:城市理论和实践中的辩论》,贾荣香译,社会科学文献出版社 2016 年版,第 57、60 页。

③ Harvey D. "The Right to the City". *International Journal of Urban & Regional Research*,2010,27(4):939-941.

④ 参见 Henri Lefebvre. *Writings on Cities*. Wiley-Blackwell,1995,序言。

集合(assemblage)而非融合,要放弃像罗尔斯一般借助"无知之幕"来设立基本规则去将有不同身份和需要的人同质化,而应当是关于生活的,在实践中被"具有"(所有)差异。所以,差异权利内在包含某种反抗性,是"通过强加于某些群体的身份或通过使用和他们自己相关联的身份批判某些群体的边缘化",是通过说"不"来拒绝被强行分类和获得差异的识别。①

第三,城市权利属于人权。在当前的部分论述中,基于马克思的判断:"任何一种所谓的人权都没有超出利己的人",进而认为,城市权利不属于人权。或者在某种程度上看,将城市权利视同郭道晖先生所界定的"共享的公共权利",是"任何个人虽不享有所有权,但任何个人或集体都可享用的公共权益",如国家所有的道路、公园、交通等公共设施。② 但正如列斐伏尔对《人权宣言》的定位一样,城市权利是应当被添加进去的,是待实现的,反映了人在城市中的生活需要。此时,与其说权利是一种个人用以对抗其"创造物"(政府、市场)的工具,倒不如说是对世界的一项要求。同时,人权是人作为人的权利,反映的是人性需要,而当代的技术理性宰制下所生产出来的城市空间异化了人的日常生活,不能够满足人的全面发展需求,所以,城市权利虽然以"居民"而非"个人"或"公民"立意,但在根本上就是要还原人的全面自我实现需求,以及免于被技术、资本异化的自由,是基于人们对自主生活的渴望而产生的。城市权利虽然在列斐伏尔这里不存在"天赋"的先验承诺,但却是对传统人权现实处境更为客观的替换。

---

① [美]彼得·马库塞:《寻找正义之城:城市理论和实践中的辩论》,贾荣香译,社会科学文献出版社2016年版,第96页。
② 郭道晖:《论集体权利与个体权利》,载《上海社会科学院学术季刊》1992年第3期。

第四,城市权利是一个权利束,具有多重维度。虽然列斐伏尔仅为城市权利列出了空间占有权和声明更新权这两项权利。但综合都市社会的多元、共享等特质来看,这两项权利仅仅是一个最基本的范围,而具体内容上必须同列斐伏尔所指出的城市异化相对接。如是,其也就至少拥有四重维度。分别是针对空间占有问题的"技术—经济"维度,通过降低资本在决定城市空间规划时的影响力,提升市民对空间的话语权,来抵制既有存在的技术控制,技术在空间生产上进行的应当是可行性论证,而不能包括最佳性的确认;针对权力资本化问题的"社会—政治"维度,要求约束空间生产方对空间的支配能力,提升空间消费方的权益再生产能力;针对社会排斥"一维人"的"文化—生活"维度,要求能够因地制宜地反映出当地居民对空间的需要,提升公共文化空间建设在城市空间生产中的比重;针对环境污染、肆意开发的"自然—环境"维度,要求保证对空间的生产与再生产活动能够审慎并且可持续。

第五,从功能上看,城市权利不同于免于贫困的权利。虽然后者同样是由资本全球化扩张而引发的,也同样是对弱势群体、穷人的关切,但后者的逻辑倾向于使用再分配的手段,按照适当生活水准对权利主体进行扶植。而城市权利则是要解决空间生产环节中的矛盾与异化,为城市居民争取其相应的空间使用价值,此时的城市居民不单纯是分配利益的接受者,而是要成为城市空间最直接的生产者,透过空间的生产来实现自身的总体性。如果说免于贫困的权利是一种提高物质生活水平的诉求的话,那么城市权利充分赋予了人在城市空间中生活的主体性,使人免于精神贫困,免于日常生活的异化。同理,城市权利也不同于社会权利,其相关制度安排不能够被简单化为社会保障制度。

如是,列斐伏尔将城市权利作为实现总体人,包容差异性的根本重建路径。但他自己其实始终意识到经由此种过程所呈现的就是关于都市社会的乌托邦。① 在《空间与政治》一书中，列斐伏尔潜在地进行自我诘问，即整体替换当前生产方式之后的图景是什么样的，结果是："对空间的集体占有和集体管理，很明显需要一个先决条件：消灭土地所有制。如何消除？……这是一种乌托邦式的意见吗？"②列斐伏尔继续通过区分乌托邦与空想，并借鉴了恩格斯用革命的、具体的空想来反对反动的、抽象的空想的方法："具体的空想汇入了一种现实的运动中，而这种现实可能性，正是由这种具体的空想所揭示出来的。"③列斐伏尔寄希望于表象空间（理想空间）与空间实践这一层的辩证关系。他认为，城市权利是一种必然的实践方向，是城市空间矛盾运动的必然结果，并断言当前"乡愁"的情感里其实就蕴含了城市权利里对主体性、社会联结、生产控制等方面的渴望，只是当前并没有成为一种总体化、中心化、实践化的力量，而停留在借助文学、涂鸦等艺术形式去表达向往的阶段中。④

---

① 关于"乌托邦"，列斐伏尔借鉴了福柯"异托邦"的概念进一步论述作为 M 层次的城市所具有的革命可能性。列斐伏尔区分了三者：同托邦（isotopy）是福利国家技术理性生产的同质化产物；异托邦（heterotopy）是对既有秩序的反抗；乌托邦（utopia）是关于城市最本质的形态。于是在福柯与列斐伏尔之间，后者选择将异托邦视为一种反抗力量而非福柯语义上的绝对控制的场所，所以列斐伏尔认为城市具有带领人们逃离现在的可能性。

② ［法］亨利·列斐伏尔：《空间与政治》，李春译，人民出版社 2015 年版，第 110 页。

③ ［法］亨利·列斐伏尔：《空间与政治》，李春译，人民出版社 2015 年版，第 65 页。

④ 抽象空间的抽象，可以参考前文所讲的"语义场"进行理解，因为它代表了当前资本主义生产方式通过生产抽象的符码对空间再生产进行安排来对日常生活进行控制的手法。所以它在整体上是抽象的，而具体（具象）空间是抽象空间生产出来的产品。

论述至此，我们可以将城市权利作为一个旨在从根本上改变资本主义社会关系和当前政治结构的论点，其不是一种简单的改革建议，也不是一种分裂、零星的抵抗，而是要重构城市空间中的控制力分配，使之符合未来城市及社会发展阶段的权益配置结构。它的途径是实践的，主体是普适的，目标是包容差异的，内容是涵盖城市生活各个方面的。

### (三)城市权利理念下的城市规范空间

列斐伏尔从空间哲学与政治经济学的角度解读了当前城市异化中的"资本—权力"逻辑。列斐伏尔沿用了马克思主义里的价值判断标准，即衡量城市是否存在问题的标准，不是简单建立在效率或是公平之上的，而是在人的境况上，当城市异化进而导致人的异化之时，人被物化，主体性也随之丧失，此即为不当。同时，城市权利为了从根本上扭转当下城市空间再生产的逻辑，其基本行为结构是"城市居民得以依据人在城市中的全面发展（价值标准）而可以针对城市空间内的某物或某事享有使用权"。但应当注意的是，列斐伏尔假设了百分百的城市社会阶段，而在当前阶段下，用法律去容纳城市权利，那么法与城市空间再生产的关系是什么？当前法律为何没有关注城市权利？或者说在城市异化中，法律担当了什么角色？城市权利理论是否符合法律实施所需要的概念精准性？以及，如果要继续保持列斐伏尔一再强调的总体性，那么保障城市权利的城市法涉及哪些法律？如此追问会发现城市权利理论法学化存在如下困境。

第一，法概念无法包括空间再生产全过程的困境。近代以降，国家以社会契约论为基础而建立，由全体个人联合起来形成的公共人格，以前称为城邦，现在称为共和国，作为主权（国家）的参与者,每个人都称为公民。① 公民与国家之间存在双向互释的关系:一方面国家作为共同体内唯一的、合法的公共权力垄断机构,这一资格源于个人自然权利的让渡,个人在让渡权利之后便转化为公民;另一方面国家保障并促进公民的各项权利,但只有被国家认定具有公民身份的个人才能够享有这一资格,公民身份是分配权利的标准以及建立团结的排他性基础身份,也是国家权力行使管辖权的重要标准之一。所以城市权利将主体范围设定为在城市生活中的全体居民就完全与上述政治法律架构相悖。首先,不具有公民资格的居民被排除在政治参与架构之外,单纯以居住这一事实为主体标准无法实现从居民到公民的跃迁。德国、法国等地试图通过修改公民法来将外籍劳工吸纳进公民群体之中,也对其添加了信用、年限、社保等多项考核指标对居民进行筛选,选择性地赋予参与资格,也未能实现该目标。其次,列斐伏尔期望用居民身份来遮盖国家、性别、宗教、经济地位等身份,但身份的意义不仅在于明确个体的地位,而且还要能够反映出个体与集体之间的互动关系,而居民身份欠缺了这种互动。最后,由于居民不能被列入"公民—国家"的结构之中,所以国家也不必然保护居民身份下的城市权利,换句话说,居住行为不同于结成社会契约的行为,不能得出权利与义务之间的辩证关系,找不到相对应的义务主体与义务内容。

但列斐伏尔认为,时下的政治法律体系是资产阶级的护身符,卢梭以"人民主权"为基点所设计的"社会契约"仍是霸权主义下的思维,孩子、老人、女人等弱势群体依然被排除在外。② 同时,经济

———————————

① [法]卢梭:《社会契约论》,李平沤译,商务印书馆 2017 年版,第 19—20 页。

② 参见 Edesio Fernandes. "Constructing the Right to the City in Brazil". *Social & Legal Studies*,2007(201):217.

与社会在过去两个世纪中发生了深远的变化,特别是在当代全球化背景下所谓的新自由主义,以及由技术变革所产生的大规模移民,都对民族国家有了更多的要求。"当代的公民不能再根据他们的种族和居住地来定义,而应该是通过他们各自所属的社会实践网络的方式来在一个城市、地区和国家中定义家庭、职业和栖息地,秩序与多种权利义务应建立在一个多元的社会基础之上。"①于是,列斐伏尔毫不掩饰地指出,当前最重要的是要更新 1789 年时订立的《人权宣言》,也即是要创造出新的社会契约来重新确认社会公民的概念,也就是用居民替换公民,使之成为政治共同体和决策权威的基础。②

此时,一方面,列斐伏尔已然暴露出其在进行后现代批判时带有经济决定论的倾向,没有考虑到文化对国家及公民的塑造力③;另一方面,虽然传统公民身份、公民认同与国家认同的模式在全球化的冲击下有了更加多元的倾向,但从目前来看,无论是默克尔拒收难民的政策、特蕾莎·梅驳斥"世界公民"并积极脱欧的举措,还是特朗普复兴民族主义的理念,都表明传统民族国家主义在当代

---

①　参见 Edesio Fernandes. "Constructing the Right to the City in Brazil". *Social & Legal Studies*,2007(201):222.

②　浦瑟尔从列斐伏尔的要求出发,详细论述了当代公民身份重新定位(rescaled)、重新领土化(reterritorialized)等变化,并将之与城市权利的理想距离做了比对。参见 Mark Purcell. "Citizenship and the Right to the Global City: Reimagining the Capitalist World Order". *International Journal of Urban and Regional Research*,2003(564):580.

③　我们可以辩称,列斐伏尔在《现代世界的日常生活》(*Everyday Life in the Modern World*)中谈及了人的日常生活、文化以及文化革命,但实际上,列斐伏尔的主要目的依旧是从日常生活(微观化)的视角证明了马克思理论的异化,表明人们在资本、技术理性的压抑下已经被异化为"商品",这导致了文化,尤其是创造力、差异的消逝,人成为"单向度的人"。也就是说只存在从经济到文化的路径,不存在文化对经济的反作用路径。参见 Henri Lefebvre. *Everyday Life in the Modern World*. Transaction Publishers,1984.

依然有着极强的号召力,时下并不存在用居民替换公民的可能性,更缺少完善的理论方案。如果不考虑上述两方面的缺陷,假定列斐伏尔期望的新社会契约已经建立,其中依旧存在着矛盾。其一,居民概念根本不具有进行阶级划分或是身份划分的功能,只能笼统庞杂地表示所有在城市中居住的人。这样一来,不仅资本家、官员等社会精英同样在城市权利的主体之内,更无法有效排除资本或是权力对公共决策的干预。其二,居民标准虽然表示了一种被城市使用价值聚合的共识,但是单单凭借这种共识无法破解"集体行动困境"——"除非一个群体中人数相当少,或者除非存在着强制或其他某种特别手段,促使个人为他们的共同利益行动,否则理性的、寻求自身利益的个人将不会为实现他们共同的或群体的利益而采取行动"。① 即便是在一个人口相当少的城市,也有可能出现限制外来人口式的封闭现象或是怠于发展的可能,例如美国波拉斯诉贝尔特尔镇一案就显示出,贝尔特尔镇自主规定镇内土地只能由在镇中居住的家庭使用,他们将家庭定义为由血缘、寄养或是婚姻所产生的单位,完全排斥外来人口定居。

此外,城市空间也难以有效进入法学概念体系中。例如,美国在 20 世纪 70 年代后开始了城市法律研究,其中最具代表性的是弗拉格的《作为法律概念的城市》,其试图基于中世纪城邦因特许状而被拟制为独立人格的事实来做总体性的推论,但结果是,将这一推论放到当前全面城市化背景下时,城市本身根本不能够作为一个独立的整体来进行分类,因为各类地区、集聚等都会被作为具有独立人格的空间来整体对待,并且它根本无法回应现下已经被四

---

① [美]艾莉诺·奥斯特罗姆:《公共事物的治理之道:集体行动制度的演进》,余逊达、陈旭东译,上海三联书店 2000 年版,第 17 页。

分五裂、鸡零狗碎化的日常生活。① 尤其是，弗拉格在做历史考察时，将中世纪的特许状转化为当代狄龙规则下的地方自治权，将城市权利等同于地方自治，将都市社会的法律之城等同于自治之城，以致在既有条件下，关于城市研究的内在批判性被削弱了，所有关于特定空间的研究都会被归结为一种经济学视域下的"用脚投票"模型，群体的内在抗争性消失了。如上文提及的美国波拉斯诉贝尔特尔镇一案。② 极端化的地方自治权会演化为一种可怕的地方"割据"。包括在弗拉格之后的分区（zoning）制度研究也都带有这种局限性，它只片面地关注福柯理论中的权力知识使用。所以，布隆里等学者一面在强调借助城市来看法律的同时，一面又无奈地承认当前不同规模的法律规则会打乱一个基于位置的城市观念，以致还没有完整地切入"法律之城"特殊性的研究。③

　　第二，规范空间的运行建立在可靠的实施机制基础上。当前与城市权利相关的制度多以宣言或倡议的形式出现，不带有任何后果评价或是进入法律救济的功能，例如《蒙特利尔城市宪章》（2006）的第 32 条规定："任何认为受到侵害的市民，……可以向巡视官（Ombudsman）投诉"，"如果巡视官认为这项申述是有价值的，

---

　　①　参见 Gerald Frug. "The City as a Legal Concept". *Harvard Law Review*，1980，93(6)：1057-1154.

　　②　弗拉格在之后的研究中又将地方自治权分为政治视角下的与经济视角下的。其中，在政治视角下时要注重"exit"即一种即时清理不去表达的流动人口，而在经济视角下时要注重"voice"即要在流动过程中促使他们进行政治参与。由之来促使当代城市回归到中世纪的自由联盟，并将城市空间简单视为国家进行利弊权衡的产物。参见谢遥：《论当代法律中的"地方"》，载《甘肃政法学院学报》2018 年第 5 期；Gerald Frug，"Beyond Regional Government". *Harvard law Review*，2002，(115)7.

　　③　Blomley N. "Colored Rabbits，Dangerous Trees，And Public Sitting：Sidewalks，Police，And The City". *Urban Geography*，2012，33(7).

那么他就可以选择调解这一冲突,如果没有,那么巡视官应出具一份损害核实的报告递交给市政府备案"。而联合国人居署则选择将城市权利的合理性论证与人权保持一致,让国家或是某些非政府组织承担城市权利的义务,暂时遮盖城市权利的主体与内容中的困境,并将普及教育作为城市权利实现第一阶段的方式。所以在 2002 年第一届城市论坛中,与会者认为:"穷人享有城市权利的前提在于要让他们站出来表示他们能够承担增进城市美好程度的责任","我们需要教会他们在城市如何生活"。① 如果按此进行,即意味着推行城市权利要让某一教育组织在城市文化与公民意识生成的路径中承担决定性角色。显然,在这种方案下,不仅难以挑选机构人员、确定教育内容,而且这是一种家长式、集权式思维的延续,可能变相地导致文化殖民。

除此之外,更深层的实施困境在于城市权利期望排除资本与权力的干预,但法的内容却受制于经济基础。综观所有与城市权利相关的国际条约,每一种城市问题都对应着一项特定的金融措施:可负担的房价意味着要平衡房地产市场并吸引投资进行保障性住房建设;贫民区中的贫穷场景意味着要通过财政拨款和融资对贫民窟的各项生活设施与区域景观进行改造,以保证其生活环境与正常区域大体一致;贫穷女性化意味着要为女性群体提供更多的小额信贷市场,同时刺激资本投入,增加专为女性设计的就业岗位;小微企业的融资难意味着要进行更多的小微企业金融创新等。即便是洪都拉斯的宪章城市(Charter Cities)计划,允许城市

---

① Rory Hearne. "Realising the 'Right to the City': Developing a Human Rights Based Framework for Regeneration of Areas of Urban Disadvantage". *International Journal of Law in the Built Environment*, 2013,5(2):180.

完全自主地立法并设立自己的法庭与警察队伍,其本质依旧如同当地居民所言,是"为富人而设的模范城市的入侵",旨在提供最自由的环境吸引资本入驻,进而改善贫困的现状。① 所以,库穆鲁认为:"与其说当前在实践城市权利,倒不如说是选择性地忽视哈维所揭示的资本第三级循环,他们以城市权利为名,帮助资本更好地进驻城市空间。"②

第三,法学研究的碎片化困境。法律虽然具有体系性要求,却缺少研究的总体性,城市权利虽然要求集合,却要在研究中呈现融合,它必须整体地调整居民在城市生活中的权利境况。站在法律地理学的角度来看,法律自体系化建设时起便带有明显的碎片化倾向。布隆里将法律规范本身想象为一个规范空间,然而民法、刑法等部门法对社会空间的思考总是在一个截面上,这就使得整个法体系"拼接"起来的样式是叠接的,每个部门法都有自己对社会空间的独特假定,例如民法下的空间是经济的、平等的,刑法下的空间则更多是规训的、以公共利益为主导的。并且单个部门法会强调人在社会生活中的某一个身份并对之有着专门的技术安排,这使得法律空间的形态在整体上是不成方圆的立体模式。而要直面法律及其内在冲突的最好方式就是将规范空间再次"叠接"在客观的社会空间之上,考察具体空间景观的形成来反映法律是否"显现",以及其是否对规范空间的假定有着反向的塑造作用。换言之,要从"空间中的法律"来思考法律体系,而非是站在科学划分的

---

① 参见 Charter Cities:城市之梦还是私有化的乌托邦,http://www.6acm.com/guanlicaijing/2017-04/1730229.html,最后访问日期:2018 年 3 月 1 日。

② Mehmet Baris Kumulu. "The Vortex of Rights:Right to the City at a Crossroads". *International Journal of Urban and Regional Research*,2013,37(3):967.

维度去思考。考察"法律之城"的构造时,应当站在城市空间客观要素构成的基础上去分析各个具体规范是如何规定和作用的,而不是单纯地看这些规定如何要求城市。城市权利理论所要求的总体性能够在法中体现,但是应当在研究方法或视角上建立起总体性,这是当前所不具备的。

对于第一个困境,哈维指出,生产方式有三重基本意义,其中之一即指"按照制度的、法律的与行政的组织以及国家机器、意识形态再生产的特殊形式"①。换言之,在空间生产的过程中,法律是一种具有主体性与能动性的力量,具有修正当前空间生产关系的可能。所以,马尔库斯指出,放弃都市革命而通过不断实践去保护城市权利的现实路径在于"揭露—提出—政治法律化",即是在揭露当前城市空间生产的内在关系的基础上,提出相应的对策并进行筛选,最后将其置入既有政治法律的框架内实施。② 此时,城市权利不再是实现理想的工具,也不再是列斐伏尔为城市居民配备的"斧子",而是一种应予保护的法益,都市社会是在城市权利被尊重后才能实现的。其中的核心问题也因此从"都市革命"实践变更为法如何生产出能够容纳城市权利的城市空间,这即是"法律之城"的基础,也是构建"城市法"体系的起点。

对于后两种困境,坎贝尔认为,要改变这种境况可以借助拉图尔的"行动中的科学",但"不要妄图在法律—社会之间建立起互为解释的关系,而应当去考量法律如何在具体景观中通过合法的方式将各个实体联系起来",即不要用"拼接""叠接"或是断然的总体

---

① David Harvey. *The Limits to Capital*. Verso Press,2006,pp. 25-26.
② Peter Marcuse. "From Critical Urban Theory to the Right to the City". *City*,2009(13):2-3,185-197.

性去构思法律之城，而要通过"联结"去考量法律与城市空间。① 在此种观点里，社会不是一种已经存在的事实，而是在组织网络中由行动者的联系和分离所形成的。沃尔沃德进一步将之转述为，要采取一个"像城市一样看的策略"，即法律机制和实践是构造城市生活方式的重要联结点，它提供了一系列的"法律链"将城市真正地结合起来，其中最明显的联结"链条"就是"法律命令"（legal ordering）和"法律联合"（legal consociation），前者通过命令的形式来决定城市生活的尺度，而后者通过表达对新城市的看法来干预城市生活的更新。坎贝尔进一步将法律命令的功能确定为在城市空间资源不平等之基础上通过强制力或纪律式教条来将"多数人"与"少数人"组合在特定空间中的能力，具体可以分为"城堡法"（Citadel Law）、警察法和例外法。②

---

① 参见 Kirsten Campbell. "The City of Law". *International Journal of Law in Context*, 2013, 9(2): 192-212.

② 参见 Kirsten Campbell. "The City of Law". *International Journal of Law in Context*, 2013, 9(2): 192-212. 长期在法学维度里对城市权利进行研究的许小亮教授曾构思了都市法的两重维度，分别是规划法与金融法。笔者认为这种简单的二分框架只是直接沿用了列斐伏尔理论里对规划师的批判及其固有的政治经济学逻辑，不利于动态地展现法律通往都市社会的可能性。而坎贝尔的框架，实际上暗合的就是"权力—权利"互动框架，其中，法律命令塑造城市的不平等、同质化，法律联结给予权利，以实践空间去对抗权力的安排。参见许小亮：《都市中国语境下都市法体系的构想》，载《法学》2015年第6期。所以，许小亮教授在新文章中则指出："仅仅基于都市权利的都市法体系的建构对于一个完整的都市法哲学体系来说是不完整的。"参见许小亮：《都市权利的基础与本质》，载《苏州大学学报（哲学社会科学版）》2019年第2期。

坎贝尔考察的对象是英国伦敦①,其按照"宪法—反恐法—城市规划法"的基本架构重演了福柯的此段论述:"主权为领土确定首都,提出政府所在地这一主要问题,规训建构起一个空间,并提出要素的等级和功能分配这一基本问题。安全则试图规划一个环境,其根据事件、系列事件或可能的要素,被置于一个给定的空间。"②其中,"城堡法"设定了在城市之中生活的人应当如何活动及其活动边界,其主要手段是通过强制来实现对"不合格"的驱逐,并通过规划进行功能分区来将特定的人置于特定空间;警察法则在规则特点上具有高度的自由裁量权和可变性,主要手段是通过设定监管来对城市多样化人口实施风险控制和区位移动管理;例外法则是针对如城中村、贫民窟、特定种族聚集区等"灰色地带",通过降低法律实现的可能性,配备较少的警力、法院等来营造出一个相对放任的空间。③ 与法律命令结构相联结的法律联合则由构造市民身份的城市权(urban right)、赋予城市市民参与政治生活的通往城市的权利(the right to the city)以及保护市民城市生活安全的

---

① 将英国伦敦作为考察对象,是因为一方面,英国的央地分权设置更倾向于维护地方的自治权限,但在撒切尔夫人主政期间,为逐步缩紧地方自治权范围,就采用了一系列的基于扶贫、教育等方面的技术分区控制方法;另一方面,具体到城市这个视域而言,伦敦作为世界城市,往往会基于自身偏好来设定交易规则,生产同质化的商业合作伙伴,而更为"极端"的是,在坎贝尔看来,就是伦敦的反恐法在人口筛选方面的威能,塑造出了明确的城市边界。参见谢遥:《论当代法律中的"地方"》,载《甘肃政法学院学报》2018 年第 5 期;Kirsten Campbell. "The City of Law". *International Journal of Law in Context*,2013,9(2):192-212.

② 参见[法]米歇尔·福柯:《福柯文选 2:什么是批判》,汪民安编,北京大学出版社 2016 年版,第 229—230 页。

③ 参见 Kirsten Campbell. "The City of Law". *International Journal of Law in Context*,2013,9(2):192-212.

城市的权利(the right of city)组成。①

　　笔者认为,坎贝尔的法律之城架构基本符合列斐伏尔关于城市空间中权力(利)互动所涉及的基本主体与活动,尤其是法律联合方面下的三分架构充分考虑到了前述城市空间的辩证性与阶段性。但在某种程度上来看,坎贝尔的理论面临"就城市而言城市"的困局,因为其没有体现出当前非完全城市化背景下的"城市—乡村"差异。村民自治与居民自治、乡村治理与城市治理、城乡空间开发等之间,实际上都存在差别。坎贝尔在开端就否定了城市能够作为一个法律上独立的概念,以便完全沉浸在社会学语境里去考察法律之城的实践。可结果是,我们很难将其结论称为"城市法"的框架,只能是一种拉图尔"联结"理论的泛化。

　　在社会学结构中考虑城市法,应当首先去定义城市,限定联结发生的范围,也即划定城市法的效力范围。但要追索法律里的"城市概念"确实存在困难。以我国为例,我国城市分为直辖市、省辖市、自治州三个层次以及省级、副省级、地市级和县级四个等级。惯常想象的城市是具有"市—区—社区"政治结构的空间,但"市—县—乡镇—村"的结构却使得若称 X 市是城市,那么 X 市中的 Y 村也就属于城市。即便将城市按照建制市与建制镇的聚合来定义,同样存在上述漏洞。通过行政区划去定位城市会更加不周全。而单纯按照我国《宪法》第十条中城市的土地属于国家所有的思路将所有权归属作为区分城市的标准,同样会存在困境,因为按照第九条之规定,矿藏、水流等自然资源同样属于国家所有,并且该条款也不能够维持城乡划分的坚固性,实践中可通过户口迁移的方

---

　　①　参见 Kirsten Campbell. "The City of Law". *International Journal of Law in Context*,2013,9(2):192-212.

式将农村户口转为城市户口,消除集体所有人,进而把其所在区域归为城市。所以,要有一个相对稳定的城市范围并能够完全展现科层制结构在平面空间的集合,它同时也要能够包容河流、森林等多维度事实的概念,只能在规划意义里实现。

我国《城乡规划法》第二条规定:"规划区是指城市、镇和村庄的建成区以及因城乡建设和发展需要,必须实行规划控制的区域。"规划区的范围直接从过去以行政区为基础转向以空间实体地域为基础,而城市规划区是在建成区基础上的集中连片地区,并可进一步按照具体城市规划将之分为三类:远期的建成区(代表城市的增长边界)、发展控制区(代表为实现城市功能而所需要控制的范围)、城市影响区(代表城市远景发展的拓展区)。事实上,按照历史脉络来看,法律对城市化问题的介入最早就体现在城市规划制度的创建上。[①]如此一来,城市法的主体就是拥有第一级(最基本一级)及其之上城市规划权力的政府,以及在城市规划区内生活的市民,其调整对象就是在城市规划区(属地)内发生的社会关系。

在此基础上,我们可以实现两个方面的进步。第一,维护法推理本身需要的概念精准性。如果不借助规划区来限定城市范围,那么我们惯常的理解方式,要么是直接透过具体研究内容或成果去观察,城市或乡村这个范畴本身无法提供一个精准定位,甚至会构成循环定义,例如将城市定义为除乡村以外的地区,将乡村又定位为除城市以外的地区;要么是以一种建立在自我经验上的空间

---

① 参见冯玉军、裴洪辉:《城市规划与建设法治化研究》,载《学术交流》2017 年第 11 期。

观去定位。① 这两种"难以言说"的情境不仅直接让我们忽视了一种对"边界"的考量,因为城与乡的交界,恰好代表一种现代与传统规则意识的互动与生产,而且,城市规划空间变动依赖于《城乡规划法》本身的调整,它的稳定性取决于《城乡规划法》本身所提供的空间变动程序、权力等方面的规定,观察规划区如何在法的安排下进行实践,本身就是对空间生产的最好关注。第二,可进一步丰富并完善坎贝尔框架里所涉及的法律类目及叠接关系。在城市规划空间中生活所涉及的法律体系可拓展为以下几方面。设定边界的"城堡法"是在"宪法—地方组织法—城乡规划法、建筑法"的体系里完成的,其共同规定了空间生产的权限和支配空间的方式,明确了谁可通过何种方式划定城市规划空间的范围以及空间内资源分配的方式。设定控制区域的警察法由"刑法—治安法、社区矫正—环保法(水源地、生态保护区等)"的体系组成,设定其规训空间内发生的具体活动,并防范偏离前一层次情况的发生。设定例外与排除则由"国安法—部分刑法"的体系完成,它们彻底祛除不符合具体空间要求的要素。而"法律联结"部分,城市权是在公民身份的基础上由决定城市规划区的政府颁布的关于来规划区内生活的户口迁移条件及福利享受的准入门槛等;通往城市的权利则是市民具有改变"法律命令"的权利;城市的权利则指代对建成区的使

---

① 精准性本身对于法学研究及其实践来说是极其重要的。因为在既有的地方法治研究和实践中,就是因为缺乏了这部分精准性,而直接导致了整个范畴本身没有规范性。没有规范性的范畴对于研究和实践来说是没有意义的,它只能够借助倡导者本身的知识权力或是行政权力来维持范畴存续。关于地方法治中地方概念规范性缺失的证成,可以参见:雷磊:《"地方法制"能够成为规范性概念吗?》,载《中国法律评论》2019 年第 3 期。

用权(例如对居家养老服务社区的使用、游览风景区等)。①

论述至此,我们可以进一步将列斐伏尔对当代城市空间再生产所导致的异化与其他具体问题进一步转述为以下内容:

也许,我们可以进一步优化坎贝尔在"法律命令"和"法律联结"这两个概念上的表述,因为前者在本质上所要塑造的是当前社会环境里权力是如何在福柯的意蕴里生产出以空间为基质的治理体系及规范体系,即权力控制;而后者则涉及具体的人在地域内生活是如何在法定权利框架内实现自我,也让法本身显现,即权利实现。而总的来看,在列斐伏尔的观念里,这四个方面当前营造出一种居民在城市中"定居"(habitat)的状态,是异化的、不完整的,是无法满足人全面发展需要的。② 而去改善这四个方面,意味着需要不断地刺激权利的实践来代替权力的理性控制,通过转化"法律联结"的中心位置来复原"栖居"(inhabit)的状态。换言之,"栖居"就意味着"to do",即以城市权利来供给全体居民,以完整的空间实践舞台去展现自己。当前是以"法律命令"为中心的,仅强调设计城市空间再生产的条件,而忽略了建立"法律联结"来实现城市居民对城市空间的平等使用。因此,城市权利现实

① 当然,我们可以按照城市本身对制度进行一个粗略的分类,即在宏观上表现为城市的政治制度、经济制度(包含分配制度与生产制度)、文化制度;或是城市管理制度,有交通制度、税收制度、工商管理制度等;或是在城乡关系视域下,将其分为准入制度、发展制度、保障制度;或是城市主体需要制度,有生存制度、安全制度、发展制度等。但是这种分类法不具有明显的体系观念,很难形成一种整体性观念及一种整体性方法去调整不同制度之间的冲突。然而,在坎贝尔的二分框架下,城市制度被转化为两类:一类是权力规训制度,即权力如何安排人的生活;另一类是权利实现制度,即人们如何抵御权力规训或是在规训之下如何获取自由等。这一类分法带有明显的互动程式与结构,能够在整体上编绘出我们的城市形象,无论其是生产的,还是生活的,还是生态的,抑或是三生融合的。

② [法]亨利·列斐伏尔:《都市革命》,刘怀玉、张笑夷、郑劲超译,首都师范大学出版社 2018 年版,第 91 页。

化的基本思路就是要把它写进"法律联结"里,实现从城市经营向城市服务、从物本的经济目标向人本的生活目标转变。[①]

但应该怎么写? 写什么?

列斐伏尔的城市权利理论在世界范围内极大地激励了人们。人们围绕联合国人居署先后召开了各项会议,例如 2004 年巴塞罗那世界城市论坛、2005 年阿雷格里港世界社会论坛,这些会议促成了《欧洲城市宪章》《巴西城市权利宪法》等的诞生,这些会上先后发布《新城市议程》《我们想要的城市 2.0》等倡议性文件来号召更多的人、城市来共同致力于改善所有人的生活条件;而在美国,越来越多分散在全国各地的组织以"城市权利联盟"的名义聚集在一起。[②] 从内容上看,他们不去修改"法律命令",而在"法律联结"部分加入了城市权利,并做了进一步细化。具体包括:(1)土地与住房权利免于市场投机并服务于社区建设;(2)对具有公共用处的城市地区规定了永久共有权;(3)有色人种、妇女等拥有符合他们利益的经济圈;(4)第一个国家土著居民具有拥有祖传土地的权利;(5)可持续的健康社区;(6)不受警察、移民等部门侵扰的权利;(7)平等获得住房、就业的权利;(8)有色人种的交通权;(9)社区决策权与控制权;(10)有色人种经济互惠权;(11)不受国家干预的跨城市联结的权利;(12)农村人口具有经济和健康权利,免于因环境退化和经济压力而被迫迁移到城市地区。[③] 政府专门颁布城市法以

---

① 参见陈进华:《中国城市风险化:空间与治理》,载《中国社会科学》2017 年第 8 期。

② [美]彼得·马库塞:《寻找正义之城:城市理论和实践中的辩论》,贾荣香译,社会科学文献出版社 2016 年版,第 294 页。

③ [美]彼得·马库塞:《寻找正义之城:城市理论和实践中的辩论》,贾荣香译,社会科学文献出版社 2016 年版,第 298—300 页。

囊括前述内容,而后通过援助、指导等方式介入具体城市建设中去。

但是笔者认为,我们必须对当前实践保持审慎,因为其有可能甚至已经是以"城市权利"作为权力知识工具,重新生产出新的控制形式。

第一,《新城市议程》第13条中对城市权利内容做详述时开头的用语是:"我们设想的城市和人类住区是⋯⋯"其中"我们"代表了谁? 如前述所言,列斐伏尔的"都市革命"本身只是在表达一种理论上的可能性,他期望的是通过解释空间再生产的内在逻辑使人们认识到当前面临的"都市社会总问题式",进而在观念更新的基础上去进行自我管理,而不是去重新复演出一种世界主义。列斐伏尔期望将"私人所有"变为"人人共有"的城市建设实践方案也始终在强调城市治理体系应当是"真正的自我管理和参与自身具有组织能力,同时它必须是一个直接民主的体系"①。城市权利在本质上是排斥"代我们设想"的,它只能建立在具体城市市民的空间实践之上,是内生的。

第二,联合国人居署在其官方网站直接设立了投诉、建议、求助通道,建立了世界各国城市权利状态数据库,以城市的名义开始越过主权框架来干预地方实践。② 如列斐伏尔所言:"研究的开展,仅仅能够承担一种催化剂和分析者—揭发者的角色"。③ 城市权利

---

① Henri Lefebvre *The Survival of Capitalism*. Allison & Busby,1976,pp. 121-122.

② 详情参见 http://www. righttothecityplatform. org. br/sobre-o-direito-a-cidade/; http://hlrn. org/violationdetails1. php? VioCountryId = pW4=♯. XNVi71Gd2Um;https://cn. unhabitat. org/urban-legal-network/.

③ [法]亨利·列斐伏尔:《空间与政治》,李春译,人民出版社 2015 年版,第 121 页。

228

理论仅仅是要把城市问题引向认识的地平线,它告诉我们城市发生了什么、可以做什么,而没有传达做什么是对的。

第三,综观所有与城市权利相关的国际条约,每一种城市问题都对应着一项特定的金融措施:可负担的房价意味着要平衡房地产市场并吸引投资进行保障性住房建设;贫民区中的贫穷场景意味着要通过财政拨款和融资对贫民窟的各项生活设施与区域景观进行改造,以保证其生活环境与正常区域大体一致;贫穷女性化意味着要为女性群体提供更多的小额信贷市场,同时刺激资本投入,增加专为女性设计的就业岗位;小微企业的融资难意味着要进行更多的小微企业金融创新等。即便是洪都拉斯的宪章城市(Charter Cities)计划,允许城市完全自主地立法并设立自己的法庭与警察队伍,其本质依旧如同当地居民所言,是"为富人而设的模范城市的入侵",旨在提供最自由的环境吸引资本入驻,进而改善贫困的现状。所以,库穆鲁认为:"与其说当前在实践城市权利,倒不如说是选择性地忽视哈维所揭示的资本第三级循环,他们以城市权利为名,帮助资本更好地进驻城市空间。"

笔者认为,联合国人居署的实践将城市权利教条化了,它本身并不重视城市权利同既有国家法律体系之间的勾连程度、融合方式,而直接采用了一种粗暴的"法律移植"方式,将"他们"所设想的城市理想状态施加在"他们"认为存在不平等、不公正的地方,将城市法视为当前阶段所有的法。然而,从日常生活到城市权利,列斐伏尔这一理论轨迹在根本上想要复兴的是一种生活状态,城市权利要还原的是一种"诗歌比石头要更为美好"的意识,它不希望人们为了追求城市空间某处"钢筋水泥"的所有权而丧失了完整且真实的自我。这种生活状态需要人们通过不断实践来达成,而实践取决于人所在城市的客观阶段。换言之,"0—100％"的都市社会发展阶段需要我们能够辩证地、深入地理解我们所在的城市。

所以,城市权利为法学研究提供的首先是一种观念的更新,它促使研究者认识到城市化问题的内在逻辑,并借助空间哲学转向来建立法律地理学研究,理解地理中的法学与法学中的地理,进而更好地把握当前具体城市内所出现的差异、隔离、排斥等问题的分布与成因。其次,建立在空间再生产逻辑之上的城市权利理论期待的是法学研究能够重视对《城乡规划法》等城市法体系的研判,它提高了这类法律在当前社会中的地位,并且更新、丰富了其价值追求。透过城市空间景观,我们能够发现"书本上的法"在转化为"实践中的法"的过程中,总是要通过生产空间、创设机构来完成。例如,假设要满足女人的堕胎自由,就必须在区域里设立能够提供安全堕胎的场所。这是合理构思"法律联结"内容的现实制约条件。最后,城市权利所要求的开放、包容等其实并没有跳出当前主流理论的追求,只是因为其建立在一种更为激进的批判框架里,而这种激进的、面向本质生产的特质恰好能够使其成为一种分析、反思其他理论的工具。对于实践来说,联合国人居署方案的内在矛盾充分印证了本书对城市权利的论点。假设要按照城市权利来进行活动,那么就不能依赖由外至内的援助或是国家之外的力量进行。因为城市权利的实践性是要主体自主地去按照自我需要重建城市,它是被写在法律的保障书中而非文件式的宣言书里的;它不是外在教化,而是各主体主动地在城市空间中由内至外地进行表达。并且既然是要修正列斐伏尔的都市革命路径来实践城市权利,那么就不能一味地在"法律联结"部分赋权,而忽视了在"法律命令"部分控权,否则就如庞德所指出的,在当今这个城市工业社会,不是不应当不对权利法案做出补充,而是"承诺性的权利法案催生出无法满足的政治、经济预期目标",会"弱化民众对于宪法的信心",甚至激化城市主体间的矛盾,重新退回到革命中去。①

有学者指出,基于发展的阶段而言,空间的城市化通常都会快于人的城市化,只是列斐伏尔城市权利理论对城市问题的揭示是,资本主义国家里过于放任资本去追求空间的城市化,而使得空间的城市化远快于人的城市化时,风险会普遍爆发。② 所以,如上文所言,我们不能同联合国人居署一般,将城市权利简化为一种免于贫困的权利或是社会保障权,并基于此来对其他国家进行援助。而我国作为社会主义国家,列斐伏尔城市权利理论在基本价值取向上就同我国相一致。事实上,我国自党的十六大以来,就一直采用"城镇化"而非"城市化"的提法,有意识地调整城市建设策略,注重区域之间、城乡之间的统筹,缓解空间差异。尤其是像 2015 年颁布的《关于深入推进城市执法体制改革改进城市管理工作的指导意见》要求"综合设置机构""推进综合执法",改善分头治理所导致的内部权力冲突,是在回应权力对生活的碎片化控制;第四次中央城市工作会议,提出要统筹生产、生活、生态三大布局,提高城市发展的宜居性,注重城市全面发展、可持续发展;雄安新区推进同城公共福利待遇体系建设,是建立在人人平等的权益格局等这些政策导向上的,在一定程度上同城市权利的要求相仿。笔者认为,列斐伏尔的城市权利理论对我国城镇化建设而言,并不是要以此进行一种城市批判,而是用以指导如何将五大发展理念同城镇化有效结合起来。

针对目前所出现的"大城市病"、空间城市化远快于人的城市

---

① 〔美〕罗斯科·庞德:《法的新路径》,李立丰译,北京大学出版社 2016年版,第 84—85 页。

② 参见丁成日、高卫星:《中国"土地"城市化和土地问题》,载《城市发展研究》2018 年第 1 期。

化等问题,主流学者所给出的制度性因素只有"土地制度"与"户籍制度",前者控制集体土地入市,限制城市土地指标,进而提高地价,而在地方政府能够享有土地出让收益时,就形成了权力资本化,并且有充足的激励措施推动地方政府进行城市建设;而后者将城乡二元化,使社会福利差异化,造成了社会结构极化。① 如前文所指出的,由"法律联结"和"法律命令"所组成的"法律之城"包含了多套法律,户籍制度所造成的影响是有限的,因为假设全城同待遇、全覆盖,但质量极低,此时也依旧会产生鸿沟。而即便在现有制度安排下,如果城市居民拥有城市中的权利,能够参与政治活动,影响政府空间规划,为自身争取到公共生活空间,那么空间城市化与人的城市化之间的差异也远不致如此严重。基于基本方向上的贴合,我们或许可以期待一套以城市权利为核心构造的城市法体系,但在当前条件下看,至少需要从以下五个方面来逐步拓展"法律联结"的内容。

第一,建构有效的"多规合一"制度体系,严格编制国土空间使用规划,并真正拓宽城市市民意见在《城乡规划法》等法律中的比重。避免基于城市规划者、管理者技术化处理而造成城市空间的碎片化、非人居化。同时,更进一步在土地制度中明确城乡之间的差异,以及二者转化的具体程序。第二,加快政府职能转变,强化政府的"公共性",提高政府治理城市空间的综合能力,使之从既有的"设想—回应"(就是按照城市管理者认为是好的方式去建设城市)转变为"倾听—回应",以人民需要为建设出发点,而不是被GDP逻辑控制。优化现有的央地财税体制,在保证激励的同时,提

---

① 踪家峰、林宗建:《中国城市化 70 年的回顾与反思》,载《经济问题》2019 年第 9 期。

高政府在公共服务设施建设方面的责任,将空间开发与公共服务配套捆绑在一起。第三,树立文明进步的城市目标,规范资本的作用方式,探索设立以"占有"而非"所有"为核心的城市空间资源使用方式,"衍生的权利(如有尊严地被对待的权利)成为基础,基本权利(私有财产和利润率)应该成为衍生品",真正促进城市正义的实现。[①] 第四,提高空间资本的社会责任意识。明确资本在使用城市空间过程中大量占用或是损害公共空间时的社会责任制度体系。通过特许经营、行政指导、项目外包等方式拓宽企业进行公共建设、负担社会责任方面的渠道。建立健全绿色保险、绿色证券等制度以减少企业对环境的损害,并通过企业社会责任承担诚信管理机制等创新路径来提高企业的社会责任意识。第五,提升城市和乡村政策制定的精准度。只谈城市权利不是漠视了乡村,而是因为列斐伏尔的理论基于都市社会的假设,将所有乡村都视为待城市化的空间。这一点也是城市权利理论同我国当前制度安排差异最大的一点。我国农村是集体所有制,发展集体经济,虽然同样要防范工商资本在下乡的过程中对农村空间的肆意开发以及对小农户利益的扶助,但其实现路径更多的是要完善集体领导、利益分配机制。所以,控制我国在空间土地化中出现的城乡差异,是要在做好统筹发展的基础上,分别做好城市与乡村各自空间的内部控制,做到精准施策,前者不肆意扩张去挤占乡村,后者在新时代充分发挥集体优势。

---

① ［美］彼得·马库塞:《寻找正义之城:城市理论和实践中的辩论》,贾荣香译,社会科学文献出版社 2016 年版,第 63 页。